高校“形势与政策”教育话语体系构建研究

李　梁　王金伟　等著

上海大学出版社
·上海·

图书在版编目(CIP)数据

高校"形势与政策"教育话语体系构建研究/李梁，王金伟著. —上海：上海大学出版社，2017.6
ISBN 978 - 7 - 5671 - 2834 - 7

Ⅰ.①高… Ⅱ.①李… ②王… Ⅲ.①时事政策教育—教学研究—高等学校 Ⅳ.①G641.41

中国版本图书馆 CIP 数据核字(2017)第 107435 号

责任编辑 王 聪 封面设计 缪炎栩

高校"形势与政策"教育话语体系构建研究

李 梁 王金伟 等著
上海大学出版社出版发行
(上海市上大路 99 号 邮政编码 200444)
(http://www.press.shu.edu.cn 发行热线 021—66135112)
出版人 戴骏豪
*
南京展望文化发展有限公司排版
上海叶大印务发展有限公司印刷 各地新华书店经销
开本 787 mm×960 mm 1/16 印张 18.75 字数 296 千
2017 年 6 月第 1 版 2017 年 6 月第 1 次印刷
ISBN 978 - 7 - 5671 - 2834 - 7/G・2588 定价 58.00 元

本书获教育部2015年“全国高校思想政治理论课教学科研团队择优支持计划”——高校“形势与政策”课创新建设研究项目和上海市Ⅰ类高原学科马克思主义理论建设支持。

序

话语，就是人们在交往过程中所说或所写的语言的总称。人类的一切认识和思想传播都是通过话语获得的。话语是政治意识形态表达的重要媒介，是政治思想、政治理念的重要载体。话语权是意识形态思想领导权的实现方式，话语在人们的交流和交往过程中具有极其重要的作用。

党的十八大以来，加强和改进意识形态工作的一个重要内容，就是要牢牢掌握话语权，推进中国特色的哲学社会科学话语体系建设和提升。高校思想政治理论课的话语体系以其政治性和国家意识形态为主要特征。高校思想政治理论教育的话语范式需要进一步转换，仅仅固守政治辩护，淡化了高校思想政治理论课的学科性和科学性，那必然使高校思想政治教育的话语权受到极大的限制。正如马克思在《〈黑格尔法哲学批判〉导言》中所说："理论只要说服人，就能掌握群众；而理论只要彻底，就能说服人。"[①]只有让人民群众充分掌握理论的内涵，才能将中国特色的话语权融入人民之中。

中国特色社会主义理论体系是中国特色话语体系的核心和灵魂。中国自身话语体系的构建就是与西方国家争夺话语权过程，就是巩固社会主义意识形态阵地集中表现。话语体系承载着一个国家、一个民族特定的思想文化和价值观念，是国家意识形态的集中体现。马克思认为："语言是一种实践的、既为别人存在因而也为我自身而存在的、现实的意识。语言也和意识一样，只是由于需要，由于和他人交往的迫切需要才产生的。"[②]联系中国国情与实际讲中国话，要从话语内容上增强思想政治理论课与中国实际的结合，从而增强中国声音。以此，

---

① 《马克思恩格斯选集(第1卷)》，北京：人民出版社，1995年6月第1版，第9页。
② 同上。

构建具有中国特色、中国风格、中国气派的话语体系是当前开放的中国所面临的重大理论课题。

习近平总书记先后在全国宣传思想工作会议、全国文艺工作座谈会、哲学社会科学工作座谈会上提到哲学社会科学重要性和转换话语体系的必要性。中国特色社会主义话语体系的构建成为重要话题。从中国特色社会主义理论的中国化、时代化、大众化和认同度来看，转换高校思想政治课话语体系是亟待解决的重大问题。

西方话语体系不能解释中国发展道路，更不能解决中国未来的发展道路和方向。习近平总书记在哲学社会科学工作座谈会强调指出：“只有以我国实际为研究起点，提出具有主体性、原创性的理论观点，构建具有自身特质的学科体系、学术体系、话语体系，我国哲学社会科学才能形成自己的特色和优势。”也给高校思想政治理论课话语体系构建提供了强大动力和广阔空间，提出了新要求。

高校思想政治理论课的根本目的，就是让当代大学生内生对中国特色社会主义道路自信、理论自信、制度自信、文化自信的认同。当前高校思想政治理论课和“形势与政策”课程仍然存在一些问题，不断创新和转换高校思想政治理论课话语体系已经迫在眉睫了。需要从事高校思想政治理论课教育教学的教师从构建中国特色话语体系的高度，认识这个问题的重要性和紧迫性，从而更好地为中国特色社会主义话语体系构建贡献力量。这也是本书希望达到的目的。

是为序。

编　者

目 录

高校"形势与政策"教育教学话语体系构建

“大国方略”课程话语体系研究

高校“形势与政策”教育教学话语体系构建

“形势与政策”课话语体系建构研究

“形势与政策”课话语，是指在“形势与政策”课教育教学活动过程中的教育者和受教育者，按照党和国家对大学生思想和政治理论素质的要求，在一定的语言文化环境里，用于言语交流的有关“形势与政策”课的范畴、概念和术语。“形势与政策”课话语体系，是指由“形势与政策”课话语主体、话语内容和话语方式等要素构成的有机整体。“形势与政策”课话语体系建构，对于创新哲学社会科学话语体系具有十分重要的意义。本文从话语主体、话语内容和话语方式三方面尝试对“形势与政策”课的话语体系建构进行探讨。

一、“形势与政策”课的有机话语主体

“有机”是指事物构成的各个组成部分遵循一定的秩序和排列组合，并且各个部分之间密切相关、有序运行。有机话语主体包含两层意思：一是话语主体的组织化构成；二是有序运行。

（一）“形势与政策”课有机话语主体的结构组成

1. 多元背景师资构成有机话语主体

目前高校中的思想政治理论课通常采用“一人一班一学期”的课堂教学方式，这是基于每位教师都是百科全书式人才的假设。但现实中思想政治理论课学科综合性强与教师专业背景相对单一的矛盾较为突出，尤其是在“形势与政策”课教学中，教师个体知识的有限性与对象群体信息涉猎的宽广性之间存在不小的距离。因此，我们需要组合多元背景师资构成有机话语主体，运用团队集体力量来提高“形势与政策”课教学的有效性。目前，上述多元背景师资主体构成

可以包括以下一些：

一是各级各类党政领导。这包括从中央到地方的各级领导部门、学校党委统一领导下的教育教学工作领导小组等组成的课程组织主体，他们对“形势与政策”课话语体系目标和方向进行宏观调控和领导监督。同时，他们也可能是研究者、实践教育者主体。《中共中央组织部 中共中央宣传部 教育部关于领导干部上讲台开展思想政治教育的意见》(教思政[2015]4号)(以下简称《意见》)指出，领导干部上讲台，有利于青年学生从“顶层设计”的高度了解国情、党情、社情、民情，有利于青年学生全面正确地理解党的路线、方针、政策，有利于青年学生坚定信仰，增强社会责任感，成为中国特色社会主义建设者和接班人。

二是校内外知名专家和学者。“形势与政策”课的基本内容涉及马克思主义理论、政治经济学、马克思主义法学、马克思主义政治学、伦理学、社会学、形势学、政策学、国际政治学、世界历史等多学科理论知识，因此，在充分发挥思想政治理论课专职教师作用的基础上，聘请多元学科背景理论工作者和教学实践者共同参与教学，有助于提高课程教学的有效性。

三是聘请包括优秀辅导员、劳动模范等在内的各类兼职教师参与课程教学，这有助于形成合力，取得实效。

2. 主体间性师生互动构成有机话语主体

“形势与政策”课的教学目的是要“教育和引导学生全面准确地理解党的路线、方针和政策，坚定在中国共产党领导下走中国特色社会主义道路的信心和决心”。[1]因此，教学过程中我们必须发挥学生的主观能动性，唤起他们对课程学习的兴趣与热情。通过师生对话、互动，建立起教育者和教育对象的主体间性，共同构成有机话语主体，从而增强课程教学的有效性。

“形势与政策”课教育者和教育对象的主体间性，表现为由师生主-客二元对立，走向主-主关系。主-主关系，一是指师生主体人格的平等。师生双方没有尊卑优劣之分，在民主平等的基础上进行话语交往。二是话语权共享。传统教学观念中教师角色被赋予了当然的话语控制权。但学生也应享有话语权利，如话语表达权、参与权以及对话语传递思想信息的理解和建构权。因此，师生双方应相互尊重各自的话语权，只不过教师话语权重在话语权力，学生话语权重在话语权利。三是相互沟通。话语实质是发话人和受话人双方在一定语境中对话语载体承载的信息进行思想和情感的交流与沟通，通过"对话"与"理解"，实现话语权的表达。主体间性就是要建立起师生之间平等、真诚、信任、尊重、民主、自由的交往关系，形成平等互动交流的话语方式。通过师生主体间性关系的建立，可以减少话语主体"权势量"，增多"共聚量"，形成"多维话语"，在言语或非言语的交流碰撞中，力求"视界融合"。

（二）"形势与政策"课有机话语主体的有序运行

既然"形势与政策"课的话语主体如此多元、多类，那么如何能够使其有序、高效地发挥作用？这就对课程的管理工作提出了较高的要求。

(1) 师资管理有序

为了使众多的课程话语主体充分发挥作用，我们一是要在学校党委统一领导下，形成校内多部门分工协同的机制，共同对"形势与政策"课进行调控、指导、评价和反馈。二是采用校内联聘、校际互聘、校外特聘等方式全面建立起专兼结合、结构合理的"形势与政策"课师资库，并根据师资变化情况和课程教学主题要求及时进行变更、增补等动态调整。三是对课程师资使用进行合理调配。我们要根据不同的课程教学主题搭配不同的教学师资，要恰到好处地用好多元背景师资，既不要超标准过度配置师资力量，导致师资使用浪费；也不能捉襟见肘，在某些特殊主题或突发事件教学中找不到合适的师资力量。

此外，师资管理有序还包括要规范教学流程，加强对集体备课工作的指导与检查。《意见》指出，各高校要建立健全党委统一领导，组织、宣传、教务、学生工作部门共同参与的领导体制和工作机制，将领导干部上讲台列入教育教学计划，并组织实施具体教育教学活动。中央组织部、中央宣传部、教育部每年联合制定两期领导干部上讲台宣讲要点，于春、秋两季开学前印发各地。各省级组织、宣传、教育部门要根据宣讲要点，结合本地高校学生的需求和本地区的发展情况，编制本地领导干部上讲台的学期授课计划。授课计划要明确授课的领导干部以及授课内容、时间、地点等，并提前将任务落实到具体人。接到授课计划后，领导干部要深入研究讲授内容，认真备课，撰写讲义，并严格按计划时间完成授课任务。

(2) 课堂管理有序

要使课堂内的有机话语主体有序发挥作用，一是要对不同教学主体合理定位。谁串场，谁主讲，教师如何问，学生如何答，课堂中的每个人都应该有一个较为明确的定位，这样才能保证各个话语主体各司其职，各负其责，各行其权，各尽其能，各享其利。二是要使课堂教学保持一定的流畅性，这就要求师生个体自主行为的多样性和整体协调配合的一致性要有机统一。

二、“形势与政策”课的特色话语内容

“形势与政策”课可以包括五个方面的教学内容：一是党的基本理论、基本路线、基本纲领和基本经验。二是我国改革开放和社会主义现代化建设的形势、任务和发展成就。三是党和国家的重大方针政策、重大活动和重大改革措施。四是当前国际形势与国际关系的状况、发展趋势和我国的对外政策，世界重大事件及我国政府的原则立场。五是马克思主义形势观、政策观。“形势与政策”课程教学内容决定了它的话语内容别具特色。

（一）“历时性”、“即时性”话语

1. “历时性”话语

它反映的是“形势与政策”课相对稳定部分的内容，包括“形势与政策”课程简介（课程的性质、意义、特点、基本范畴、学习方法等）；形势、政策基础理论和基本方法（形势基础理论指形势的内涵、形势格局的判断和形势发展的规律；政策基础理论分为政策的内涵、制定、执行和作用；基本方法是唯物主义、辩证法和唯物主义历史观）；相对稳定的国际、国内形势；党的基本路线、基本纲领、重大方针政策和国情国策。

2. “即时性”话语

它反映的是“形势与政策”课经常变动部分内容，包括当前的形势与政策和社会热点问题。主要是指国际国内发生的具有重大影响，以及与国计民生和学生学习生活实际关系密切的热点、焦点问题（突发事件）等，分为经济形势、政治形势、文化形势、军事形势、社会形势、台海局势、外交形势等。

如果将“形势与政策”课与其他四门思想政治理论课相比较，前者经常变动部分内容，即“即时性”话语内容大大超过后者。因此，如何能够恰当地把握“即时性”话语与“历时性”话语之间的张力，既保持“即时性”话语的鲜活性，又透过

"即时性"的事件,深度阐释其背后的理论、政策等较为稳定的"历时性"内容,这是对"形势与政策"课教学的特殊要求。

(二)"事"、"是"、"势"话语

1. "事"话语

"事"话语是反映受偶然因素影响而发生的变化,并对社会产生重大影响、引起人们普遍关注的国际、国内事件和问题的话语,即反映当前的热点问题与突发事件的话语。当前国际热点问题,如乌克兰危机、埃博拉病毒、朝核问题、欧债危机等。当前国内热点问题,如经济新常态、制度反腐、户籍制度改革、"一带一路"、"亚投行"、"中国人民抗日战争暨世界反法西斯战争胜利70周年"纪念、"四个全面"战略、"十三五"规划等。

2. "是"话语

"是,则也"[2],"则,常也","法也"[3],常也,法也,就是国家长治的大政。"是"即"国是",指国家大政方针,"是"话语即指有关"政策"性的话语,政策是国家或政党为了实现一定的总目标而确定的行为准则,它表现为对人们的利益进行分配和调节的政策措施和复杂过程。"是"话语既包括战略性的总方针、总政策,如"一个中心,两个基本点",践行科学发展观,构建社会主义和谐社会,也包括具体政策,如发展循环经济,制定节能减排措施等。具体体现"是"话语的文本有以下一些:一是党和国家的重要历史文献;二是历次中国共产党全国代表大会、全国人民代表大会工作报告、会议公报、学习纲要;三是党和国家领导人的重要讲话;四是重大历史事件的决议;五是出台的法律、法规。[4]

3. "势"话语

"势"话语是指有关"形势"的话语,"形"是事物发展的现实、形状,"势"是事物发展的方向、势头,"形势"是人、物、自然、社会以及由此结成的各种关系的存在方式和运行、发展的方向。"形势"多指国内外经济、政治、文化、社会、军事、教育、科技等社会问题的现实和走向,是人们对事物发展状况和趋势的认识的体现。"势"话语分为两部分:一是有关形势的基本理论,主要指马克思主义形势观的基本理论,包括马克思、列宁及中国共产党历代领导集体关于形势与如何认识、分析形势方面的论述;二是具体的形势,如当代中国所处的经济形势、政治形势、社会形势、文化形势、科技形势、军事形势和外交形势等,总体来说,就是国内形势和国际形势。

倘若分析“势”、“是”、“事”三者关系，“势”是“是”和“事”的前提。具体考察“势”与“是”的关系：一方面，“势”话语先于“是”话语。“势”是“是”制定的客观依据和检验“是”的客观标准，“是”话语的阐释以“势”话语为因。另一方面，“是”反作用于“势”，“是”影响着“势”的发展变化，是促进“势”朝有利方向发展的重要力量。总之，“势”的目的是“是”，“是”是“势”的归属。认识“势”是为了更好地把握“是”。

再考察“势”与“事”的关系：“势”话语是“一般”的“宏大叙事”，“事”话语是“具体”的“个别描述”。“事”是“势”的偶然部分，但也反映着“势”的必然趋势。“事”的分析要紧密结合“势”和“是”。“事”话语的阐释，又以“势”话语和“是”话语为因。总体而言，“势”、“是”、“事”话语三者相互渗透、相互举证。

（三）大国、和谐、自信话语

1. 大国话语

大国，多指在国际体系中权利资源具有显著优势的国家。大国话语是指以战略性思维来描述国际国内大势以及党和国家的大政方针的话语。大国话语，既有中国立场，又有国际视野，如“可持续发展”、“创新驱动发展”、“科教兴国和人才强国”、“西部大开发”、“振兴东北地区老工业基地”、“促进中部地区崛起”、“引进来和走出去”、“推进城镇化”、“四个全面”、“一带一路”的“陆上丝绸之路”（高铁外交、上合组织开发银行、丝路基金）和“海上丝绸之路”（亚洲基础设施投资银行、核电外交、金砖银行）、“‘北合’、‘西进’、‘南融’、‘东稳’”（周边外交）等。大国话语体现国际重大事务中的话语权。因此，大国话语也指在中国特色大国外交中的融通中外的新概念、新范畴、新表达。大国话语是以大手笔、大气魄的宏大叙事从经济、政治、文化、社会、安全等多维度及国内、双边、地区、全球多层面，解析中国力量的大思维、大谋划、大战略，具有系统性、全局性、宏观性。现阶段，以“中国梦”为统领的大国话语体现了充满自信、积极有为的大国心态；彰显了激浪飞舟、开拓创新的大国精神；树立了勇于担当、合作共赢的大国形象。

“形势与政策”课要充分发挥大国话语的引领作用。首先，教师要善于运用大国话语，阐释大国道路和价值观念，传播大国形象和声音，并回应外界对中国国家形象、能力责任、发展前景的质疑、诘难和挑战。其次，要引导大学生树立战略性思维。目前,由于“碎片化”思维和倾向性关注的惯性,导致大学生对党和国家大政方针的认识不全、不深、不透。再次,要引导大学生树立全局意识,要善于立足全局看局部,放眼长远看现实,并在大是大非面前,懂大局、识大体,坚定在中国共产党领导下走中国特色社会主义道路的信心和决心。最后,要引导大学生树立大国国民意识。大学生要心系祖国,关注国家的前途和命运,要有民族自豪感、自信心和社会责任感,勇于开拓创新。因此,运用大国话语,可使大学生的认知由“碎片化”走向系统化,并能深刻理解党和国家是如何观大“势”、谋大“是”,如何站在战略高度和全局角度分析和处理问题,积极主动、顺“势”而为,进而把对形势与政策的认识统一到党和国家的科学判断和正确决策上来。

2. 和谐话语

和谐话语属于社会主义和谐社会与和谐世界话语体系。从国内层面看,和谐话语是从基于追求发展实效的工具理性话语,转向基于实现“美好生活”的价值理性话语。[5]首先,随着“祛魅”化和意识形态的工具合理化,“阶级斗争”、“政治挂帅”的革命话语体系让位于“生产力发展”的建设话语体系,形成了“实践标准”、“初级阶段”、“根本任务”、“市场经济”、“‘三个有利于’判断标准”、“社会主义本质”、“三个代表”的话语体系。其次,转向过程中形成了“以人为本”、“制度文明”、“生态文明”(“美丽中国”)、“和谐社会”(“民主法治、公平正义、民主法治、公平正义、诚信友爱、充满活力、安定有序、人与自然和谐相处”)、“核心价值”(“核心价值体系”、“核心价值观”)和“中国梦”(“国家富强、民族振兴、人民幸福”)等基于实现“美好生活”的价值理性话语。

从国际层面看,和谐话语表征了中国对建构“和谐世界”话语体系的贡献。首先,和谐世界理念继承了中国传统文化中以“和”为核心的和谐理念,体现了“和为贵”、“和而不同”、“和合”、“协和万邦”、“讲信修睦”等兼顾多元、和谐有序、包容开放的和谐共生的理想与追求。其次,和谐世界理念是我国外交基本理念和外交战略思想的体现。中国的外交理念经历了由求同存异、和平共处到合作共赢的转变,即由和平共处到和谐共存的转变,形成了“和而不同、平等协作、共同发展、互利共赢、和谐相处”的新外交理念。和谐世界理念有利于国际政治经济新秩序的建立,世界多极化进程的推进,以及和平与发展两大课题的解决。和谐世界理念超越了“民主和平论”和“文明冲突论”的狭隘与偏执,体现了中国特色新世界观(新秩序观、新安全观、新文明观、新环境观)。

3. 自信话语

自信话语,是指树立对中国特色社会主义信心的话语。自信话语的根本来源是中国特色社会主义的伟大实践。因此,自信话语要围绕改革开放30多年党和国家的路线方针政策伟大实践来建构,如“解决温饱”、实现“四个现代化”、“全面建成小康社会”、“第五个现代化”、“共同富裕”、“五位一体”布局、“两个百年”奋斗目标、伟大复兴“中国梦”等。总体来说,就是关于创造“中国奇迹”的“中国道路”、“中国经验”、“中国特色”或“中国模式”的话语。自信话语的基础来源是中国特色社会主义发展的道义力量。从国内看,党和国家的路线方针政策归根到底都是为实现广大人民群众的根本利益,改善人民福祉。从国际看,中国坚定不移地奉行的独立自主的和平外交政策是遏制霸权主义,伸张国际正义,维护世界和平,实现合作共赢的重要力量。自信话语是对中国特色社会主义发展的信念和意志的表达,它是中国特色社会主义理论、道路、制度的自信话语。

就“形势与政策”课而言,“把中国的好大声说出来”[6],有助于使学生更加了解中国,相信中国特色社会主义,认同中国特色社会主义,坚定不移地沿着党和国家的路线方针政策走。自信话语不应回避“中国问题”,“中国问题”语境在一定程度上影响着自信话语的实效,如果“中国问题”语境处置不当,可能使自信话语失效,甚至反效。“中国问题”是中国发展进程中客观存在的必然现象,有时问题还具有严重化的趋势,但不能借此从根本上否定“是”的确然性。因为,“是”的形成正是为了解决“中国问题”,即在“中国问题”的推动下催生了“是”。新问题的产生可能局部改变“势”,依据新“势”,又会形成局部的新“是”。在“是”与“问题”循环往复的过程中确立“是”,“是”也是一个不断解决问题并取得成功的过程。所以,自信话语的运用者要善于利用“中国问题”语境来增强自信话语的实效性。

归纳上述三者,大国话语是我们当前“形势与政策”课讲授的背景话语,这与十年、二十年前的课程话语语境是不可同日而语的。可以说,大国话语是我们今天“形势与政策”课话语展开的原点。倡导和谐理念是实现大国目标的重要路径。因此,和谐话语是当前“形势与政策”课教学的核心话语。树立对中国特色社会主义的信心是“形势与政策”课教学的最终目标。从而,自信话语成为“形势与政策”课教学运行的灵魂。

三、“形势与政策”课的针对性话语方式

话语方式是话语主体思考问题、阐述问题的方式和形式，实质是“怎么说”的问题。“形势与政策”课话语方式可以从以下三个方面来建构。

（一）说理话语

说理话语，是指对表达知识体系的一系列概念、判断和推理进行逻辑论证与阐释的话语方式，即是以理性的力量征服人，并促使理性认知的话语方式。“形势与政策”课不是一般地传递信息，讲述新闻，而是必须基于一定的理论要点和发展脉络，要讲出发生事件背后的逻辑和道理，要讲清目前存在的诸多社会问题背后的历史原因和解决难度，要引导学生在把握国家发展大势的基础上增强对建设中国特色社会主义道路的信心。因此，“形势与政策”课担负着对大学生进行形势与政策基本理论教育的任务，离开理论教育的“形势与政策”课，就缺乏思想性、科学性和主导性。教师往往通过言说的方式，对“形势与政策”课理论文本进行阐释，使学生对“他释性”话语进行自我建构。说理话语的目的是改变受话人思维，使之系统地接受“形势与政策”课基本理论，提高思想觉悟，形成马克思主义形势与政策观，增强解决问题的自觉性。说理话语首先要求教师具有理性思维，真正掌握马克思主义理论，深刻了解党的路线方针和政策，做到“真学、真信、真用”，勇于旗帜鲜明地说理。其次说理要透彻，要遵循理论自身形成的逻辑，并理顺逻辑，通过言语交流思想，从深层次引导学生思想建构。

（二）释疑话语

当前，“形势与政策”课的教授对象主要是90后大学生，他们是敢于有梦、勇于追梦的一代，他们极有个性，也喜欢追问、质疑。为了做到有的放矢，因材施教，我们需要在课堂教学中努力根据90后大学生的接受特点来释疑解惑。

释疑话语也是“问题解析式”话语，从着重讲“是什么”的知识性内容，转向着重讲“是什么”背后的“为什么”以及“应如何”，实现思想政治理论课教学内容与重大理论问题、社会热点问题以及学生困惑问题的有效对接，很好地培养学生提出问题、解决问题的能力及创新精神。“问题解析式”话语方式，首先是问题采

集。可采取课前网络采集，课中现场提问，课后反馈提问的方式多层面采集学生问题，实现课内课外联动，线上线下互动。其次是问题分类分层。将问题按照涉及领域的不同进行分类，按照问题深入程度的不同进行分层，以此建立起多角度、多层面的课程教学问题库。再次是以问题统领课程框架，然后，教师围绕每个问题，抽丝剥茧、层层剖析，努力做到“问题抓人、解答到位”。总之，“问题解析式”话语方式要求话语主体善于说问题的话，即发现问题、提出问题、直面问题、研究问题、解答问题，最终解决思想问题。

（三）叙事话语

叙事话语是叙述一个或一系列事件的话语。叙事话语有很多表述方式，结合“形势与政策”课教学，我们主要阐述两种叙事方式。

1. 历史叙事

历史叙事的一种方法是果-因逆溯法，即追溯事件发生的历史渊源，通过梳理历史脉络，给出事件发生后果（结果）的原因解释。另一种方法是时序分析法。按照时间的先后顺序对事件的发展逐一分析，描述事件在历史长河中如何展开，并追寻该事件与其他事件的可能关联程度。与此同时，历史叙事又通过历史场景和话语语境的设置，增强了自身的信度和效度。事实上，对事件本质性的认识，必须通过历史表现出来的现实来进行，历史叙事体现了历史与逻辑的统一。

2. 生活化叙事

生活化叙事实质是将宏大的理论叙事与受众的个体自身存在境遇相结合，充满了理性关怀和生活气息，并能引发受众的“前理解”。生活化叙事能“克服文本的‘单向度’话语逻辑，回归日常生活的整体性，面向感性直观，丰富生动的生活世界，注重对人的生存与发展的深切关怀。”[7]创新生活化叙事，一是要将宏大叙事与平民叙事相结合。“中国梦”话语概念是将宏大叙事与平民叙事相结合的杰作。“中国梦”作为“国家梦”、“民族梦”具有严肃性、规范性、权威性和宏大性，而作为“民众梦”、“个人梦”又充满了大众生活和个体生活的诗情画意。“中国梦”作为一种实现中华民族伟大复兴的战略构想与中国特色社会主义紧密相连，具有抽象性、理论性特点，也是官方宣传的政治话语，而作为具体化世界里的“人民幸福生活梦”又彰显通俗化、平民化特性。在生活化叙事中，宏大叙事是理论基础，平民叙事是传播方式，两者需密切结合，否则可能导致“背反”。“所谓背反，就是指对同一个对象或问题所形成的两种理论或学说虽然各自成立却相互矛盾的现象。”[8]二是要将话语文本故事化。理论由抽象到具体，由具体到现实的最佳转译方式是故事化叙事。“形势与政策”课教学话语转换时，在分析、阐述文件语言过程中，要把抽象理论还原成事实或个别现象（高级抽象-低级抽象-事实），形成理论分析和事实分析。当理论分析和事实分析相结合并同时发生时，话语效果最优。理论分析和事实分析最佳结合方式就是故事化叙事，故事化叙事就是用故事语言说道理。

总之，加强对“形势与政策”课话语体系建构的研究，有助于提升课程教学的针对性和实效性，促使大学生坚定在中国共产党领导下走中国特色社会主义道路的信心和决心，增强投身改革开放和现代化建设伟大事业的神圣使命感。

（上海大学　陶　倩　易小兵）

参考文献

[1] 中宣部. 教育部关于进一步加强高等学校学生形势与政策教育的通知（教社政[2004]13号）.

[2] 尔雅·释言.

[3] 尔雅·释诂.

[4] 何理. 思想政治理论课话语体系生成和发展研究[M]. 北京：人民出版社，2015：163.

[5] 唐爱军. 党的执政话语建构及其变迁[N]. 学习时报，2015-01-19.

[6] 国平. 把中国的好大声说出来[EB/OL]. http://news.xinhuanet.com/world/2015-11/08/c_1117072163.htm. 2015-11-08.

[7] 许苏明. 论思想政治教育话语的转换[J]. 东南大学学报（哲学社会科学版），2014(3).

[8] 周忠元，赵光环. “中国梦”的话语体系构建和全民传播——兼论宏大叙事与平民叙事的契合与背反[J]. 江西社会科学，2014(3)：238—239.

新形势下“形势与政策”课程话语体系构建研究

自教育部颁布《中共中央　国务院关于进一步加强和改进大学生思想政治教育的意见》(中发[2004]16号)、《中宣部　教育部关于进一步加强高等学校学生形势与政策教育的通知》(教社政[2004]13号)以来，全国各高校以此文件为指导开展大学生“形势与政策”教育。多年过后，“形势与政策”教育在各高校的开展和执行表现出相当大的差异性。虽然很多高校对“形势与政策”教育进行规范性的课程建设，但与其他思想政治理论课相比，“形势与政策”教育作为一门思想政治理论课的话语权式微，话语体系的建设与其他思想政治理论课程也不可同日而语。随着中国大国实力的崛起，中国所面临的国际环境发生很大变化。习近平总书记执政以来提出“中国梦”、“世界梦”等理想和蓝图，其与我国构建社会主义核心价值观一脉相承。因此，在当前局势下，加强“形势与政策”教育课程话语权以及话语体系构建成为高校思想政治教育的研究重点和难点，对这一命题的理论探讨成为更好开展高校思想政治教育工作的必需路径。

一、“形势与政策”课的话语权与话语体系

“话语权”与“话语体系”是两个不同的概念。话语权来自强大的政治、经济和文化实力，话语权的主体通常是一个国家、族群或个体。话语体系指的是一整套表述一种思维系统的语言系统。“话语权”效果的最终实现要靠话语体系背后的强大的思想体系的支持，而狭隘的话语体系本身，正是沟通中需要突破或超越的语言现象和表述方式。[1]从教育学理论来看，课程是一个“高度符号性的概

念"，具有强烈的历史性、政治性、种族性、性别性、现象性、自传性、美学性、神学性与国际性。它允许人们基于不同视域来理解，课程话语的发展也将凸显多元性。[2]因此，课程话语权除了符号性的特定概念，其背后的强大思想体系才是课程话语体系的核心所在。

就"形势与政策"课而言，作为思想政治理论课，"形势与政策"课将静态的"符号"话语跟动态的"局势"结合起来。从时代性看，它具有十分明显的动态特征，其主旨要将最新的国内外形势发展动态介绍给学生；从政治性看，它具有明确的意识形态功能，其主要任务将国家和党的路线和最新政策传授给学生；从国际性来看，它具有将国内外形势融为一体的联动性，更多地体现为外部环境变化下国家的政策应对，培养大学生科学国际观乃是更好地服务于核心价值观的培育。因此，"形势与政策"课程的话语体系是以一般思想政治理论课的政治性为基础，以国际国内局势的联动为环境，将国家的意志和政策动态呈现给学生的综合课程体系。目前多数高校"形势与政策"课并没有建立起自己的课程话语体系，其课程地位边缘化，组织方式也呈现出混乱的复杂化。究其原因，仍是"形势与政策"教育课程话语权缺乏及话语体系衰落所致。

构建话语体系一方面在于提炼话语体系背后的思维体系，另一方面旨在努力突破传统话语体系的狭隘和不足，寻求开放有效的沟通方式，提高沟通效率。不了解话语体系的人是无法参与对话沟通并对别人产生影响力的；而了解话语体系的人并不一定会被赋予发言的权利；或是即使被赋予发言的权利，也得不到听众的共鸣和支持，产生不了影响力。[3]"形势与政策"课程话语体系的缺失不仅在于该课程的定位虽明确但地位边缘化，其内在思维系统及逻辑结构表现混乱。就课堂的话语体系而言，"形势与政策"授课教师来自不同专业和学科背景，其话语权和内在思维结构也面临多学科、多专业的解构，服务于意识形态和国家意志的功能因此大打折扣。

二、新形势下构建"形势与政策"课程话语体系的必要性

无论"形势与政策"课程本身还是思想政治理论课程体系，以及学生的认知需求都亟需构建"形势与政策"课程话语体系。

第一，就课程本身而言，“形势与政策”课程话语权弱化，其在整个高校思想政治教育课程体系中地位式微。

作为一门思想政治理论课，“形势与政策”教育课是高校思想政治理论课中最具特殊性的课程，其特殊性表现在：第一，就教学内容来讲，这门课程不具有其他思想政治理论课的相对固定的教学内容和教学目标，“形势与政策”课的教学内容每一学期都是动态变化的，具有动态性。第二，就教学组织形式来讲，这门课不像其他思想政治理论课程那样，它表现出非常规性和灵活性，课时安排及上课形式在每个高校各不相同。第三，就教学队伍来看，虽然它将校内师资资源进行整合，容纳了不同专业背景和职位的师资，具有灵活性，但也因此降低了这门课程的评价标准和质量要求。由上述三点，决定了“形势政策”课话语权弱化，在整个高校思想政治理论课程体系中地位边缘化。此外，“形势与政策”课程话语体系的弱化导致其课程研究的滞后和缺失。一个研究领域的话语，尤其是中心话语反映了该研究领域的学术活力及其与相关领域的关系。课程话语的发展，意味着课程领域思维和视野的拓展，也意味着课程研究的纵深发展。[4] 如果改变“形势与政策”课这一现状，则需要加强课程研究，构建课程话语体系，提升其在高校思想政治理论课程体系中的话语权。

第二，从整个高校思想政治教育课程体系来讲，“形势与政策”教育不是辅助课程，它与其他四门思想政治理论课相辅相成，在培育大学生社会主义核心价值观教育中缺一不可。

全球化时代到来，我国市场经济建设也日渐成熟。在此过程中，各种社会思潮的涌入，使我国核心价值观念遭遇挑战。十八大以来，我国政府提出建立社会主义核心价值观，必须坚持道路自信、理论自信和制度自信。对大学生进行社会主义核心价值观和三个自信的教育成为高校思想政治理论课的重点。应该说，道路、理论、制度自信既要以对道路、理论、制度的深入研究为基础，又要深入研究对我们道路、理论、制度形成挑战的各种理论观点。我们对中国特色社会主义的研究越深刻，对道路、理论、制度的自信就越坚定。[5] 目前的高校思想政治理论课程体系中，其他四门思想政治理论课成为社会主义核心价值观教育的主要阵地，“形势与政策”课只被作为动态的形势与政策的传授，忽略其理论上与其他思想政治理论课的相辅相成特性。然而，现实的发展证明，“形势与政策”教育能够从外部证明中国对社会主义道路选择的正当性。因为大学生需要从新的角度、新的高度来理解中国道路、中国理论和中国制度。应该以这样的心胸和气魄来做这件事情。国外一些学者、一些政治家在同我们的交往中，非常热衷于同我们探讨当今国际金融危机中，中国的道路怎么走、中国的理论是什么样的、中国的制度应该怎么样完善和发展等问题。拓展"三个自信"理解的国际视域和世界眼光，对于坚定"三个自信"意义非凡。[6]加强"形势与政策"课话语体系建设正是满足从外部证明社会主义核心价值观正当性的需要。

第三，从学生的认知需求来讲，科学的国际观是建立科学价值观、民族观和政治观的前提，"形势与政策"课程话语体系不仅应该独立于其他思想政治理论课程体系之外，而且应成为思想政治理论课程体系之先。

"形势与政策"课的教师队伍并不都是思想政治理论课教师，因此，个体性话语活跃在课堂教学中。然而其个体性话语必须是在国家、社会及课程专家限定的范围内表达，否则就不能很好地反映出国家意志、专家希望。事实上在传统的教学中，人们评价一个教师教学水平的高低，并不是看其有多大的自主性、创造性，而是看其能在多大限度内表达出国家、社会对学生的要求，并按此要求去培养学生。[7]而这一点也正是亟需构建"形势与政策"课程话语体系的原因。对大学生的认知需求来讲，其对外部世界和局势发展的了解有益于理解其他思想政治理论课程中宣讲的理论。从世界各国政治经济制度的比较中，开阔坚定"三个自信"的理论视野。在当今国际政治经济格局中，怎么通过不同的政治经济制度的比较来开阔我们对走自己的道路、坚持自己的理论、发展自己的制度的自信，树立起自立于世界民族之林自信力和自豪感。[8]

基于以上三点分析，"形势与政策"课程话语体系构建不仅有益于完善高校思想政治理论课程体系，而且顺应学生的认知需求，将大大促进对我国高校思想政治理论研究和教学的有效性。

三、构建"形势与政策"课程话语体系的目标和原则

构建"形势与政策"课程话语体系首先应确认该课程的定位和目标，而后研究其思维和表达系统。

（一）“形势与政策”课程话语体系的构建目标

中宣部16号文件对“形势与政策”课的定位非常明确。“形势与政策”教育是高等学校学生思想政治教育的重要内容。形势与政策课是高校思想政治理论课的重要组成部分，是对学生进行形势与政策教育的主渠道、主阵地，是每个学生的必修课程，在大学生思想政治教育中担负着重要使命，具有不可替代的重要作用。这一定位决定了“形势与政策”的主要思维系统仍是以意识形态为导向的语言体系。同时，文件规定“要根据新世纪新阶段面临的新情况新问题，加强形势与政策教育教学的针对性”、“帮助学生认清国内外形势，教育和引导学生全面准确地理解党的路线、方针和政策，坚定在中国共产党领导下走中国特色社会主义道路的信心和决心”以及“进行当前国际形势与国际关系的状况、发展趋势和我国的对外政策，世界重大事件及我国政府的原则立场教育；进行马克思主义形势观、政策观教育”。[9]

这一文件对“形势与政策”教育的定位决定了“形势与政策”课程的思维体系与其他思想政治理论课相同，即应以党和国家的政策、路线教育为核心。因此，“形势与政策”课程话语体系的构建目标是用思想政治理论话语将最新国内外形势和国家政府会议精神、政策走向传达给学生，使学生树立正确的国际观、政策观。

（二）“形势与政策”课程话语体系的构建原则

有效地开展和进行高校“形势与政策”教育，有赖于构建起符合本课程发展和满足学生需求的课程话语体系。构建成熟的“形势与政策”课程话语体系，需要遵循以下几个原则：

第一，思维方式符合思想政治理论课程逻辑体系的要求。

因“形势与政策”教育定位为思想政治理论课，因此，其课程的思维方式应该体现其意识形态功能，以宣扬社会主义核心价值观等主流价值观念为主要任务。在课程内容设置上，教育部每一学期都会颁布一个“形势与政策”教育的文件，对所教授内容有一个大致的范围和框架。这些关乎国家和执政党的会议精神、工作部署和国内外形势下的任务，基本能反映出“形势与政策”教育的思维方式，也符合思想政治理论课程思维逻辑体系的要求。但具体到每个高校的“形势与政策”课的组织执行中，课程建设投入和具体执行表现出很大的差异。有些比较重视"形势与政策"的高校，从课程体系的建设到课程内容开发、师资力量建设都非常完整。但有些学校则忽视这门课程，甚至"形势与政策"教育并没有纳入到学生的培养方案中，对学生没有学分要求，而组织形式则以一场专家报告所替代。这些现状则违背了教育部对这门课的定位和要求。

第二，话语表达方式应具规范性，教师知识体系完整。

一门课程话语体系中包含有公共性话语、集体话语、权力话语和他者话语。具体到教师而言，教师话语体系有个体性话语和制度性话语之分。个体性话语具有随意性和独特性，由于每位教师的知识结构和学科背景不同，课堂上的个体性话语表现有所不同。制度性话语则是教师在特定历史条件下和社会环境下决定自己该说什么、该怎么说的潜在性制约机制。教师的制度性话语权是一种公共话语权，指教师从国家制度与社会文化中获得的，传达教育的社会历史使命的权力，它是一种责任话语权，也是受限的话语权。[10]然而，"形势与政策"课的课程性质决定了课堂话语表达方式必须符合思想政治教育理论的规范性，避免个体性话语出"错"，由此个体性课程话语一开始就被限定了，丧失了复杂性和特殊性，被课程理论和课程性质所左右。"形势与政策"教育的内容每学期都有变化，但知识体系和结构应该是完整统一的。各学科背景的教师去诠释和传达这些大政方针时应遵循这种规范性和完整性，不应有过分的差异性和个性。

第三，课程组织方式生动灵活，但要有可持续性。

教育部文件虽然对"形势与政策"教育的性质和定位做了规定，但在如何开展这门课程以及组织形式上并没有提出像其他四门思想政治理论课那样的具体要求。因此，全国高校组织这门课的教学形式多种多样。在授课形式上，有些高校以专题讲座方式进行，有些高校则以邀请专家讲座形式，甚至用专业领域的讲座也来充数；在师资队伍上，有些高校依托学生处，以辅导员、院系党政干部为主要师资，有一些高校则放在马克思主义学院或社科部，以思想政治理论课教师为主体；由于不像其他思想政治理论课规定的那么严格，"形势与政策"教育在教学形式上有一定的自由空间，这给"形势与政策"教育课程带来较大组织方式上的灵活性。上海大学对"形势与政策"课程的探索成果显著，如"大国方略"课程。"大国方略"课程集十余名知名专家、教学名师组成教学团队，从多学科研究角度为学生解读党的十八大以来习近平总书记系列讲话精神，为学生讲述世界变化进程中的中国。[11]从学生的反响看出这门课受到大学生热烈的欢迎。这一课程在师资队伍、课程内容以及授课形式上都有很大的创新性，比以往“形势与政策”教育的组织形式更具灵活性。这些优势的取得源自上海大学对这门课倾注较大的师资和经费建设，仅师资整合便是举全校之力甚至还在校外邀请相关专家。正因如此，这门课程的可持续性才难能可贵，也因其成本之高，难以被其他高校效仿采用。

四、构建“形势与政策”课程话语体系需注意的几个问题

目前，全国各高校执行“形势与政策”教育中存在较大差异，课程话语体系缺失在于这门课的特殊性，因此，在构建课程话语体系中也应该尊重和结合这些特殊性，才能构建起逻辑严谨、思维科学的“形势与政策”话语体系。

第一，要区别于其他思想政治理论课。《马克思主义基本原理》、《大学生思想道德修养与法律基础》、《中国近代史纲要》和《毛泽东思想和中国特色社会主义理论体系概论》等课程从哲学基础、公民社会、中国历史和中国社会实践四个维度对中国道路、中国制度和中国理论进行全方位诠释，体系完整，其课程的中心话语包含意识形态、权力、异化、意识化及认同性等。“形势与政策”教育虽然属于思想政治理论课程体系，但与这些课程还是有些显著的区别。无论在学分、学时及内容上，还是授课形式、师资队伍的投入上都有显著差别。因此，“形势与政策”课程话语不应该是对意识形态的重复讲授，而是在对最新国内外形势的动态传达中，去巩固大学生对社会主义制度的坚持及坚定对共产主义的信仰。故而，“形势与政策”话语不要过于艰深，而以生动新鲜取胜。

第二，要区别于经济学、政治学及国际关系学等专业相关学科。由于“形势与政策”教育中涉及国内外最新形势，因此，在课程内容设置上有大量的经济、政治外交及国际关系等专业领域的内容。然而，服从于思想政治理论课的任务需要，高校在进行“形势与政策”教育中应该将本课程与经济学、政治学及国际关系学进行区分。首先，从功能上来讲，“形势与政策”教育的定位和功能是为传达国家和党的最新政策和会议精神，而一般的经济学、政治学和国际关系学学科专业

性强，其意识形态色彩相对淡薄。其次，就受众对象来讲，"形势与政策"教育面对的是高校所有专业的大学生，如果用经济学或政治学专业话语来授课，不具有这些专业背景的学生在接受和理解上可能存在障碍。因此，"形势与政策"课程话语应是接地气的平实话语，而不是高大上的艰深的专业词汇。同时，在思维方式上，构建"形势与政策"课程话语体系也应该摒弃其他专业学科的专业化思维，保持其虽作为思想政治理论课又贯通其他学科知识的灵活性。

话语体系的构建非一朝一夕完成，它既需要强大的经济力、物质力的投入，又需要从思维方式、表达方法着手培养。"形势与政策"课程话语体系更应如此。目前应先从"形势与政策"课程的规范化和师资队伍建设等物质力入手。思维方式和表达习惯来日方长，需要持续不断投入方可见效。学生的需求、学校的重视和教师的执行等合力才是促成这门课程话语体系构建的关键因素。

（上海理工大学　仇发华）

参考文献

[1] 蓝志勇. 谈中国公共管理学科话语体系的构建[J]. 国家行政学院学报，2014(5).

[2] 张华. 走向课程理解：西方课程理论新进展[J]. 全球教育展望，2001(7)：41.

[3] 蓝志勇. 谈中国公共管理学科话语体系的构建[J]. 国家行政学院学报，2014(5).

[4] 伍雪辉. 论课程话语的演变及其发展[J]. 华中师范大学研究生学报，2005(3)：83.

[5] 顾钰民. 论道路自信、理论自信、制度自信[J]. 思想理论教育导刊，2013(1)：33.

[6] 顾海良. 学习党的十八大精神，推进高校思想政治理论课建设[J]. 思想理论教育导刊，2013(1)：15.

[7] 刘亚兰. 新课程背景下课堂教学话语权的回归[J]. 教学与管理，2007(22)：36.

[8] 顾海良. 学习党的十八大精神，推进高校思想政治理论课建设[J]. 思想理论教育导刊，2013(1)：15.

[9] 中宣部　教育部关于进一步加强高等学校学生形势与政策教育的通知(教社政[2004]13号).

[10] 王玮. 教育话语权的失落与重建——以品德课的教学为例[J]. 江苏教育研究，2013(12).

[11] 顾晓英. 当代大学生的社会主义核心价值观主渠道教育——基于"大国方略"课程的反应[J]. 毛泽东邓小平理论研究，2015(3)：24.

高校"形势与政策"课教育教学管理探析

贯彻落实中央和省部关于进一步加强高等学校"形势与政策"教育的有关文件精神，认真学习贯彻习近平总书记的系列讲话精神，进一步推进高校思想政治理论教育教学改革创新。关键在于如何优化"形势与政策"课的教学管理，注重该课课程建设。1997年以来，合肥工业大学在以思想政治教育队伍为核心、以学科建设为支撑、以创新教学体系为突破口，在革新教学形式的基础上，规范"形势与政策"课教学管理，不断提高教学质量等方面，进行了一些探索与实践，进而收到良好的效果。

一、完善体制、规范管理、认真实施、齐抓共管的合力管理机制

确立并完善"形势与政策"教育的领导体制和部门协作齐抓共管的运行机制，不仅能做到目标明确、职责分明、有章可循，还加深了学校对"形势与政策"教育重要性的认识，协调了各部门之间的合作。

（一）建立校党委统一领导，职能部门分工负责的领导体制，进而强化思想政治教育队伍建设

合肥工业大学确立了校党委统一领导，党委宣传部指导，马克思主义学院主管，党委学工部、宣传部、团委、教务处共同负责的体制。这一做法将"形势与政策"课教育教学与学校整体的思想政治教育有机结合，有效地化解了教学管理实践过程中出现的难题，促使"形势与政策"教育形成齐抓共管的合力，进而突出了"形势与政策"课在学生思想政治教育中的重要作用。据此，合肥工业大学建立

了职能部门分工负责，有关单位相互配合的运行机制。马克思主义学院负责“形势与政策”课的教学计划实施和日常管理，教务处负责做好教学计划的编制和课程教学的安排与管理，学工部负责党总支副书记、兼职教师和政治辅导员等的组织与培训，宣传部负责组织专题报告，团委负责组织第二课堂学习讨论和实践活动，学校构建了以专职教师为骨干、学生思想政治工作队伍为主体、专兼结合的稳定教师队伍。

在以思想政治教育队伍为核心方面，马克思主义学院“形势与政策”教研室承担遴选学院有学科背景及热心服务的教授（含副教授），将刚留校或进校的年轻辅导员集中培训提升水平，一是强调理解马克思主义形势观、政策观，把握当下国策大政方针，充分认识高校“形势与政策”课的重要性；二是让他们先协助自己所在学科专业专任上课教师进行学生出勤考核及课堂讨论、作业批阅，之后由他们选题试讲合格方能任课。兼职辅导员通过讲授“形势与政策”课获取教师资格证。（服务报酬由教务科统计后与教师教学酬金一样发放）这一做法逐步使辅导员与专职任课教师相融合，既充分发挥了辅导员掌握学生思想政治状况的资源优势，同时又建立了一支相对稳定的后备教师队伍。一些辅导员在上完形势就业课后不断提升自己的理论知识，最后获得全校青年教师讲课比赛二等奖；有的辅导员通过讲授“形势与政策”课增强自身业务能力及演讲能力，逐步走上学院书记、副院长领导岗位。这表明在树立好自信心的同时，又为他们提供了更为广阔的舞台来拓宽个人发展空间。

（二）以学科建设为支撑，遵循教育教学规律，实现教学管理工作规范化

从 1997 年以来，我校每学期根据教育部“形势与政策”教育教学要点实施教学，为了强化学科建设稳定持续发展，笔者自 2000 年至今坚持连续参加教育部组织的“形势与政策”课高校骨干班，一方面向全国优秀高校学习，不断积累教学经验，对规范“形势与政策”课教学起到至关重要的作用；另一方面在有为的工作实践中找到自己的位置，即“有为才有位”。

在“形势与政策”课学科建设中，学院注意紧密结合当时的形势发展和变化，努力做到明确教学目的及要求，指导学生及时、全面地了解当前国内外政治、经济形势，理解党和国家的大政方针、政策，培养和提高学生运用马克思主义的观点分析国内国际形势的能力，以正确的形势观、政策观帮助学生解除疑惑。在教

学实践中，我们把“形势与政策”教育课纳入学校总体教学计划中，始终保持该课程教学四个年级（包括建筑学专业五年毕业）不断线教育，将“形势与政策”教育列为学校必修课，规定四年课程修满合格后共计 2 个学分，分别采取课堂（多媒体）系统讲授、专题报告、专题讨论和实践教育教学等多种形式，每学期按 16 学时安排教学，课堂理论教授部分最后实施全校统一命题考核。由于实施规范化的教学目标管理，使该课程教学目标落到了实处，多年来圆满完成了学期末的考核任务。

2011 年我院获得了安徽省教育厅“安徽省高等学校思想政治理论课建设工程”网络资源建设课题项目，我们想借此项目的东风，进一步打造“形势与政策”网络课程建设，为实现天空教室网络与“形势与政策”网络课程化提供了必要条件。

二、精选内容、加强培训，不断提高“形势与政策”课教学质量和水平

“形势与政策”课是对大学生实施思想政治教育的重要举措，而精选教学内容、加强师资培训又是加强“形势与政策”教育教学的重要环节。具体落实为：

（一）超前谋划，精选内容，不断完善“形势与政策”教育教学体系架构

马克思主义是人类精神文明的伟大成果，是工人阶级和劳动群众认识世界、改造世界的强大武器。“一百多年来，没有哪一种理论、学说能像马克思主义那样保持勃勃生机，对推动社会进步起那样巨大作用，造成那样深远的影响。”[1]构建“形势与政策”教育教学内容体系从总体上要坚持以马克思主义为指导，坚持政治性与时代性相结合，动态性和静态性相结合，既考虑全局，又突出重点。具体地说，一是形势观教育。一方面，注重在相对稳定的教育教学内容上的设计、编撰，对学生进行正确理解、分析和判断形势的意义、原则和方法教育；另一方面，使学生了解当时国际形势发展的总体趋势和大国关系的基本走向，了解国内经济社会发展形势，包括高等教育改革和发展的形势，以增强大学生的时代责任感。从一般意义而言，这既改善了学生对“形势与政策”课本身的态度，更重要的是使其对学生成长终身受益。二是政策观教育。理解和掌握党和国家的重大方针政策是“形势与政策”课的应有之意，要以上级重要文件精神为教授内容，如中

国共产党的代表大会、中央全会决定，“两会”报告等，让学生了解和掌握党的方针和政策的基本精神。三是历史观教育。要以重要的历史事件为教授内容，尤其是以毛泽东、邓小平等领袖人物对中国乃至世界的重要贡献为重点内容，对学生进行成才教育，使学生牢记历史，以史为鉴，奋发学习，报效祖国；以改革开放等重要历史时期的建设成就为教授内容，对学生进行以社会主义、集体主义、爱国主义学习教育。

为创新“形势与政策”课教育教学体系，我院进一步加强课程教材建设，于2011年申报成功安徽省教育厅思想政治理论课质量工程项目（项目批准号：2011SZKJSGC3-2）“形势与政策”地方教材建设项目，并出版《形势与政策教学要览（2011年下半年）》一书。如何精选当年“形势与政策”教育教学内容，我们根据教育部教学九要点，召开教研室集体研讨会，最后确定专题内容为：(1) 深入文化体制改革建设社会主义文化强国；(2) 认清当前经济形势把握十大工作重点；(3) 重温辛亥革命光荣历史弘扬辛亥革命伟大精神；(4) 抓住“三农”发展机遇加快农业现代化建设；(5) 走科技强军之路造中国现代国防；(6) 把握两岸关系和平发展大局开创两岸关系的发展新局面；(7) 关注中国海洋局势捍卫祖国海洋权益。这七个专题作为指导全省高校“形势与政策”课教育教学教材内容，成书为《形势与政策教育教学要览》，2011年由合肥工业大学出版社出版。定为2013年安徽省教育厅“安徽省高等学校思想政治理论课建设工程”课题项目安徽省高等学校“十二五”省级规划教材（项目批准号：2013GHJC062）。

在落实2011年下半学期“形势与政策”课教学要点中，我们主抓了：(1) 深入文化体制改革，加快安徽文化繁荣发展；(2) 弘扬辛亥革命伟大精神（结合辛亥革命百年庆典）；(3) 抓住“三农”发展机遇，加快农业现代化建设；(4) 关注中国海洋局势，捍卫祖国海洋权益等问题的学生讲授工作。结合安徽文化体制改革亮点，重点向学生宣传安徽出版集团取得的改革成绩（在全国出版业形成“安徽现象”，如推出的“泡泡书”、“会叫的书”等），进而向大学生讲明在开创具有中国特色社会主义文化建设新局面的进程中，努力培养中华民族高度文化自觉，提升文化自信。结合安徽加快农业现代化建设这个主题，组织学生走进凤阳小港村，回顾安徽当年农村改革创新的优良传统，学习沈浩书记奉献精神，鼓励大学生为实现中国农业特色科技发展道路而努力。还组织学生参观安徽新博物馆、渡江战役纪念馆、李鸿章故居等爱国主义教育基地,让大学生理解孙中山民主共和思想来之不易。

总而言之,通过形势观、政策观、国情观教育,紧密联系社会"热点"、"难点"、"焦点"、"疑点"等重大问题,弘扬中国人民在革命、建设和改革开放的过程中表现出来的伟大的民族精神,让学生学习英雄群体的拼搏奋斗精神,正确认识客观形势,以朝气蓬勃、积极向上的良好心态努力为社会做出应有的贡献。

(二)开展研讨、加强培训,努力提高教师素质和教学质量

"形势与政策"课教师与其他思想政治理论课教师一样,必须具备较高的政治素质与业务素质,树立牢固的责任心、事业心和敬业心。

一是注重互动探究。教师应真正了解教育对象,密切关注学生思想实际。当代大学生思想活跃、自主性强,而且获取知识和信息渠道多元化,教师应对学生的思想状况有全面、客观的分析,把握他们的思想特点和心理特点,在教学中针对学生在一些重大"形势与政策"问题存在的模糊认识和倾向性问题作正确引导。例如针对"中美关系"、"中日关系"、"台海局势"等问题,在课前课后收集学生对一些社会热点和深层次思想问题的反应,认真准备教学内容,确保"形势与政策"课发挥思想政治教育的应有作用。

二是增强培训意识。教师应与时俱进,努力拓展教师自身的知识面。"形势与政策"课教师除具备一定的马克思主义理论水平之外,还应有相当广博的知识,要充分利用互联网等新的信息传播手段在第一时间了解一些国际国内的重大突发事件。因此,无论是教材的编写、教学的具体实施,还是教学方法的创新,都离不开高素质的教师。我校教师队伍实行以专职为骨干,以兼职为主体,马克思主义学院专职教师和学生专职思想政治工作人员是"形势与政策"课的教学主力军。实践中我们坚持把提高教师的思想素质、理论素质和教学能力作为"形势与政策"课程建设的重要环节来抓。学校每年坚持开展多种形式的讲课比赛及申报课题研究。坚持自身提高学历和校外高校培训相结合,近几年来,学校每年增加派到中央党校参加理论培训达60余人。2011年11月,我院邀请梅荣政教授到校讲学;2012年4月6日,马克思主义学院邀请中国人民大学张雷声教授、南开大学武东生教授、西安交通大学王宏波教授一行来校讲学(武教授作了"关于思想政治教育的若干问题"的学术报告;张教授就"马克思主义理论整体性研

究”作了专题学术报告；王教授作了题为“马克思主义理论工程与社会工程研究”的学术报告；梅荣政教授就“《资本论》对历史唯物主义的经济学论证”作了学术报告）。这些报告理论水平高，对提高“形势与政策”课教师业务素质有极大帮助。另外，每年兼职教师中表现优秀者由学工部出资奖励参加教育部骨干教师培训班，以此不断提升教师素质，进而保证“形势与政策”课教育教学质量。

三、革新教学，改进方式，切实增强“形势与政策”课的吸引力、感染力和渗透力

在教学管理过程中，我们按照目前形势发展的要求，密切关注学生思想实际和热点问题，积极探索、努力创新教学形式，增强“形势与政策”课的吸引力、感染力和渗透力。

（一）注重坚持专题讲授与形势报告相结合以增强吸引力

专题讲授是“形势与政策”教育教学的主要方式。在教学中，我们认真落实专题教学负责制，将授课教师40人分成4人一组，指定小组专人担任课程负责人，并负责组建专题教学小组，集体讨论教案，根据教学讲义宗旨，召开备课会，分章分节细化教学内容，针对有争议的部分，运用集体智慧，研讨得出正确结论。在教学实施过程中，注意构建教师主导、学生主体的“双主”互动式教学模式，通过互动式、讨论式、辩论式以及多媒体教学，调动学生学习的主动性，帮助学生用马克思主义的立场、观点和方法去认识形势、分析矛盾，把握事物发展规律。在教学考核环节中，我们采用开卷考试为主，撰写课程论文为辅的方式，着重考核学生思考问题的能力。

为改善教学效果，我们在教学中注重“形势与政策”教育的深度互动。学校组建了由校党政领导、职能部门负责人和“两课”资深教师组成的“形势与政策”报告团（副校长、博士生导师赵韩教授应邀作“学术人生”形势报告）。根据学校各专业学科的特点，每学期校长、处级领导都分别与全校各年级同学面对面地谈形势、论政策、讲心得，每月还设立校长书记专门接待大学生日，及时解决学生对党的方针政策的认识疑惑（例如开学前大学生反应的食堂菜价涨价问题，作耐心解答）。这种专题讲授与形势报告相结合的优点是时事报告人的学科专业性强，

充分发挥各自的优势及特长，实现了原则性与灵活性的有机结合。

与此同时，学校还邀请安徽省“当代杰出女性先进事迹”报告团、省军区老红军等来校为广大学生作报告。每学期均举行相关报告近 30 场，通过判断形势、评析政策、阐述热点，加深了学生对“形势与政策”的理解和把握，收到了很好的效果。《光明日报》2005 年 5 月 18 日以《合肥工大形势政策教育让学生耳目一新》为题专门进行了报道。

从近年来坚持专题讲授与形势报告相结合的教学实践分析：(1) 有利于学校各部门政策实施中的统一号令；(2) 有利于专兼职教师协调一致；(3) 有利于学校相关部门各负其责将学校、部门、学院“形势与政策”课教育资源合理整合。

然而，在专题讲授与形势报告相结合时也应注意避免教学讲授中的重复现象，应增强教师的责任意识。另外专题讲授教师组队成员教学水平不能差距过大，以避免学生听课不集中。应尽量选择能力水平相接近教师组成一组，让他们多学习资深专家的讲课方法，进而开阔视野。

（二）注重坚持理论教学与实践教育相结合以增强感染力

把“形势与政策”课教学内容与学生专业学习、服务社会、勤工助学、择业就业、创新创业紧密结合，在实践教学中帮助学生掌握形势发展趋势，深刻理解党和国家的方针政策，并内化为自身奋发向上的强大动力。如我校车辆工程专业学生结合专业发展趋势，利用假期深入社会调查，对于党情、国情、民情有了深刻理解。因此在教育方式上，突出了理论与实际的结合。正像毛泽东所指出：“一切真知都是从直接经验发源的。”[2] 并把“愿意不愿意、并且实行不实行和广大的工农群众结合在一块”[3]。作为评价一个学生是否具有能力的标准。

学校组织开展大学生文明修身工程，把每年三月份定为大学生文明修身活动月，开展座谈会、演讲比赛、主题团日、志愿服务、“感动工大　学生十佳”评选等多种形式的文明教育活动。在纪念建党 90 周年之际，学校开展了加强大学生爱国主义教育基地建设，为学生免费开放，让学生在了解历史的同时勿忘国耻，立志为振兴中华而发愤学习。学校还在全国各地设立了 40 多个社会实践基地，鼓励、支持和组织广大学生利用节假日积极投身社会，在实践中了解国情、增长才干。

在理解国情中，我们组织学生开展社会调查活动，深入农村，如安徽革命老区“金寨县”，与社区进行道德共建，在落实科学发展观教育中，我们举办了“保护淮河”、“振兴皖江经济”等活动。通过实践活动，加深学生对“形势与政策”课的理解，有力地促进了学生的知行统一。

（三）注重坚持充分利用教学资源与实现资源共享相结合以增强渗透力

在“形势与政策”课革新教学形式中，我们注重调动广大教师的积极性，集思广益，发动教师查找相关资料，并根据教育部“形势与政策”课教育教学要点，定期编写课程教材，每学年两期。将中央电视台 1 频道、4 频道、10 频道和新闻频道等节目的最新“形势与政策”报道和热点评述转刻成光盘，及时运用于教学中，这种具有渗透力、吸引力和针对性、实效性的教育教学形式能迅速反映国内外重大事件，可以及时对学生进行正确的引导，使学生正确地坚持马克思主义的形势观、政策观，有效地避免了学生在重大问题上可能产生的认识偏差。正如恩格斯所说，我们的理论“不是必须背得烂熟并机械地加以重复的教条。越少从外面把这种理论硬灌输给美国人，而越多由他们通过自己亲身的经验（在德国人的帮助下）去检验它，它就越会深入他们的心坎”[4]。

（合肥工业大学　崔景明）

参考文献

[1] 十三大以来重要文献选编（中册）[M]. 北京：人民出版社，1991：114.
[2] 毛泽东选集（第 1 卷）[M]. 北京：人民出版社，1991：288.
[3] 毛泽东选集（第 2 卷）[M]. 北京：人民出版社，1991：566.
[4] 马克思恩格斯选集（第 4 卷）[M]. 北京：人民出版社，1995：681.

“形势与政策”话语体系现状调查分析

——来自广东省部分高职院校的调查

一、“形势与政策”话语体系调查的背景

在信息大爆炸的时代，庞大的信息量影响着大学生对国内外重大事件的判断，中国不仅是世界媒体所“热议”的话题，中国新一代领导人在各种场合的频频发声，也引起了国际社会的广泛关注，各种鲜活而有特色的话语引起国际舆论的各种解读。[1]

“形势与政策”课程主要的目标是让大学生掌握国内外最新的热点难点问题，了解国家的大政方针和重大事件的真相与影响，分析国际重大事件和形势的走向。马克思主义大众化内在要求构建新的话语体系，可以通过话语内容、话语转移方式及拓宽话语领域的路径，提高宣传普及中国特色社会主义理论体系的有效性[2]，这对于让大学生分清是非，领会国家的重大决策至关重要。高职院校要紧紧把握“形势与政策”的话语权，构建科学合理的符合大学生实际的话语体系，主导舆论的方向，引导大学生紧跟社会发展的主流，从而以饱满的热情投身到社会主义事业建设中来。

要构建好“形势与政策”的话语体系，就必须对“形势与政策”的话语体系现状进行必要的调查分析，了解存在问题及原因，提出解决问题的对策，从而优化“形势与政策”的话语体系，提高该课程的质量与效果。

二、“形势与政策”话语体系调查的目的意义

（一）引导领会国家决策

“形势与政策”话语体系调查有利于准确地引导大学生领会国家对国内外重大事件的决策。在对待国家重大事件、突发事件的处理与态度方面，大学生作为社会精英的一部分，非常关心国家的决策与态度，但由于当今社会信息量太大，各种不同的信息和看法通过网络、广播、电视、新闻迅速传播，这就有必要通过“形势与政策”课的话语体系来传播国家的正确决策，准确引导有利于学生的正确判断，确保大学生正确领会国家对国内外重大事件的决策。

（二）调动关注时事的积极性

“形势与政策”话语体系调查有利于构建科学的话语体系，调动大学生关心国内外重大事件的积极性。对于国内外的重大事件、突发事件，虽然信息量很大，但是在学生群体中，并不是所有学生都关心国内外重大事件，许多学生对了解国内外重大事件和国家处理的态度不重视、不关心，这就必须通过构建科学合理的“形势与政策”话语体系的影响力，激发大学生关注国内外重大事件的兴趣，调动大学生关注国内外重大事件的积极性，开拓自己的视野，使大学生了解社会、融入社会。

（三）传播国家导向和态度

“形势与政策”话语体系调查有利于准确把握传播国家对重大事件的导向和态度的途径。作为学生，对于老师的观点和态度认同度较高，他们在较大程度上对老师较为信任，在对国内外重大问题上，当他们无法进行有效的分析和辨别是非时，老师通过“形势与政策”课这个窗口，采用适合的途径向学生及时传达国家的导向和态度，让大学生坚定对国家处理国内外重大事件的态度的认可和支持。

（四）提高课程教学质量

“形势与政策”话语体系调查有利于提高“形势与政策”课的教学质量。课堂教学质量一直以来都是思想政治教育改革的核心，通过对“形势与政策”课话语体系的调查分析，可以找到影响课程教学质量的因素，并根据调查实际对课程教学进行综合改革，重构“形势与政策”话语体系，掌握话语权，用生动活泼的课程

教学方式吸引学生，提高课程教学质量。

（五）提高师资素质水平

"形势与政策"话语体系调查有利于提高"形势与政策"课程教师的整体素质和水平。通过调查，可以有效地掌握课程教师的教学方法、讲课方式、教学内容、语言表达、话语转移能力等话语体系的实际情况，同时根据存在的实际问题，通过组织教师培训、教学研究、师生互动提升等方法，让授课教师意识到课堂话语的重要性，提升课堂话语水平，从而提升"形势与政策"课程教师的整体素质和水平。

（六）培养大学生处事方法能力

"形势与政策"话语体系调查有利于指导大学生掌握处理人生中重大问题的方法。通过对"形势与政策"课程话语体系的调查，提升课程话语质量，将大学生的注意力吸引到课程教学中来，学生不仅领会到国家对重大事件、突发事件的处理过程、方法、态度，同时让学生又领悟人生中处理重大事情的方法，促进课程教学效果的有效延伸。

（七）提供科学的决策依据

"形势与政策"话语体系调查为教育主管部门出台有关政策、文件提供依据。"形势与政策"课不仅是学校的事，更重要的是国家的事，教育主管部门一直要求并采取措施提升"形势与政策"话语权，确保将国家处理国内外重大事件、突发事件的态度和决策传达到大学生心中，这就为教育主管部门出台有关的政策、文件提供了依据，促使教育主管部门出台的文件、政策更符合实际，提升执行的效果。

三、"形势与政策"课程话语体系调查分析

为了全面掌握和了解当前高职院校大学生"形势与政策"话语体系的现状，笔者拟订《形势与政策课程话语体系问卷调查表》开展调查，调查组选择了 4 所具有代表性的高职院校开展调查。调查对象中男生占 52%，女生占 48%；涉及的专业类别涵盖文史类、理工类、经管类、艺术体育类、教育类等。问卷调查主要由 19 个专业问题组成，重点围绕"形势与政策"课程开设的基本情况、开设的效果、大学生对形势政策掌握的渠道及需求情况以及他们的期待等内容展开调查，

调查的具体情况如下：

（一）"形势与政策"课程开设情况问卷调查

在被问及"你校是否有开设'形势与政策'课？"时，回答有的占100%，回答没有的占0%。

在被问及"你校每年开设'形势与政策'课的学时是多少？"时，回答4节的占8%，8节的占70%，16节以上的占22%。

在被问及"你校对国内外重大事件、突发事件是否及时开设专家讲座解读？"时，回答有的占12%，偶尔有的占36%，没有的占30%，其他形式的占12%。

在被问及"你校讲授'形势与政策'课的教师有哪些？"时，其中选思想政治理论课老师占68%，选院部或学校领导的占8%，选校外专家的占6%，选其他专业教师的占18%。

（二）"形势与政策"课程开设效果问卷调查

在被问及"你认为'形势与政策'课教师授课内容是否抓住了国内外热点或重大事件？"时，认为有的占73%，认为没有的占27%。

在被问及"你认为'形势与政策'课教师授课效果如何？"时，认为很好的占16%，认为较好的占32%，认为一般的占33%，认为较差的占19%。

在被问及"你认为'形势与政策'课教师的教学方式是否符合学生心理？"时，认为符合的占39%，认为基本符合的占37%，认为不符合的占24%。

在被问及"你认为'形势与政策'课教师的讲话艺术如何？"时，认为生动活泼的占14%，认为一般的占55%，认为枯燥无味的占27%，认为听不明白的占4%。

在被问及"你认为'形势与政策'课的信息量如何？"时，认为信息量大的占11%，认为一般的占47%，认为信息量少的占42%。

（三）大学生对重大事件掌握的渠道及需求情况问卷调查

在被问及"你对国内外重大事件、热点问题的信息来源是什么？"时，来源于互联网的占61%，广播电视的占24%，"形势与政策"课的占10%，其他占5%。

在被问及"你对国内外重大事件、热点问题的准确把握与判断来源是什么？"时，选择互联网的占42%，广播电视的占28%，"形势与政策"课的占22%，其他占8%。

在被问及“你相信‘形势与政策’课教师对国内外重大事件、热点问题的解读吗?”时，选择相信的占46%，不相信的占12%，无所谓的占42%。

在被问及“你通过‘形势与政策’课学到了什么?”时，认为学到国内外重大事件的准确信息的占39%，了解国家对重大事件的决策的占51%，学到了国内外重大事件的解决方法的占10%。

在被问及“你对最近发生的国内外重大事件了解吗?”时，认为了解的占23%，不了解的占31%，知道一点的占46%。

（四）对“形势与政策”课程的期待情况问卷调查

在被问及“‘形势与政策’课是否能满足你对国内外重大事件了解的需求?”时，认为能的占24%，认为一般的占32%，认为不能的占46%。

在被问及“对于‘形势与政策’课教学，你认为哪方面最需要改进和提高?”时，认为是时间安排的占23%，认为是教学内容29%，认为是教学方式的占38%，认为是考核方式的占10%。

在被问及“‘形势与政策’课专题教学内容中你最感兴趣的是什么?”时，依照选择多少顺序依次为热点问题、国内政治形势、国际形势、周边关系、大国关系、国内经济、民生民情、国际经济及其他。

在被问及“你认为教师应如何增强‘形势与政策’课互动效果?”时，认为要组织学生辩论的占23%，学生分小组讨论的占31%，教师提问抽学生回答的占24%，其他占22%。

在被问及“‘形势与政策’课开展专题沙龙讨论，你是否愿意参加?”时，选择非常愿意的占17%，愿意的占21%，不愿意的占14%，无所谓的占23%，看对专题是否感兴趣的占25%。

四、“形势与政策”课程话语体系存在的问题分析

（一）高职院校对“形势与政策”课程未引起高度的重视

高职院校学生的思想政治理论课主要安排的课程是《毛泽东思想和中国特色社会主义理论体系概论》和《思想道德修养与法律基础》两门课程，对于“形势与政策”课主要是安排专题教学的方式进行，这让许多高职院校不重视“形势与

政策”课，在教师安排、授课时间、教学质量检查、教学效果监测、课程考核等方面没有引起高度重视，出现形式主义或走过场现象，致使该课程的价值并没有得到有效的发挥。

（二）教学质量参差不齐

从调查情况看，“形势与政策”课不是按常规教学来安排，而是以专题讲座的形式来安排，虽有教学大纲，但教学内容的安排教师具有较大的自主权，在教学检查、教学效果、课程考核等方面学校也督促不严，这就出现教学质量的参差不齐，负责任的教师的授课质量较好，不负责任的教师却是敷衍了事。

（三）教学形式单一，许多教师授课枯燥无味

从调查情况看，学生对“形势与政策”课的满意度并不高，普遍认为“形势与政策”课教学方法单一，有些老师上课就是放视频或 PPT，讲课照本宣科，讲课话语枯燥无味，授课方式不太符合学生心理，授课信息量不大，授课缺乏艺术性，提不起学生的兴趣，学生听课兴趣不高，教学效果不好。

（四）未能完全满足学生的求知需求

在“形势与政策”课的安排上，由于安排在固定的时间，而且课时有限，出现许多教师讲授的“形势与政策”课的教学内容过时，教学时间少限制信息量等，而学校又没有其他途径来补充不足，所以在一定程度上未能满足大学生的求知需求。

（五）对国内外重大事件、突发事件的解读不及时

从调查的情况看，高职院校学生对国内外重大事件、突发事件的真相、解决等问题主要是通过网络、手机、广播、电视等方式来了解的，高职院校由于办学时间短，学术氛围不浓厚等原因，不像本科院校有许多专家讲座等方式及时让学生了解国内外重大事件的真相，没有及时地用合适的方式迅速掌握话语权来让学生及时了解国内外重大事件、突发事件的真相及国家的态度。

（六）没有深入研究课程的话语体系

从调查来看，高职院校对于研究“形势与政策”课程话语体系不够重视，缺乏深入的研究；对掌握“形势与政策”话语权的重要性认识不足；对于“形势与政策”话语体系的研究一片空白，这就导致该课程的话语体系构建效果不好。同时，由于缺乏体系，实践教学中教学内容凌乱，教学安排随意性大。

（七）在学生中未树立权威解读

在调查中，我们发现，由于现代社会是信息大爆炸的时代，每次国内外重大事件出现，各种不同的观点、态度就出现在网络、手机、广播、电视中，大量信息铺天盖地而来，让学生出现无法判断真伪，而“形势与政策”课的话语体系未有效、及时地传达国家的准确态度，致使“形势与政策”课在学生中未树立权威解读的威信。

（八）“形势与政策”课的评价与考核有待加强

从调查来看，当前高职院校缺乏“形势与政策”课的评价，缺乏科学的大政方针指导教学开展课程研究与科学教学实践活动；课程的考核方面，考核比较松，要求比较低，管理比较散，不像专业课程考核那么规范和严谨。评价体系缺失和考核机制不健全在一定程度上制约和影响着“形势与政策”课的开展。

（九）学生对形势政策了解和参与积极性有待提高

调查表明，很多学生对形势政策的了解和掌握带有被动性，缺乏主动参与，高职院校没能很好地调动学生了解和掌握当前形势政策的积极性，学生对“形势与政策”课开展专题沙龙讨论等活动的参与积极性不高。

（十）“形势与政策”课程的价值发挥不理想

由于对“形势与政策”课的实践与研究不足，授课教师往往是为讲课而讲课，“形势与政策”常常是局限于传播信息、新闻、事件，对信息、新闻、事件等剖析不到位，对剖析信息、新闻、事件的方法讲解甚少，没有达到借课程学习掌握解决问题的方法和提升解决问题的能力的作用。总体而言，“形势与政策”课程的价值发挥不理想。

五、优化“形势与政策”课话语体系的对策

（一）建立高职院校党委主导机制，高度重视，掌握话语权

向学生传达国家处理国内外重大事件的态度，让大学生了解国家处置国内外重大事件、突发事件的决策，使大学生与国家保持高度的一致，这是高职院校党委的责任，高职院校党委必须建立党委主导机制，高度重视“形势与政策”课的话语体系构建，优化课程话语体系，主动掌握话语权，提高课程的教学质量与效

果，在对待国内外重大事件和突发事件方面统一思想，与党中央保持高度一致，构建中国话语体系，是落实社会主义核心价值体系的关键，是建设社会主义文化强国的重点。[3]

（二）组建研究团队，形成生动活泼的教学方式，提高教学质量

高职院校办学历史短，对"形势与政策"的话语体系构建未完全形成，这就必须组建专门的"形势与政策"课程话语体系研究团队，引导、鼓励有责任心、教学经验丰富的老师参与研究，改革现有的"形势与政策"教学内容、教学方式、实践教学等内容，形成内容丰富、教学方式生动活泼的话语体系，提高教学质量。

（三）加强师资培训，提高教师素质与授课水平

话语体系构建的主体是教师，话语体系的直接执行者也是教师，所以，要构建科学合理的"形势与政策"话语体系，关键在教师，这就必须加强对教师的培训力度，让广大老师养成关注形势政策，自身全面了解和深刻理解形势政策，积极参与"形势与政策"课程教学，科学掌握"形势与政策"课程的话语体系构建的方法、内容、技巧等，从而提高教学效果。

（四）组建快速反应团队对国内外重大事件、突发事件及时反应

在"形势与政策"课程话语体系的构建中，可以通过建立国内外重大事件的快速反应团队，团队成员由教师与学生组成，负责及时收集信息，将国家对国内外重大事件的真相和态度传达全校师生，让更多的师生了解事件的真相，并与中央决策保持高度一致，也有利于防止和杜绝重大事件发生后一些虚假、错误的信息，肆无忌惮传播带来负面影响的现象发生。

当国内外出现重大事件、突发事件时，学校应快速反应，应及时组织有关专业教师通过宣传栏、学校广播、专题讲座、热点问题咨询等方式及时地将有关信息传达到学生身上，注重时效性、权威性，提高学校在国内外重大事件、突发事件上的权威信息传达，避免错误信息或舆论把学生带入负面的、错误的思想误区。

（五）构建一体化的课程话语体系

要提高"形势与政策"的教学质量与效果，构建一体化的话语体系是有效的手段和方法，一体化内容包含话语文体、话语对象、话语内容、话语形式、话语转移、话语效果、话语质量、话语检测、话语评价、话语跟踪分析等内容，要善用平台生动表述，而不是照本宣科，僵化地宣教[4]，从而全面提升"形势与政策"的话语

体系水平。

（六）构建“形势与政策”课程话语评价体系

要优化“形势与政策”课程的话语水平，掌握话语权，就必须构建“形势与政策”话语体系的评价体系，制定评价项目、评价标准、评价分析、改进措施等，通过评价体系的建立来全面提升“形势与政策”的话语水平；同时，学校督导、教务等部门应该加强评价体系的落实与考核，以此引导教学，开展好“形势与政策”课程的教学工作。

（七）调动学生参与积极性，让学生成为话语体系的主体

在“形势与政策”话语体系的构建中，可以采用双主体的方式，让学生与老师一样成为话语体系的主体，调动学生参与“形势与政策”课程学习的积极性，激发学生潜能，让学生成为“形势与政策”的参与者、宣传者、传播者、拥护者，同时也有利于学生对重大事件、问题的判断能力、分析能力的提高。

（八）通过“形势与政策”课程让学生掌握处理人生大事的方法

思想政治教育课的核心是教会学生学会“做人”，用正确的思想、价值观，指导学生健康成长，在“形势与政策”课的话语体系构建中，不能仅限于让学生掌握国内外重大事件真相和国家态度，更重要的是要让学生从中悟到人生的道理，从国家处理国内外重大事件中学会自己处理人生重大事情、突发事情的处理方法，让“形势与政策”课程话语体系教学效果的外延进一步开展。

六、小　　结

总之，一种理论的话语体系要得到更好的传播，就需要能够被更多的人理解和认同[5]，“形势与政策”课在一定的程度上代表着党和国家的喉舌，影响着国家的大政方针贯彻执行与处理国内外重大问题的态度和决策，体现旺盛的思想活力，必须适应当前解放思想，推进改革发展的紧迫需要[6]，对如何将大学生培养成中国特色社会主义建设的接班人意义重大，这就要求必须优化“形势与政策”课程的话语体系，紧紧把握舆论的正确导向，让学生健康成长。

（河源职业技术学院　戴春平）

参考文献

[1] 刘笑盈. 关于构建中国话语体系的思考[J]. 对外传播,2013(6).
[2] 吴琼. 马克思主义大众化的话语体系构建[J]. 理论视野,2010(6).
[3] 张传民. 文化自觉、理论自觉与中国话语体系的构建[J]. 山东社会科学,2012(10).
[4] 孟威. 改进对外传播、构建中国话语体系[J]. 新闻战线,2014(7).
[5] 戴焰军. 构建中国特色话语体系的几个原则[J]. 人民论坛,2012(12).
[6] 余林远. 话语体系构建之首要:明确核心目标[J]. 人民论坛·学术前沿,2012(11).

构建“形势与政策”课教育教学话语体系的几点思考

“形势与政策”课在我国高校对大学生思想政治教育具有十分重要的作用，然而，多年来由于种种原因，这门课在高校中的地位比较尴尬，解决这一问题需要我国教育管理部门从宏观的高度、政策的层面加以考虑，非本文涉及的范围。本文从一个高校“形势与政策”课教师的身份与视角，就多年来从事这门课教学的经验与体会归纳总结，提出几点思考，以期达到与同仁们共商讨，提高教学效果之目的。

一、“形势与政策”课教师应具备的知识结构和基本素养

首先，“形势与政策”课教师在知识结构上应成为会通多学科、综合多领域一定知识背景的杂家。“形势与政策”课的特性决定了讲授者一定要具备善于用马克思主义理论、中国特色社会主义理论分析形势、解读政策，同时还需要讲授者善于以宽阔的视野、多学科透视党在新时期的经济建设、政治建设、社会建设、文化建设方面的发展战略，因此，讲授这门课的教师在知识背景和知识结构上的要求就必须具备政治、经济、社会、文化等多学科知识的综合。比如每学年对我国召开的“两会”进行专题宣讲时，会涉及各学科、各方面的专门知识。在经济建设方面，要讲清宏观经济就必须结合微观经济来讲，这其中包括了财政、金融、货币等方面的知识；在社会建设方面，要立足于我国处在社会主义初级阶段这一基本前提，讲清城市化问题、就业问题、社会保障等问题，以及分析各方面社会舆情，解读一系列社会改革政策，这其中就包括了社会学、

社会心理学、法学、管理学等学科的知识。而每学年的“国际形势”专题宣讲，会因为国际背景下的各种文化冲突、意识形态冲突、国家利益冲突、民族冲突以及军事冲突引发的国际热点问题，涉及国际政治、国际组织、历史文化、军事战略、外交政策以及国际法、国际惯例等方面的知识，不仅要有这方面的知识积累和知识储备，还要长期有目的的跟踪一些国际热点问题。另外，还有一些专题会涉及自然科学方面的知识，比如科学技术发展状况、环境问题、生态问题、气候问题等。可见，“形势与政策”课的教师如果在知识结构上不力求成为一个杂家，是很难胜任这门课的教学的。

其次，“形势与政策”课教师应成为分析形势的观察家和解读政策的专家。一是在分析判断形势时，一方面要有宽阔的视野，要学会将局部问题放到全局的范围内，将国内问题放到国际社会的大背景下来分析判断，要有全局观念和大局意识；另一方面要有敏锐的洞察力和预判能力，要学会透过现象抓住事物的本质，并能捋清事物发展和形势演变的脉络，认识和掌握其中的规律，从而对事物发展趋势和形势演变结果作出科学合理的预测和研判。二是在解读现行政策时，要做到对现行政策推行之前的政策弊端和不足进行剖析和审视，对现行政策的合理性进行深入解读，并对其推行以后带来的社会效果作出正面的、恰当的良性预判。具备这样对形势分析和政策解读的能力，是一个“形势与政策”课教师的基本素养。

再次，“形势与政策”课教师在讲台上应是一个富有激情的演说家。要想使“形势与政策”课发挥好育人功能，授课教师在教学过程中的教学状态如何就显得尤为重要。是富于激情的讲授还是平铺直叙的叙述，其教学感染力和教育效果大相径庭。因此，“形势与政策”课教学就要求教师在教学中用理论的力量、逻辑的力量给广大学生传递一种信息，这种信息给他们带来的是一种坚定信念和美好理想，是一种充满豪情的自信和勇往直前的力量，是一种积极向上的人生态度和为社会建功立业的人生价值取向。同时，广大学生还能通过教师那充满激情的讲授中获得知识之美、思想之美、教育艺术之美、人格境界之美，使青年大学生由衷的产生对未来美好社会、美好人生的无限遐想，以及带来对精神崇高的追求、理想人格追求的强劲动力。

二、"形势与政策"课教师在授课过程中应把握的几个原则

（一）要把握好以我为主的原则。首先，要全面掌控和驾驭课堂秩序。高校"形势与政策"课大都是百个学生以上甚至几百学生的大课，授课教师对课堂秩序的把控和驾驭能力，直接关系到本课的教学效果。因此，教师在开讲之前一定要坚持好以我为主的原则，有意识、有目的的调整好课堂秩序，理顺学生情绪。比如将后排学生调整到前排、按班级分区域清点人数、强调几点课堂纪律等，均可达到把控全局，使学生尽快进入课堂氛围和听课角色的目的。其次，要及时引导学生跟上教师的讲课思路。"形势与政策"课在授课过程中会遇到各种各样的情况，讲课教师在灵活应对时一定要坚持好以我为主的原则，比如可能出现教师在课堂上提出的问题，学生在回答时引出了其他问题，由此引发了课堂的热议；也可能出现教师在讲授过程中，学生提出新的问题使教师不得不做出回答。出现前者情况需要授课教师控制学生在课堂上有适度的热议，然后导入教师的讲课思路。出现后者情况则需要授课教师短暂地、机智地回答学生提出的问题，然后及时导入教师的讲课思路。若授课教师在出现了以上情况而不加以控制，将会导致这堂课的失败。再次，要增强自我意识和强化角色意识。"形势与政策"课教师在授课过程中的自信程度、状态如何直接决定着这堂课的成败，因此，授课教师要做到一是对讲授内容理论观点科学性的自信；二是对自己讲授能力的自信；三是对本课程内容将起到的教育效果的自信。只有这样教师在授课过程中才会出现理直气壮、振振有词的良好状态，教师的职业特性决定了强化角色意识的重要性。西方马克思主义者葛兰西在意识形态话语权问题上认为："社会集团的领导作用表现在两种形式中——在统治的形式中和'精神和道德领导'的形式中。"[1]前一种形式表现为上层建筑的国家机器，后一种形式则体现为思想政治教育话语权。

（二）要把握好敢于表达与善于表达辩证关系的原则。"形势与政策"课是一门政治性、综合性、时效性都很强为特征的课程。对授课教师的政治素质、思想素质、理论素质的要求都很高。同时，广大学生对这门课的期待也很高，他们除了在主流媒体了解到的时事政治、政策信息，以及国际国内形势中的热点问题

以外,还希望通过每学期为数不多的"形势与政策"课,通过教师在课堂的直接讲授,听到不一样的声音,获得更多的背景信息,得到对形势更独到的分析和对政策更深入的解读。因此,对于"形势与政策"课教师在授课中的要求就是:首先要做到敢于表达,也就是说在占有大量材料的基础上,要敢于亮明自己的观点,表明自己的态度,阐明自己的立场。只有这样才能使这门课在大学生心目中成为有深度、有亮点、有质感、有思想的,值得去听值得去学的有吸引力的课程。但是,仅仅做到这一点是远远不够的,更重要的是要做到善于表达,也就是说怎样亮明自己的观点,如何表明自己的态度,要阐明自己的什么立场。所谓善于表达就是要做到一要坚持用辩证唯物主义和历史唯物主义的世界观、方法论;二是要坚守社会主义核心价值体系;三是要坚持国家利益至上的原则;四是在对待国际事务的冲突时除坚持我国的外交政策与原则之外,还要坚持国际法、国际通行的规则、惯例,以及国际社会普遍接受的理念和原则。因此,教师要想把"形势与政策"课讲授好,必须将敢于表达与善于表达辨证有机地统一起来,设善于表达为敢于表达的前提和条件,视敢于表达是善于表达的拓展和升华。这一原则在讲授中的有效运用,将会使"形势与政策"课达到一种理想的境地。另外,要注重文本话语向学术话语的转化,从学生的理解和接受出发,教学话语应具有一般社会科学共同的话语特点,尽可能使意识形态隐性化,并与学生原有的思想和思维话语保持较高程度的一致性。[2]

(三) 要把握好以教育引导为主的原则。当前我国还处在社会主义初级阶段,各类社会问题、各种社会矛盾表现突出。其一,由于我国处在向工业化、城市化、现代化社会转型时期。这一时期主要有城乡二元经济结构、贫富悬殊、两极分化、分配不均、就业困难、社会保障程度低、社会和谐程度低等社会矛盾和社会问题。反映在大学生思想层面上主要有:对社会不满、质疑政府公信力、对未来缺乏信心等,而反映在大学生心理层面的主要是浮躁和焦虑等问题。其二,由于改革开放以来,特别是社会主义市场经济建立以来,在我国全社会已经形成以追求利益为主流的社会价值导向,而围绕市场经济进行的法制建设、道德建设却相对滞后。因此,在社会上长期存在权钱交易、假冒伪劣、坑蒙拐骗、杀人抢劫、尔虞我诈、出卖肉体、出卖灵魂等社会丑恶现象。反映在大学生思想层面上主要表现为缺乏诚信、急功近利、拜金主义、享乐主义、极端个人主义等思潮较为普遍。

其三，由于我国目前政治体制改革相对滞后，民主政治建设还不完善。因此，在社会层面上主要表现为党风不正、官僚主义、官商勾结、买官卖官、贪污腐化、特殊利益集团形成、党群关系紧张、干群关系恶化等问题和矛盾。反映在大学生思想层面上则主要表现为信仰危机、责任感缺失、公德意识下降、价值观扭曲、荣辱观不明等问题较为普遍。其四，随着我国改革开放的不断深入，中国主动融入全球化浪潮，由此出现了世界上各种思想文化相互激荡、相互影响，也出现了各种思想文化、生活方式一股脑地、不分良莠地涌入中国，对我国优秀传统文化、主流意识形态、核心价值观形成了巨大冲击。反映在大学生思想层面上主要有自由主义、存在主义、虚无主义等错误思潮的影响，也出现了对社会主义理想信念的动摇和怀疑，以及对资本主义所谓"自由、开放、享乐"的生活方式的向往和追求，或弥漫着消极悲观的人生哲学。面对上述情况，要求教师在讲授"形势与政策"课时，一定要把握好以教育引导为主的原则。首先，要使大学生学会客观冷静地看问题。将中国的社会问题放到具体的时代背景下，就不难理解其中的缘由了，放到社会主义初级阶段的特殊时期，放到社会转型的特殊时期，放到社会主义市场经济初步建立的特殊时期，就能使我们更加客观理性的分析把握中国的社会问题。其次，要使大学生学会全面辩证地看问题。要看到中国经济社会发展的主流方面，要看到我国改革开放以来取得的巨大成果，要看到中国特色社会主义在全球范围的成功实践，特别是在应对各种挑战、各种危机时所显现出来的，在当今世界范围其他体制模式下无法做到的体制比较优势。再次，要使大学生学会历史地、前瞻性地看问题。要认识到当今中国是在一个有两千多年封建专制制度下脱胎出来的社会形态，是在近百年来国家和人民饱受苦难、任人宰割、积贫积弱的状况下走到了今天。要认识到在中华民族复兴的历史进程中，不仅使拥有十三亿人的中华民族找到了民族自信、感到了民族尊严，而且也让那曾经丢失和湮没的五千年的文明传统在当今世界人类文明的谱系中价值重现、大放异彩。更要认识到当今中国不仅是世界经济发展的引擎和发动机，而且还预示着"中国模式"为人类社会发展提供新的样式，为人类社会作出更大的贡献。我们从亨利·基辛格博士关于中美关系的论述中体会出当今中国的分量，他说："中国已经成为一个经济超级大国和塑造全球政治秩序的重要力量。美国赢得了冷战，中美关系成为争取世界和平与全球福祉的核心要素。"[3]总之，"形势与政策"

课教学中对大学生始终坚持以教育引导为主的原则，才是这门课的价值所在。

三、"形势与政策"课在讲授中开讲与结尾的方案设计

（一）关于如何开讲的几种方案

1. 问题呈现：就是将本专题要讲的内容中核心问题用精练的语言表述呈现给学生，让他们了解本专题的中心思想，然后跟着老师的思路步步深入、层层剥离，掌握专题内容的来龙去脉和本质全貌。例如：要讲"北非、中东地区政局动荡的原因及影响"这一专题，开讲就要把发生在突尼斯的"茉莉花革命"的缘由，突尼斯、埃及、利比亚政局动荡的现状及演变过程用精练的语言叙述给学生。这样一开始学生就很快走进了内容，然后他们就想知道是什么原因导致这个地区这么多国家发生连环式的政局动荡？国际社会出现这样的问题会给我国带来怎样的影响呢？等等一连串的问题他们都想搞清楚。有了这样良好的问题呈现式的开局，后面的课堂局面便可以由教师完全主导了。

2. 案例切入：有些"形势与政策"课专题内容比较适合用案例切入式开讲，这种方式就是要结合内容选择典型案例，并在后面内容展开和推进过程中使这一案例情景时隐时现，使学生在听课过程中能反复玩味案例，多角度透视案例，通过案例的切入和体悟，把握整个专题内容的精神实质。例如：在讲"增强大学生公民意识、提高大学生公民素质"这一专题时，可选择发生在广东佛山市"小女孩悦悦被车碾，十八个路人冷漠无人施救"的案例，这一事件不仅具有典型性，而且具有很强的冲击力和震撼力，专题一开讲这样的案例就会抓住学生，听课过程中案例中的情景会时时浮现在他们的脑海，他们也会假设各种场景以及自己在现场的表现。这样后面的教学内容就很容易与学生互动，从而提高了本专题阐述的理论观点和价值取向的认同度，增强了教学效果。

3. 概况介绍：也就是说，有些专题内容比较适合一开始教师就要将内容的概要和要点交代给学生，是他们既了解了专题内容的全貌，又把握了这一讲的重点和难点。例如：每学年要给学生专题宣讲的"全国人大、全国政协召开的'两会'精神"内容，就应该以"概况介绍式"开讲。因为每年的"两会"内容十分庞杂，关系到我国经济社会发展的各个领域和发展走向，是我国政治生活中的一件大

事，要想在有限的时间将其面面俱到是很难的。因此，开始就应当用很短的时间将“两会”的盛况、主题、特点、主要内容等概要的介绍给学生，然后重点解读总理的《政府工作报告》中的重要内容和亮点、热点问题。这样做的好处在于，既让学生了解了“两会”的概况和基本内容，又使他们有重点的把握了其中的精神实质。

（二）关于如何结尾的几种方案

1. 总结式结尾：即教师在讲课结束时，将所讲内容进行归纳梳理，主要做到：一是归纳内容要点；二是强调核心主题；三是抓住精神实质；四是提炼思想灵魂。这样学生在听完专题宣讲后，思路清晰，得其要领，悟其精髓。

2. 思考式结尾：即教师在讲课结束时，将所讲内容中有思考价值、研究价值和教育价值的问题提炼出来，使学生听完课以后带着问题走出教室。这样做的好处在于：教学内容的教育功能在课后还不断地深化和发散，而且也有利于培养大学生关注社会问题，思考社会问题，更有利于培养他们研究型的学习方法。

3. 激励式结尾：即教师在讲课结束时，根据宣讲的专题内容，准备一小段有思想、有诗意、富于哲理的文字，以真诚而又富于激情的语调表达出来，以示结束。这样就会使讲课在结束时赢得学生热烈掌声，达到高潮。这种效果对教师来说是一种劳动的肯定，会增强教师的自信心和成就感，更重要的是，培养大学生积极健康的人生态度，激励大学生树立理想信念。这最后的掌声，不仅是学生出于对老师的礼貌，重要的是广大学生对教学内容的价值认同。

（西藏民族大学　高　峰）

参考文献

[1] [意] 葛兰西. 狱中杂记[M]. 田时纲，译. 北京：人民出版社，1983：316.
[2] 徐家林. 论高校思想政治理论课教学中的话语问题[J]. 思想理论教育，2008(19).
[3] [美] 亨利·基辛格. 论中国[M]. 胡利平等译. 北京：中信出版社，2012：2.

地方高校“形势与政策”课特色化教学改革研究①

地方高校(地方所属高等学校的简称)是指隶属各省、自治区、直辖市、港澳特区,大都靠地方财政供养,由地方行政部门划拨经费的普通高等学校,是我国高等教育体系的主体部分。[1]地方高校的设立一般是依托地方经济社会发展的特点,其学科发展、专业设置和人才培养往往以服务地方经济社会发展为目标,着力为地方培养高素质人才。我国目前共有 2 800 多所高校,其中绝大多数是地方高校。如安徽省共有 105 所高等学校,但除了中国科技大学与合肥工业大学外,其余 103 所都是地方高校。其中地方本科院校有 33 所,专科学校有 70 所。

安徽省第九次党代会提出“三个强省”、加快建设美好安徽的目标,要实现这一目标,安徽省地方高校肩负着不可推卸的责任与使命。学校在培养大学生扎实专业基础的同时,必须培养大学生为地方服务、为基层服务的责任心和使命感。必须按照“顶天”、“立地”的基本原则,更加注重“接地气”,既要培养高层次的科技人才,更要培养基层科技推广人才;既要培养善于创新的人才,更要培养敢于创业的人才;既要培养具有世界眼光的人才,又要培养脚踏本省实际的人才,大学生形势与政策教育在其中具有不可替代的作用,必须始终坚持探索地方高校形势与政策教育特色化教学改革研究。

① 基金项目:2013 年安徽省高校质量建设工程项目(项目号:2013SZXM018);2014 年安徽省教育厅“弘扬社会主义核心价值观”名师工作室项目(项目号:2014HXJZGMSGZS012)。

一、教学内容上，将世情、国情与省情、校情、生情相结合，将地方资源融入“形势与政策”课教育教学

丰富完善的教学内容是提高“形势与政策”教育教学效果的必要条件。一般而言，“形势与政策”教育教学基本包括以下内容：一是经教育部社科司审定并组织专家编写的每学期“形势与政策”教育教学要点，它是教学的根本依据，可指导和帮助学生运用马克思主义观点认识和把握形势的主流和本质，认清其变化发展的规律。二是党和国家的内政外交的各项政策、重要会议文件等，了解国情和国策，这是教师备课的主要依据，引导学生提高政策水平和拥护党和国家的方针政策的自觉性。三是理论界学术界最新的理论研究成果，大学生普遍关注的国内外热点焦点问题，这对学生颇具吸引力，是形势与政策教育的重要内容。四是地方特色的教育资源。它们就在学生身边，离学生最近，是他们能够真实感受得到的内容，是理论联系实际教学环节的直观生动的教学内容。[2]而正是这部分内容即能体现地方特色的是以往“形势与政策”教育教学所缺乏的。安徽省属中部省份，经济社会发展与沿海东部省份有一定的差距，但地域文化特色明显。皖北是老庄哲学、中医药文化的发源地；皖南有与敦煌学和藏学并列的中国三大走向世界的地方显学之一的徽州文化；皖东有全国农村改革发源地凤阳小岗村；皖西则有革命老区红色文化。这部分内容的开发利用，不仅能够丰富充实形势与政策课的教学内容，而且能够使学生具有真实感受，能增强“形势与政策”教育的说服力与感染力。

其次，我省地方高校大多办学特色明显。如，安徽农业大学是一所以农林学科为优势，学科门类齐全的教学研究型大学，安徽省人民政府与农业部、国家林业局共建高校。自1984年以来，学校从最初单纯的大别山区科技扶贫逐步走出一条面向“三农”、面向安徽、面向未来的科教兴农、科教兴皖、服务安徽经济社会发展的“大别山道路”，形成了自己鲜明的办学特色。将形势与政策课与学校办学特色紧密结合，将学校的办学特色贯穿于每门思政理论课的教学中，有助于树立大学生正确的世界观、人生观和价值观，增强大学生学农、爱农、服务三农的责任感和使命感，有利于提高地方高校高素质人才的培养。例如，2011年上半年针对“十二五规划建议”的宣传教育，我们组织编写了“形势与政策”专题讲座《坚

持走"大别山道路"投身农业现代化建设——基于农业发展视角的"十二五规划"建议解读》,这一专题从我国、我省、我校三个层面,从《建议》关于农业现代化的部署、推进农业现代化的途径、我省"十二五"农业现代化建设的重要任务、走大别山道路投身农业现代化建设四个方面,联系学生关心的问题和思想实际进行教学,具有时效性、针对性、实效性,学生反响极好。2015 年是"十二五"收官之年,同时是我校"大别山道路"30 周年,结合安徽省情,将这些内容融合进"形势与政策"教育教学中,加深学生对国策省情校史的理解,有助于教学效果的提升。

二、方法手段上,将第一课堂与第二课堂相结合,注重学生参与,激发学生的学习积极性主动性

"形势与政策"课和其他四门思想政治理论课一样,教学方式可以分为课堂教学与课外实践两种基本方式,前者主要是解决"懂不懂"的问题,后者主要是解决"信不信"的问题。[2]"形势与政策"教育教学方式方法特色包括以下三个部分:

第一个部分是课堂教学。教师在组织教学的过程中,坚持以学生为本,按照学生是否欢迎、是否满意来设计和选择互动式教学法,如学生分专题讨论、演讲、辩论、案例分析、角色演练、专题报告等方式,侧重引导学生积极参与课堂,与学生在课堂上形成互动。多媒体演示教学法,可以促进教学过程中的师生互动、人境互动;案例分析研讨式教学法,可以促进教学过程中的师生互动、生生互动;演讲、辩论式教学法,可以促进教学过程中的生生互动、人境互动。[3]

第二个部分是课外实践教学。由于思想政治理论课绝大多数都是大班教学("形势与政策"课教学更是如此),每个班级学生人数都在一百人以上,而课堂教学时间有限,在课堂上教师无法接触每个学生,也无法逐一回答学生提出的问题及存在的疑惑,将"形势与政策"课教学从课堂内延伸到课堂外。充分利用先进的信息通信技术,依托学校"青禾"网校宣传教学平台,组织学生通过发飞信、微信,通过 QQ、E-mail 或微博等网络工具进行答疑、交流、讨论,将现实课堂与网络课堂相结合,并指导学生参加人文社科方面的各种活动,如"人文周"活动、"思政杯"辩论赛、"中国梦,我的梦"演讲比赛、"新农村理论与实践研究会"等社团活动以及各种讲座、征文比赛等,形成跨越时间空间的师生、生生互动及人机互动。

第三个部分是社会实践。思政部与校团委、学生处配合，组织学生进行"三下乡"等社会实践以及社会调查，充分利用学校实践基地，辅助教学。"形势与政策"课是一门理论与实践结合得非常紧密的课程。国家的大政方针贯彻落实的成效，学生只有通过亲身观察体验才能感受深刻。每年暑假，团委、学生处和各学院都要组织学生进行"三下乡"社会实践。从选题论证、调查问卷设计、项目遴选答辩，到带领学生进行实地调研考察，再到调研报告的撰写修改、调查问卷的统计分析，每个环节思政课老师(特别是"形势与政策"课老师)都参与其中，给学生以指导、帮助。在这个过程中，学生通过自己眼看、耳听、口说、脚行、脑思、手写，对"形势与政策"课内容有了更深刻的认识与理解，同时也坚定了为建设家乡贡献青春的理想与信念。

三、师资建设上，凝练团队，打造一支重视省情调查研究的高素质教师队伍

由于"形势与政策"课教育教学内容每半年更新一次，没有统编教材，没有充足课时①，给备课、教学、工作量计算等带来一定的不利影响，而且这门课的管理由校党委宣传部、马克思主义学院(思政部)、教务处、各学院等多部门齐抓共管，造成这门课很多专职思政课老师不愿意代，多数学校主要由各学院(系)总支书记和辅导员承担教学任务。辅导员具有自己的优势：与学生离得最近，对学生了解最全面。但由于种种原因，他们在对教学内容的把握上，在对教学方法的选择上，可能存在一些短板，特别是在省情教育方面。这需要建立一支省情调查研究宣讲队伍：将省内省情研究最新资料和成果补充进高校"形势与政策"资料库供教师查阅；请校内外具有广博省情知识并有宣传鼓舞能力的专家对教师进行培训或做专题报告，扩宽师生视野；积极参与省市政府项目、省社科规划项目和省社科联课题及相关部门的省情研究项目，抓住不同时期省情研究教育的侧重点，推进省情资料收集和研究；不断创新宣传渠道，培养省情校情宣传宣讲骨干，

---

① 2004年11月，中宣部、教育部联合下发了《关于进一步加强高等学校学生形势与政策教育的通知》(教社政[2004]113号)明确规定："形势与政策课按平均每学期16周，每周1学时计算。本科四年期间的学习，计2个学分；专科期间学习，计1个学分。"

采取喜闻乐见的方式方法，激发师生建设本省本市的热情。

四、几点思考

以上几个方面的内容是相互联系、相辅相成的。一方面，地方特色和学校特色为“形势与政策”教育教学方式方法特色改革提供了充实的教学内容，使“形势与政策”课教学能够言之有物，言之有据，言之有理；同时，地方特色教育资源的开发和利用，为“形势与政策”课的实践教学提供了鲜活的教育内容，为“形势与政策”课教学提供了案例载体，为“形势与政策”课教学提供了有效的途径。另一方面，“形势与政策”教育教学方式方法特色改革使得地方特色与学校特色生动起来、真实可信而易于被学生所接受。在学生的积极参与中，在师生、生生的互动中更加容易激发学生的自豪感，这不仅会增加教学的亲和力、说服力、感染力，赋予爱国主义教育和社会主义教育以新的时代内容，而且能够使学生更加热爱家乡，热爱祖国，从而增强他们建设家乡、振兴中华的责任感与历史使命感。

但地方高校“形势与政策”课特色化教学改革也还存在一些亟待解决的问题：

第一，“形势与政策”课的大班教学和实施的特色教学方式方法本身是一对矛盾，如何处理好这对矛盾，在有限的教学时间里，使全班同学共同参与教学过程，提高学生的参与意识、培养学生的合作精神及提高实践和创新能力，真正达到师生之间、生生之间的互动，使政治理论和政治信念真正进入大学生的头脑，从而全面提升学生的综合素质，这是“形势与政策”特色化教学改革中关键要解决的重中之重的问题，也是研究的重点和难点。要解决这一难题，一方面要充分调动教师教学改革的积极性，主动探索、研究多种切实可行的互动教学方式方法；另一方面，需要全体同学的积极配合和参与教师组织的各项活动。只有这样，这一难题才能得以顺利解决。

第二，“形势与政策”教育教学的地方特色与教育部下发的教育教学要点之间如何有机结合是要解决的另一个重要问题。马克思主义的“三化”、马克思主义的形势观和政策观要求“形势与政策”课必须结合世情、国情、省情和时代特点，针对大学生思想实际进行教学，使之真正成为大学生真心喜爱、终身受益、毕生难忘的优秀课程。地方高校的“形势与政策”课教学则必须将地域历史文化、地方风土人情等融入教学中，让学生在了解独特地域文化的同时，爱上这里的土地、爱上这里的人民、爱上这里的文化，立志为地方经济社会的发展贡献自己的力量。这两者必须兼顾，地方特色必须掌握一个“度”，选择的案例等必须具有代表性、典型性，要利于地方特色、学校特色的传承、创新与发展。

第三，打破地方高校之间、思想政治理论课程之间各自为战的格局，使教师之间差异互补、优势互取，形成一种合力，这也是要解决的难点之一。全国高校思想政治理论课“05 方案”从 2007 年春季开始实施，课程由原来的六门加一门（“形势与政策”）调整为现在的四门加一门（即“思想品德修养与法律基础”、“中国近代史纲要”、“马克思主义基本原理概论”、“毛泽东思想和中国特色社会主义理论体系概论”及“形势与政策”）。如果从前四门课程的整体来看，有不少内容是交叉重复的，特别是“中国近现代史纲要”与“毛泽东思想和中国特色社会主义理论体系概论”更是如此。而“形势与政策”课与四门课之间交叉也很多，如，“形势与政策”需要学生掌握马克思主义形势观、政策观的基本原理和方法，而这些基本原理和方法在“马克思主义基本原理概论”、“毛泽东思想和中国特色社会主义理论体系概论”等课程中都已经有详细的讲解。“中国近现代史纲要”课中的历史内容可以帮助学生科学认识当前的形势与政策，它提供历史的启迪与智慧。所以一定要将每门课程由教材体系转化为教学体系。而要使每门课程形成科学、合理的教学体系，迫切需要加强上述各门课程之间的良性互动。这就要求各门课程的教师之间多开展协作性教研活动，如集体备课、集体研讨与学习等，以提升每一位教师的教学理念；同时应经常组织地方高校各课程之间的老师进行示范观摩教学、听课说课等活动，提高教师集体教学水平，如“同城高校教师思想政治理论课教学研讨”、“长三角地区高校思想政治理论课教学竞赛”。各课程的老师之间应相互协调、互相合作、互为评委和互提建议，取长补短，扬长避短，使该课程教师之间形成一种合力，最终使每一门思想政治理论课程形成高效、科学的教学体系。[4]同时，使学生能够将“形势与政策”课的学习同其他几门思想政治理论课的学习有机结合起来，做到融会贯通，举一反三。

第四，推动地方高校“形势与政策”课规范化建设。加强地方高校“形势与政策”教育教学，必须把规范化建设、制度化管理作为根本抓手。在教学内容上融入地方资源；教学方法上增强师生互动；队伍建设上注重专兼结合；考核方式上注意机动灵活；申报校级及以上级别的精品课程；以科研促教学，及时总结项目积累经验，创新教育理念。并敏锐把握“形势与政策”教育的最佳契机特别是重大事件、重大节庆日，开展对应教育，以真正提升“形势与政策”课教学效果。这需要地方高校之间的配合：除了高校教师之间的网上网下交流如听课说课、介绍好的经验外，还要在编写具有地方特色的教学资料、教师培训、教学观摩、教学竞赛、社会实践、教科研课题的申报等进行卓有成效的合作与联合。

总之，针对地方高校人才培养的实际特点，着力加强“形势与政策”课的特色化教学改革研究。积极推进“形势与政策”教育教学与地方高校办学特色紧密结合，积极推进“形势与政策”教育教学与地域特色文化紧密结合，积极推进“形势与政策”教育教学与特色教学方式方法紧密结合，坚持将形势与政策课纳入大学生思想政治教育大平台建设，按照统筹大思政、搭建大平台、推进大教学、实现大教育的基本思路[5]，通过课堂教学、实践教学、网络教学等多维教学形式积极做好“形势与政策”教育“三进”工作。坚持理论教育与实践教育相结合，“第一课堂”与“第二课堂”相结合，显性教育和隐性教育相结合，优化资源、创新机制，激发活力、提高实效，积极探索新形势下地方高校“形势与政策”课的新思维、新途径、新办法，不断激发学生学习的主动性、积极性，提高“形势与政策”教育的实效性。

（安徽农业大学　龚小平　黄洪雷）

参考文献

[1] 地方所属高等学校[EB/OL]. http://baike.baidu.com/link?url=VFlAJzz5meR4LZZX7rdn5Fqfo4vMsDwBAD3O4.

[2] 刘武军. “毛泽东思想和中国特色社会主义理论体系概论”课开发利用地方特色教育资源的思考[J]. 百色学院学报，2009(1).

[3] 言意文. 高职思想政治课大班多元互动教学模式探讨[J]. 中国教育技术装备，2010(33).

[4] 陈彩娟. 大班环境下多维互动教学模式的建立与实施——以思想政治理论课为视角[J]. 黑龙江高教研究，2008(11).

[5] 朱立军. 推进大学生思想政治教育科学化的实践与思考[J]. 中国高等教育，2011(21).

新媒体时代“形势与政策”课话语体系的构建

新媒体时代的多元文化相互排斥和交融，强烈地冲击着传统的高校思想政治教育话语体系，而“形势与政策”课程由于是直接面向社会现实，加强学生对当前世情、国情、社情的了解和提高自身素质等发挥着重要作用的课程，更是首当其冲。面对新媒体下话语权发生了转移和重新分配，教育主客体话语鸿沟已经出现的现实，“形势与政策”课程必须在坚持导向性、主体性、实效性以及包容性原则的基础上加强话语体系的构建，以适应教学环境的新变化，推进课程教学效果的不断提高。

一、当前高校“形势与政策”课教学的现状

2004 年，《中宣部教育部关于进一步加强高等学校学生形势与政策教育的通知》中指出：“形势与政策课是高校思想政治理论课的重要组成部分，是对学生进行形势与政策教育的主渠道、主阵地，是每个学生的必修课程，在大学生思想政治教育中担负着重要使命，具有不可替代的重要作用。”当代大学生是一个非常特殊的群体，他们是在新媒体迅猛发展时代下成长的一代，他们既有知识理性的一面，又有年轻气盛、积极主动参与社会事务的一面。如果正确引导，有利于他们思想成熟健康成长，成为推动社会发展的新生力量；如果疏于引导，他们往往容易被错误的思潮误导，在思想认识上产生误区，影响他们健康成长，甚至在遇到一些突发事件时，他们的冲动还很容易被人利用，影响到社会的健康稳定发展。由此可见，引导大学生正确认识国际国内形势和理解党和国家的路线方针

政策是开设“形势与政策”课的最根本目的。尤其是在当今世界加快全球化与中国快速发展的背景下，中国的发展面临着越来越复杂的国际国内环境。国际上，随着中国崛起和国际影响的扩大，美国针对中国的战略调整意图日趋明朗，日本、西方打压中国的事件接连发生，周边热点问题不断出现，国际局势风起云涌。在国内，中国经济已经进入新常态，经济结构转型所带来的种种矛盾已然显现，腐败现象还没有得到有效遏制，贫富差距不断扩大，社会群体事件等层出不穷；在如何引导大学生正确认识国际国内的形势发展，理解党和国家的方针政策，“形势与政策”课担负着越来越重要的使命。

目前高校“形势与政策”课的教学现状并不乐观，甚至不少高校的“形势与政策”课教学仅流于形式。主要的还是由于课本身具有的特殊性，“形势与政策”课没有固定的教学内容和教材，“形势与政策”课讲授的内容主要包括党和国家的大政方针、国际国内重大事件、社会热点问题等几个方面。这些内容都有很深的背景，涉及面既广且深，导致要搞好该课教学确实存在着很大难度。但更主要的问题是没有建起一种新媒体语境下的“形势与政策”课教学的话语体系。

二、新媒体时代“形势与政策”课传统话语体系面临严重冲击

改革开放以来，面对全球化、网络化的社会背景，在新媒体时代我国的思想政治教育话语体系面临困境，尤其是与时代脉搏紧密联系的“形势与政策”课的话语体系发生了前所未有的变化，出现了一些突出问题。

（一）“形势与政策”课教育的主客体在新媒体话语体系上出现了严重的脱节

“形势与政策”课的讲授过程是教学主体和客体相互作用、相互影响的过程，实效性的强弱在很大程度上取决于主客体之间的信息沟通和交流。但是在现实的新媒体环境中“形势与政策”课教学主客体间形成的话语体系存在角度看，话语内容与形式应该是静态与动态的统一，相对稳定的话语内容需要鲜活的形式表现出来，但在实际教学过程中却出现了话语形式枯燥简单，师生之间情感交流缺乏等现象，间接降低了“形势与政策课”教学的实效性，造成了严重的沟通障碍。究其形成的原因主要有：话语的形式与内容衔接脱节，从理论是教育内容

只是僵化的教材内容简单输出，与复杂和生动的现实社会生活存在巨大的落差；教师由于对理论和国家政策理解不深或与社会实际状况联系不足等原因，不能有效地把书面用语转化为生动的教学话语，学生只能被动接受而无法加深对社会生活的理解和分析，从而削弱了课程教育功能；传统的“灌输式”话语体系造成学生对“形势与政策”课的误解。新时代下的学生获取知识的渠道增加，认知领域变广，传统“灌输式”教学很难将教材内容与学生兴趣认知有效联系起来，造成了教育主客体交流障碍，进一步导致学生对“形势与政策”课内容的误解。

（二）新媒体时代下“形势与政策”课教育话语权发生转变

话语权反映的是一种地位之间的关系，就是在交流沟通中蕴含着的引导、调控和控制的权力。“形势与政策”话语权即在“形势与政策”教育过程中通过话语对他人产生影响、发挥作用的权力。在以往的教育实践中，教师是话语权的绝对拥有者，进而导致了出现在教学中的话语霸权、话语权力失衡等现象。新媒体时代的到来，打破了传统的话语权被教育者垄断的局面，“形势与政策”课教育话语权主体发生变化。首先，话语传递由单向灌输向双向互动交流转变。在传统的教学中，由于信息相对封闭，科学技术落后，单一的教育主体掌握着话语权，空洞枯燥的灌输式话语交流是信息传递的主要形式。而新媒体时代信息传播的便捷性改变了教育者信息垄断的局面，丰富了信息的内容和传递方式，推动了话语传递多向转变。其次，“形势与政策”课话语的传递从单一走向多元化。随着网络技术发展，传统的单一的教材话语逐渐被多元网络语言所替代，“形势与政策”课由教材语言向教学话语的转换呈现出多元化的趋向。再次，“形势与政策”课教育的话语环境发生了深刻变化。新媒体的出现改变了传统的封闭式的教育环境，为受教育者话语表达和利益诉求提供了展示的平台，为教学主客体话语权的争夺提供了平等的机会。

（三）新媒体下的文化多元性与“形势与政策”话语体系的冲突

传统的“形势与政策”话语体系建立在马克思主义理论的基础上，意识形态感较强，并且生硬严肃、内容枯燥、缺乏情感。而新媒体下的话语体系是当代社会人们自由表达思想观念的媒介，具有随意性、灵活性、生动性、更新速度快等特点，体现了当代大学生追求个性、特立独行的特质。两种话语体系的反差造成了传统“形势与政策”课话语体系与网络话语体系的碰撞，进而导致难以融入学生喜闻乐见的新媒体话语中，从而降低了这门课程的实效性。由于文化具有多样性，在新媒体世界里多种文化相互碰撞和交融，网络信息交流呈现出全球化的趋势，“资本主义”与“社会主义”意识形态领域的斗争也开始融入。西方发达国家借助于网络媒体，大肆宣扬“个人主义”“自由主义”等价值观，各种“新闻”“观点”不断涌入，并且伴随着所谓的网络言语自由，不断冲击着我国原有话语体系，进一步增加了学生是非判断的难度。由此可见，应对新媒体领域多元文化的冲击，确保国家意识形态安全，加强大学生“形势与政策”教育话语体系构建至关重要。

同时，由于受到年龄、阅历、兴趣等客观因素的限制，有些“形势与政策”课教师接受新鲜事物的能力以及创新观念远远落后于学生，很难为学生所接受，不能用网络话语与学生进行有效交流沟通，导致了教育主客体间话语障碍，进一步加剧了传统思想政治教育话语与网络话语之间的矛盾。

三、新媒体时代“形势与政策”课话语体系构建的约束条件

新媒体时代我们要下重新审视“形势与政策”课话语体系的变化，把握话语体系创新规律，明了“形势与政策”课程网络话语体系创新的约束条件，从而在坚持正确的政治方向下提高这门课程的实效性。

（一）坚持正确导向的原则

我国的思想政治教育类课程具有鲜明阶级性，始终代表党的意志和人民大众的意愿。以网络文化作为主要代表的新媒体冲击的背后是我国的意识形态安全问题，关系到执政党的执政地位和国家长治久安。因此，必须立足社会主义立场采取正确的态度对待新媒体语境下“形势与政策”话语体系的建设。首先，必须坚持马克思主义在意识形态导向作用。在以网络为主体的新媒体环境中充斥着多种多样的社会思潮，它们对于社会发挥着不同的影响。“形势与政策”课的教育主体和客体如果对于这些思潮的分辨能力不足，就容易误入歧途，给党和国家的事业造成损失。所以，作为“形势与政策”课主客体的高校师生应该坚持以马克思主义理论为指导，增强对新媒体内容的鉴别能力，正确地利用网络资源。其次，新媒体下“形势与政策”课的话语体系应该立足于马克思主义理论体系。

在话语体系的内容选择上应该与中国特色社会主义理论体系相衔接，深化学生对党的理论、方针路线的理解，加强对学生国情、党史的了解以及以民族精神和时代精神为内容的中国精神的教育。此外，还应加强对新媒体下"形势与政策"课话语体系管理的制度化建设。通过加强话语体系制度化建设，在保障学生话语自由的同时，规范其思想行为。

（二）坚持学生主体性原则

预设性和控制性的"形势与政策"课话语体系是传统"形势与政策"课教育的重要形式，直接导致了教育者话语霸权、学生话语权缺失、话语权利不平等等现象。学生不仅是被教育客体，还是学习的主体，必须尊重教育对象的主体选择性。新媒体时代的到来使得传统"形势与政策"课教育活动受到冲击，教育话语权逐渐向受教育者转移。因此，以复杂的网络为代表的新媒体环境下构建"形势与政策"课教育话语体系必须尊重学生的主体地位，实现话语权的平等。一方面，允许学生在新媒体领域合法拥有话语权，可以在各种网络平台上发表言论，讨论热点等，这对于培养学生学习兴趣，激发学习潜能能够发挥积极作用。另一方面，教育者还应积极引导学生正确运用话语权，积极遏制滥用话语权的行为。

（三）坚持实效性原则

传统的"形势与政策"课话语体系主要以"灌输式"教育为主，脱离实际生活，极大降低了这门课程的实效性。因此，新媒体下"形势与政策"课程教育话语体系的建设必须立足于学生和社会实际，贴近生活，贴近大众。首先，师生之间应该加强交流，相互了解和认识。教师应该深入学生的日常生活，加深对其生活的了解，真正了解学生的思想行为变化。学生也应主动与教师沟通，指出其不足，主动提出自己的真实想法。其次，"形势与政策"话语体系的内容应该立足现实生活，更加注重实用性，只有这样才更易被学生接受。再次，创新新媒体下"形势与政策"话语体系，实现教育主客体话语方式转换。教师应该主动借鉴网络通俗用语，实现学术用语向生活通俗用语的转变。

（四）坚持包容性原则

新媒体下的网络环境具有虚拟性、开放性、包容性等特点，这就决定了新媒体下"形势与政策"课教育话语体系的建设必须坚持包容性的原则。首先，适应时代需要，创新"形势与政策"课教育话语体系。话语体系主体应该立足网络环境，应主动了解大学生网络时尚用语，正确分析其心理变化，加强对新媒体文化发展变化的关注，大胆汲取网络健康用语，不断丰富“形势与政策”教育的话语内容。其次，新媒体下“形势与政策”课话语体系创新应该树立正确的民族观和全球观。各国文化通过新媒体传播到世界各地，包容互鉴，新媒体话语资源既是民族的也是世界的。我国的新媒体下的“形势与政策”课教育一方面应该自觉借鉴其精华内容，实现自我理论的升华；另一方面应该自觉融入全球化，增强对全人类的道德关怀与责任担当。

四、新媒体时代“形势与政策”课话语体系建设的路径选择

新媒体下高校“形势与政策”课话语体系的构建是一项复杂的系统工程。针对近年来我国“形势与政策”课话语体系发生的变化，我们应该从新媒体时代的教育理念、主客体素质、教育内容以及教育环境等多方面协同努力，推动高校“形势与政策”课程话语体系的创新。

（一）彻底改变传统话语体系，创新新媒体下的话语范式

我国传统的“形势与政策”课话语范式以灌输式教育为主，教师始终把握着教育的话语权，师生话语权利不平等。因此，必须创新新媒体下“形势与政策”课的教育理念，构建新媒体下话语新范式。首先，尊重学生在话语体系中的主体地位，实现主客体平等交流。新媒体时代网络的普及打破了传统的以教师作为话语主体的垄断局面，为学生实现平等交流提供了机遇。新媒体背景下的“形势与政策”课话语沟通应该坚持平等原则，尊重学生的话语权。同时，教师应积极引导学生合理使用其话语权，进而防止话语权滥用。其次，融入教育话语情感，构建交互话语新范式。教师在“形势与政策”课教育的活动中应该融入真情实感，主动与学生进行沟通交流，通过宣传、激励等形式促进学生自我学习，真正实现由传统控制式教育话语体系向交互教育话语体系转变。最后，更加注重联系实际生活，增强教育理论说服力。新媒体时代下的学生不再只满足于获得知识，而是更加注重在现实中实现个人价值。因此，“形势与政策”课应该与社会实践相联系，并通过多样化教育形式表现出来，只有这样才能增强理论教育的说服力，增强思想政治教育的实效性。

（二）提高教师的整体素质，增强话语表达和沟通能力

新媒体背景下“形势与政策”课教育是师生相互交流沟通的过程，是建立在话语平等基础上的实践过程。在现实生活中，教师普遍存在着与学生的交流鸿沟，提高教师的素质成为迫切的要求。首先，要增强教师熟练使用新媒体等手段的能力。教师应该加强网络技术的学习，熟练掌握网络使用技巧，熟悉网络平台，为与学生顺利交流做准备。其次，教师要融入学生的生活，寻找共同语言。只有深入了解学生的思想动态、行为方式，才能真正做到对症下药，实现双方的有效沟通。再次，加强对“形势与政策”课话语体系的探讨研究。随着时代的发展，全球化的推进，传统的“形势与政策”课话语体系已经失去了应有的效力。适应时代的需要，创新话语体系已经成为时代留给“形势与政策”课教师的一道难题。教师应该充分利用新媒体资源，把理论融入复杂的网络环境中，真正实现新媒体下“形势与政策”课教育话语体系的创新，进而引导和规范受学生的思想行为。此外，还应该引导学生加强自我学习，提高对网络资源的鉴别能力，合理使用话语体系，真正实现自我提升。

（三）创新话语体系内容，丰富新媒体话语资源

传统的“形势与政策”课话语体系内容普遍存在着脱离实际、形式单调和内容枯燥等问题，很难适应新媒体背景下“形势与政策”课教学实践的需要。因此，我们应该不断更新“形势与政策”课教育的话语内容，拓展新媒体话语资源。首先，必须坚持从学生实际生活出发，将“形势与政策”课教育与学生的物质、精神需求紧密结合起来。借助于网络传播技术，教师还应将优秀传统文化与中国特色社会主义文化融入学生喜闻乐见的网络活动中，进而深化对学生的话语影响。其次，大胆借鉴新媒体话语的新内容，增强“形势与政策”教育话语的感染力。教师应该正视网络流行文化，吸收借鉴适应大学生群体需要的话语内容与形式，摒弃网络中腐朽落后的因素。在新媒体下“形势与政策”课教育的话语交流中，教师还应借助于新媒体介质将系统抽象的教育内容转化为具体形象的教育话语，不断加强话语表达的感染力。最后，教师还应该顺应时代要求，准确把握新媒体话语使用特点和创造规律，努力实现“形势与政策”课话语体系的创新。

（四）推动新媒体平台建设，优化新媒体教育环境

当前我国的新媒体“形势与政策”课教育平台等基础设施落后，话语体系表

达的媒介功能缺失，相关网站建设滞后，更新与维护跟不上时代的变化和教学的要求，这些问题严制约着“形势与政策”课话语体系的传达与创新。因此，必须不断搭建和运用网络平台，进一步优化网络话语环境。一方面，学校应该综合运用网络介质，完善网络教育平台，实现教育资源共享。电子邮件、博客、QQ、MSN、微博、微信等传播介质为“形势与政策”课教育主客体间的话语交流提供了便捷途径，有益于实现教育的话语激励和政治导向功能。BBS 论坛建设渐趋重要，学校应该鼓励师生投入到 BBS 论坛中来，调动学生的参与热情，创造宽松的舆论氛围。另一方面，应该加强“形势与政策”课教学网站建设，强化“形势与政策”课教育的话语表达，优化校园网络环境。学校应该通过完善校园网络、建立主题网站等为师生双方话语表达创造有利条件，进而有效开展新媒体时代下的“形势与政策”教育工作。

（五）转换话语体系的表达方式，把握“形势与政策”教育话语体系创新的主动权

新媒体下“形势与政策”教育话语体系的创新必须坚持以人为本，转换话语体系的表达方式，牢牢把握创新的主动权。必须从以下几个方面入手：首先，“形势与政策”课教育学术性话语体系要向生活化话语体系转换。用科学发展观统领“形势与政策”教育话语体系创新，就是要将学术话语体系转化为用人们喜闻乐见、通俗易懂的表达方式，摆脱原来“过度学术化”的倾向，增强其生动性和通俗性。其次，注意从政治性话语体系和权利话语体系向平民话语体系的转换。关心的实践问题，也科学解决了改革开放的理论问题，值得我们学习和借鉴。最后，要注意现实话语与虚拟网络话语体系之间的转换。科学发展观要求“形势与政策”课教育话语体系创新要不断拓展实践领域，注意现实话语体系与虚拟网络话语体系之间的转换。以互联网为基础的新媒体的快速发展使其成为人们工作、休闲、娱乐和交往的重要平台，虚拟网络的高速发展使网络话语成为一种新兴的话语资源和一支重要的话语力量。为此，“形势与政策”课教育的话语体系创新必须借助互联网发展的平台，注意研究网络话语发展的规律和传播特点，大力促进现实话语与网络话语之间的转换，努力占领网络阵地和把握网络话语权。

（北京外国语大学　郭　靖）

参考文献

[1] 陈锡喜. 重构社会主义意识形态话语体系的目标、原则和重点[J]. 毛泽东邓小平理论研究,2011(11).

[2] 赵建超. 重构网络视阈下高校思想政治教育话语体系的思考[J]. 成都师范学院学报,2015(2).

[3] 刘玉威. 新媒体视域下高校“形势与政策”课教学问题探析[J]. 吉林省教育学院学报,2015(9).

[4] 唐李静,苏超. 新形势下高校形势与政策课教学思考[J]. 辽宁经济职业技术学院. 辽宁经济管理干部学院学报,2010(3).

论当前高校“形势与政策”课程话语体系的变革

思想政治教育本质上是一项话语交流活动，“思想政治教育作为培养人的实践活动，是通过有形话语（课堂语言、日常教育语言、教科书、网络语言、校规校纪等）和无形话语（师生的体态、举止等）进行和完成的。”[1]这就决定了思想政治教育话语在这一过程中的重要性。由此，在当前高校思想政治理论课教学改革探索的热潮中，有关话语体系变革就成为时下思想政治理论课教学改革的热点议题，也是切实提高思想政治理论课教学实效性的重要切入点。“形势与政策”课程是思想政治理论教育课程体系的重要组成部分，具有明显的意识形态属性。“正是基于意识形态考虑，长期以来，思想政治理论课教学遵循列宁提出的在思想政治教育中进行‘外部灌输’的思想，从而形成了根深蒂固的‘灌输式’的教学理念和演绎结论式的教学方法。‘满堂灌’的‘填鸭式教学’就是其最典型的表现。”[2]而“形势与政策”课程与其他思想政治理论课课程不同的一点在于它更直接地与当前国际国内政治经济形势与热点议题紧密相关，据此宣讲与阐发党和国家的重大方针与政策、立场、原则等，就决定了这一课程从内容到话语范式都不能是僵化的、封闭的，因为僵化的话语模式势必会制约这一课程的教学有效性，更不适应当下网络信息革命所引发的社会变革、思想观念变革以及与之紧密相关的话语变革。由此，在探讨高校思想政治理论课话语体系变革的大趋势下，探讨“形势与政策”课程话语体系变革就具有了重要的意义。

一、“形势与政策”课程话语体系内涵阐释

语言是文化的载体，也是思维的表达形式。维特根斯坦提出：“我的语言的界限意味着我的世界的界限。”[3]不同民族的语言具有不同的内涵、外延与意义，反映了不同的民族历史、文化特征、生活方式、表达方法和思维模式。话语作为社会互动过程中呈现的复杂的语言和言语方式，其构成要素包括话语所运用的概念，所选择的论述对象或议题，对事实的陈述，对规则的把握，逻辑推理的严谨性与论证方式方法的科学性，话语所包含的价值观和意识形态本质等。[4]话语体系反映了一定的思维体系，它是在人类社会长期发展过程中形成的一整套语言系统，必然受到历史文化、社会习俗与法律制度等因素的影响。

“形势与政策”课程教育话语体系是“形势与政策”课程教育理念的表征和教育实践活动的统一，它反映了在社会主导意识形态支配下“形势与政策”教育语言在运用过程中与语境之间构成的一种建制性关系。“形势与政策”教育作为思想政治教育的重要组成部分，承载着社会主义意识形态教育，发挥着政治动员、政策宣传与教育、形势分析、舆论引导、价值引导的功能，起到了引领社会发展正确方向、凝聚力量、推动改革开放不断顺利进行的重要作用。“形势与政策”课与“毛泽东思想概论与中国特色社会主义理论体系”、“思想道德修养与法律基础”等其他思想政治理论类课程不同，具有其独特的话语体系。“形势与政策”课话语体系包含“形势与政策”课程话语主体、话语客体、话语内容、话语方式以及话语环境。具体来说：

（一）“形势与政策”教育话语主体的含义

“形势与政策”教育话语主体是话语体系的制定者、运用者和传播者，他们以马克思主义理论为指导，通过话语议题、内容、目标的设定以及话语媒介、表达方式等的选取，决定“形势与政策”教育话语体系的价值、性质和发展方向。“形势与政策”教育话语主体是一个有层次的系统，既包括国际问题研究的专家，也包括高等学校的“形势与政策”课教师，他们对国家的大政方针进行传递解读。不同的话语主体在“形势与政策”教育话语体系建构过程中起着决策、组织、实施等不同的作用。话语体系与意识形态密切相关，“既不存在无语言载体的意识形

态，也不存在无意识形态导向的空洞的语言形式。"[5]因此"形势与政策"教育是意识形态教育的重要环节。从这个角度来讲，党和国家也是"形势与政策"教育的话语主体。

（二）"形势与政策"教育话语客体的含义

"形势与政策"教育话语客体与话语主体相对应，是"形势与政策"教育的接受者。具体到高校"形势与政策"教育教学活动中，其话语客体就是指学习"形势与政策"课程的高校学生。相较于话语主体，"形势与政策"教育话语客体具有受动性和可塑性，处于从属的地位。在"形势与政策"教育话语主体的教育、影响下，话语客体的思想、行为会发生变化。"形势与政策"教育话语客体不是完全被动的，其在接受"形势与政策"教育话语体系的时候，能根据自身实际经验，影响、约束话语主体能动性的发挥；能对话语体系进行评价并将评价结果反馈给话语主体，从而检验"形势与政策"教育话语体系的效果；甚至在一定的条件下，话语客体能对"形势与政策"教育话语体系进行直接再创造。此外，话语客体个体也具有差异性，不同学生的知识储备、年龄、民族、家庭情况、人生阅历、专业背景、能力素质各不相同，导致其对于"形势与政策"教育话语体系的认知也存在个体差异。

（三）"形势与政策"教育话语内容

话语内容是话语体系的核心，其在话语主体和话语客体之间发挥着纽带作用，是两者之间开展对话的平台。"形势与政策"教育话语内容是"形势与政策"课程内容的承载者，是理论知识、价值观念、政治观点等因素的总和，是按一定的逻辑结构建构起来的话语内容体系。话语内容具有时效性、规范性、灵活性的特点。具体来说，包括国内、国际时事知识，党和国家的大政方针，政治、经济、社会、文化知识等。"形势与政策"教育话语内容包括基本理论话语、理论运用话语等。基本理论话语是指在马克思主义理论指导下有关国际关系与国际政治基本原理和基本范畴的术语、概念等。理论运用话语是能够直接运用于生活实践中，解决实际问题，引导学生树立正确的形势政策观的概念、范畴和术语。

（四）"形势与政策"教育话语方式

话语内容一旦确定后，话语方式的选择就成为影响教育效果的关键问题。话语方式为话语内容服务，话语体系需要依靠一定的话语方式建构起来。话语方式反映了话语主体思维方式，不同的话语方式表达的意义和产生的效果不尽相同。“形势与政策”教育话语方式是指“形势与政策”教育话语主体传播话语内容的方法和形式。话语方式的恰当运用以及与话语内容的协调一致对于“形势与政策”教育有效性提升至关重要。“形势与政策”教育话语方式分为“形势与政策”教育话语的组合方式、“形势与政策”教育话语表达方式以及“形势与政策”教育话语传播方式。其中,“形势与政策”教育话语的表达方式包括话语主体所采取的语言表现手段和外在表现形式,如话语传播媒介等。

(五)“形势与政策”教育话语语境

话语语境是“形势与政策”教育话语体系不可缺少的范畴,它赋予了话语特定的意义,是影响和制约“形势与政策”教育话语体系生成、发展、意蕴阐释、功能发挥的重要环境。“形势与政策”教育话语语境即包括语言层面的语境,如话语体系上下文;也包括非语言层面的语境,如社会文化环境、高等教育制度环境、组织环境、技术环境等。话语语境表征着特定的时代,“形势与政策”教育话语语境不可避免地受到宏观时代环境的影响,因而是动态的、可创的。

综上,“形势与政策”教育话语体系各构成要素相互联系,是不可分割的统一整体。

二、“形势与政策”课程教学话语体系现状

当前高校的“形势与政策”课程教学总体上效果良好,但也存在一些问题,如授课方式陈旧、授课效果不尽人意等。由此可见,“形势与政策”课程教学话语体系仍然有待进一步完善。当前“形势与政策”教学话语体系存在的诸多问题概括起来主要有:

(一)“形势与政策”课话语内容设置存在不足

“形势与政策”课授课内容是“形势与政策”课话语内容体系的重要组成部分。目前“形势与政策”课话语内容主要存在的问题是授课内容缺乏连贯性,甚至存在不同学期所学内容重复率高、内容区别性不强、内容缺乏深度与广度的现象。此外,有些高校还存在“形势与政策”课授课内容信息滞后、时效性不强,未能及时反映国内外最新政经形势和政策动态。

(二)“形势与政策”课话语方式陈旧

目前一些高校“形势与政策”课授课方式过于单一,以硬性灌输式教育为主,

未充分利用学校丰富的教学资源，主要采取了大班授课的形式，在教学过程中采用传统的“一对多”形式，忽视了教学过程中的师生互动，很少采用小组讨论式、专题研讨式、互动式等新颖的授课方式，不注重发挥隐性教育等方法的优势，导致“形势与政策”课话语方式缺乏灵活性和多样性。

（三）“形势与政策”课话语媒介单一

大数据时代网络信息技术和多媒体技术的不断发展为高校马克思主义教育提供了新的教育手段和教育途径，但是一些高校在“形势与政策”课程话语媒介使用上仍然是传统的“一块黑板、一支笔”模式，没有及时采用先进的多媒体技术，缺乏多元化的“形势与政策”课话语媒介，未能充分运用网络资源，使其授课过程缺乏生动性，很难做到图文并茂，这极大影响了“形势与政策”课话语效果的改善。

（四）“形势与政策”课话语主体与客体的关系有待变革

网络时代到来，信息传播方式发生了巨大变革，不断冲击教育者的信息主导地位和对教育信息传播的可操控性；“形势与政策”教育中大学生的自主性、主体性提高，改变了教育者与被教育者之间主导与被主导的传统关系。当代西方哲学从主体性哲学正在走向主体间性哲学，这一走向为“形势与政策”教育提供了新的哲学范式和方法论；主体间性意义上教育者与受教育者是“我-您”关系，教育者以“参与者”的身份出现在受教育者面前，“我-您”关系不是“我-它”的支配性与占有性关系，而是相互的对话关系。[6]当前一些高校“形势与政策”课话语主体与客体之间的关系仍然是主动说教者与被动接受者的关系。在此背景下，需要构建适应网络化语境下被教育者主体性进一步提升的新型教育关系或模式，即建立基于平等相互对话关系下的新型“形势与政策”课话语主体与客体关系。

三、“形势与政策”课程话语体系的变革

《中共中央宣传部教育部关于进一步加强高等学校学生“形势与政策”教育的通知》（教社政[2004]13号）文件要求高校加强和改进“形势与政策”课教学效果。“形势与政策”教育“旧”话语体系已不能满足当代大学生的这些需求，构建“新”的话语体系，是“形势与政策”教育改革的必然趋势。具体来说，可主要从以

下两个方面着手：

（一）树立平等理念、消除话语霸权

话语可以一定程度上反映个体深层次的思想观念。传统教育模式下话语霸权的存在使学生变成了对知识的纯粹接收者，丧失了作为话语体系中重要的独立主体地位，成为教育者的附属物，学生的语言行为以及其中蕴涵的探索与质疑精神也随之流失。[7]网络时代大学生深受社会环境的影响，自我独立意识不断加强，希望与教师建立起平等的话语关系。在此情形下，教育者与受教育者之间的关系由传统的主客体关系变成了互为主体的新型关系。教育者应打破传统的教育主客体之间二元对立的思想局限，以学生为本，充分尊重学生的主体性，尽可能消除与受教育者之间的话语差异，以平等的话语地位与学生交流、共享话语权，避免出现“一言堂”式的话语霸权，形成新时代条件下的师生之间平等、真诚、和谐的新型关系。

（二）顺应时代发展要求，改革话语体系

“网络化生存”已经成为当代大学生的现实生活方式和生存状态。网络化时代，“形势与政策”教育的话语内容不能再陈旧、封闭，而是应不断地更新、完善，紧扣当前国际形势发展状况，努力契合时代发展特点，积极进行“形势与政策”教育话语体系改革，使其既具有亲和力，又富有时代气息。陶行知说生活即教育，教育话语主体应深入了解并挖掘话语客体的接受需求，把握话语客体的接受兴趣，贴近生活，贴近社会，贴近学生，深入研究大学生的思想状况，关注学生关注的热点问题。在“形势与政策”授课过程中杜绝空洞说教，强化师生话语互动、生生话语互动、人机互动，充分利用网络海量信息为“形势与政策”教育服务。“形势与政策”课教师应积极灵活运用校园话语、网络话语等，综合运用多种“形势与政策”教育话语媒介，丰富“形势与政策”教育话语内容，将理论话语向教材话语转变，牢牢掌握马克思主义在意识形态领域中的话语主导权，发挥“形势与政策”课程政策宣传与教育功能，使学生能客观分析时事热点问题与国际形势走向，树立正确的形势政策观。

（三）凸显“以人为本”理念，构建人本话语范式

“形势与政策”课程以宣讲国内国际形势、宣讲党与国家大政方针为主。在课程属性上，其意识形态属性更加鲜明，在宣讲过程中的话语立场上更多是“以

我为主”，话语方式上更多是“我说你听”的话语模式。这种话语模式或说是话语范式既限制了学生的表达欲求，又限制了学生独立思考的空间，教育者与学生之间缺少互动与交往，制约着学生参与课程的积极性，也销蚀着学生原本关注时事的热情。由此，总结当前“形势与政策”课程话语体系中存在的问题，在“以人为本”的教育理念下，我们需要转向人本话语范式。人本话语范式“以师生平等和教学民主为基本前提，体现着平等对话和民主协商精神；以启发学生思考、探究为灵魂；以培养学生的创新精神为最高目的”。“在平等、民主、沟通、交往、互动、合作、创造、生成的状态中进行，使师生双方达到精神上的交流，真正实现育人的目的。”[8] 人本话语范式应当成为当前“形势与政策”课程的话语体系变革努力的方向。

总的来说，“形势与政策”课程的话语体系变革是当前推进“形势与政策”课程教学改革的重要内容，我们需要在切实把握“形势与政策”课程特点的基础上，遵循思想政治理论课话语体系变革的一般规律和做法，推进“形势与政策”课程的话语体系变革的创新，从而切实提升“形势与政策”课程的教学有效性，使之成为大学生明了国际国内大事，理解党和国家大政方针的重要途径。

（西南政法大学　黄一玲）

参考文献

[1] 孙玉良. 转换话语体系进一步加强思想政治理论课的有效性思想政治教育研究[J]. 2010(1).
[2] 朱琴芬. 以新的教学理念引领思想政治理论课教学话语改革[J]. 教育与教学研究，2012(4).
[3] [奥] 维特根斯坦. 逻辑哲学论[M]. 贺绍甲，译. 北京：商务印书馆，1996.
[4] 毛跃. 论社会主义核心价值观的国际话语权[J]. 浙江社会科学，2013(7).
[5] 楚江亭. 论科学课程的社会建构观——国外科学课程研究的最新发展及启示[J]. 比较教育研究，2004(3).
[6] 卢彪. 主体间性：主体性思想政治教育的纠偏[J]. 教育导刊，2011(1).
[7] 王影. 构建高校思想政治理论课“新”话语体系研究[J]. 教育与职业，2013(8).
[8] 温美平. 论高校思想政治理论课教学话语范式的转换[J]. 思想理论教育，2009(15).

网络环境下高校“形势与政策”教育话语体系的建构

“形势与政策”教育教学的实效性，在很大程度上取决于师生所运用的“话语”表达。建构网络环境下高校“形势与政策”教育话语体系，抢占网络文化阵地，对于引导大学生全面、正确认识国际国内重大时事，自觉践行党的路线、方针、政策以及社会主义核心价值观，加深对马克思主义基本理论的理解，具有重要的意义。

一、网络环境下高校“形势与政策”教育面临的话语挑战

网络话语是从网络社会中产生并应用于网络交流与沟通中的一种语言，包括文字、标点、符号、拼音、中英文字母、图标(图片)等多种要素，网络话语常常在特定的网络媒介传播语境中表示特殊的意义。随着网络技术的发展，这种话语形式在网络媒介的传播下获得迅速发展，成为人们网络生活不可或缺的表达与沟通方式。网络话语活跃于网络交往之中，不仅把人们带入一个数字化生存的时代，还“跳”出了网络，现身于大学生日常人际沟通中，日渐深入地影响着他们的生活方式。

网络语言的产生始于个体的话语活动，网络话语在本质上是任意的。网民在交流的过程中，往往结合网络符号随意改造、创造新词。在一个开放的虚拟的网络世界，有人追求“幽默”，有人标新立异，有人追随低俗，随心所欲使用混乱的、非理性的、不准确乃至不文明的话语词语，于是乎，语言垃圾铺天盖地而来。特别是涉及有关公平正义、贪污腐败、贫富差距等话题时，经常见到有人使用低

俗、粗鄙、异化的网络语言来发泄其非理性情绪。例如，近些年，“天朝”一词在网络上使用率极高，随处可见。“天朝”这一词语古已有之，包含着多重涵义：其一，中国自隋朝起，因为国力强盛，建立了以中国为宗主国，周边国家为附属、藩属国的天朝体系，这些附属、藩属国对中国则称天朝宗主国；其二，即太平天国的自称。然而时至今日，“天朝”这个怀揣着无数国人对“强唐盛汉”美好憧憬的语词，却在网络上成为了很多国人眼中“政府表现为对内高压、对外无能”这样贬义色彩的词汇，而且这种语义逐渐被附加到当今社会主义中国身上，从而演化成那些网民口中的中国代名词。[1]类似于“天朝”这样的词语，其内涵异化的指向演变为国家和政府，其本质在于消解或否定对国家与政府的认同。不仅如此，西方发达国家经常借“民主”、“自由”、“人权”等问题说事，在网络上恶意攻击、中伤和诋毁中国。这种以庸俗化、粗鄙化、暴力化等为表征的网络话语异化之风，以西方意识形态霸权为主导的网络话语现象，对大学生的世界观、人生观、价值观的侵袭尤甚，危害极大，不得不引起我们的高度警惕。这是高校思想政治教育尤其是“形势与政策”教育必须面对的新问题。

网络是现实的延伸。网络改变了大学生的话语形式，打破了教师对教育话语权的垄断，使大学生在任意时间、任意地点都可以自由获取资讯，与别人分享观点。网络拓展了大学生话语体系的政治视野和文化空间，改变了大学生的政治参照。网络话语的多元性，对传统一元化的政策观和价值观，对高校“形势与政策”教育造成了严重的挑战。

二、建构网络环境下高校“形势与政策”教育话语体系的意义

（一）有利于引导大学生抵制错误思潮的侵袭

网络社会的崛起，为我们开启了沟通世界、创造文明的窗口。伴随智能手机的普及，人们的沟通交流方式与信息传递方式发生了巨变。以微博、微信、社交网站等为代表的新兴媒体，因信息发布碎片化、移动性、门槛低等特性，提高了用户的信息传播参与度，在社会舆论中占据的位置越来越重要，影响着大学生生活的方方面面。社交网络信息多样庞杂，良莠不齐，不同的思想文化、价值观念的冲突与交融，既带来大量有益的信息，同时也带来很多有害的东西。社交媒体的

去中心化、去权威化的特征，在某种程度上消解受众已有或者正在形成的认知能力与判断能力。“信息自由”和所谓“意见领袖”的误导，使一些有害信息在社交媒体上大行其道，对大学生的价值观和行为方式产生负面影响的同时，也渗透到其话语体系之中，可能导致其主流价值观发生扭曲、变形乃至迷失，给“形势与政策”教育带去各种负能量。“没有了权威的引导和说教，在爆炸性的媒介信息面前，受众更像一个无所适从的孤儿”。[2]以科学的理论，运用真理的力量，加强网络社会高校“形势与政策”教育话语体系建设，有助于学生以理性的思维和辩证的态度认识主流意识形态，遵守网络秩序，把握言论自由的边界，自觉抵制错误思潮的侵袭，不为有害信息所迷惑。

（二）有利于提高高校“形势与政策”教育的实效性

“形势与政策”教育，是高校思想政治教育的重要组成部分，具有语境的严肃性、话语的规范性、叙事的宏大性等特征。“形势与政策”教育的实效性，在很大程度上取决于教师所运用的“话语”表达。构建贴近生活、贴近实际、贴近大学生的“形势与政策”教育网络话语体系，抢占网络文化阵地，回应大学生的网络话语诉求，引导大学生有效行使网络话语权，有助于大学生全面、正确认识国际国内重大时事，自觉践行党的路线、方针和政策以及社会主义核心价值观，加深对马克思主义基本理论的理解，提高“形势与政策”教育教学的实效性。

（三）有利于推动高校思想政治教育创新

网络集文字、声音、图像、视频、动画等于一体，具有趣味性、新颖性、知识性等特点。网络话语生动活泼，可以帮助高校“形势与政策”教育话语实现通俗化和生活化，使抽象的理论变得生动形象，使说教不再枯燥，使师生沟通更加便捷、方便，使“形势与政策”教育教学更富有吸引力。构建网络社会“形势与政策”教育话语体系，充分利用网络平台，扬弃网络文化，有助于丰富高校“形势与政策”教育教学理论，推动高校思想政治教育创新。

三、网络环境下高校“形势与政策”教育话语体系的建构

话语是人们进行交流和沟通的基本媒介，话语关系是人类社会的一种基本关系。正如福柯所言：“人类的一切知识都是通过话语而获得的。任何脱离话语

的事物都不存在，人与世界的关系是一种话语关系。”[3]

实践证明，话语体系表达直接影响大学生对“形势与政策”的理解和把握，进而影响“形势与政策”教育的实际效果。建构网络环境下高校“形势与政策”教育话语体系，需要强化“互联网＋”思维，统筹网上网下的媒体力量，借助“融媒体”聚变效应，推动高校“形势与政策”教育话语体系转变，抢占网络思想政治教育制高点。

（一）厘清网络环境下高校“形势与政策”教育话语主体

网络环境下“形势与政策”教育的话语主体主要有：(1) 党政领导干部和党政机关；(2)“形势与政策”理论研究者；(3) 教师和学生；(4) 主流网络媒体。

党政领导干部和党政机关，主要生产政策文本话语。这类话语具有较强的政治宣传意味，严肃庄重。提升高校“形势与政策”教育效果，首先要加强和改进政策文本的文风，政策文本话语应走简洁平实、通俗易懂之路，言之有情，言之有理，言之有序，言之有物，杜绝空洞教条化的官话空话套话，说真话、说实话、说人话，努力增强其话语的政治传播力和引导力。

“形势与政策”理论研究者主要生产学术话语。学术话语常常被贴上抽象、深奥、晦涩等标签。改变这一现象，要求“形势与政策”理论研究者深刻认识网络对高校“形势与政策”教育的挑战，既要真学真懂真信真用马克思主义，坚持马克思主义的理论品格，准确把握中国特色社会主义理论体系的精髓，为高校“形势与政策”教育提供深厚的学理支撑，扭转有理“论不出”，有理“论不响”的现象，又要重视对网络环境下高校“形势与政策”学术文本的话语风格和话语方式的研究，善于把专业学术话语灵活转换成为广大师生容易接受的“家常话”、“大白话”，不辱理论工作者的使命。

一线教师是创新“形势与政策”教育话语的关键主体。“如果说，高校是意识形态工作的前沿，那教员就是坚守前沿的战士。”[4]守好这个意识形态的前沿，教学一线教师责任重大。适应网络环境下“形势与政策”教育的需要，教师需要扎实的理论基础，更需要一定的教育能力。既要懂马克思主义理论，又要熟悉网络信息传播规律，熟悉大学生网络话语体系，学会运用网络语言，围绕学生关注的时事热点、理论困惑，开展形式多样的教育活动，使马克思主义理论和社会主义核心价值观入耳、入脑、入心，让“闻者众、听者信”，杜绝那种“传而不通，通而不受”的现象，提高思想政治理论课的话语权。

在传统的教育中，教师处于主体地位，教育信息传播往往是单向的，可控的。网络时代，教育主客体关系发生了变化，教师与学生之间信息不对称性不复存在，两者都可以共享信息。网络环境下的“形势与政策”教育，大学生既是信息接受的客体，也是信息传播的主体。创新网络环境下“形势与政策”教育话语体系，不能忽视推动“形势与政策”教育改革的大学生这一传播主体的作用。

主流网络媒体是实施“形势与政策”教育的重要话语平台。创新网络环境下高校“形势与政策”教育话语体系，新华网、人民网等主流网络媒体不能缺位。发挥他们在强势话语场中有效控制有害信息的传播和扩散的作用，为大学生提供健康纯洁的用语环境、传承优秀文化的作用的同时，更要守住校园贴吧、校园微课堂、QQ 群、微信、微博等网络阵地，拓宽“形势与政策”教育空间。

（二）坚持育人为本，发挥“形势与政策”教育话语客体的作用

网络改变生活。网络化生活已成为大学生的生活常态。发挥网络环境下“形势与政策”教育话语客体——大学生的作用，必须坚持育人为本，适合大学生个别化的自主学习。

首先，教师要尊重大学生的主体地位。美国著名心理学家布鲁纳说：“学习者不应是信息的被动接受者，而应该是知识获取过程中的主动参与者。”大学生成长过程也是其话语体系养成的过程。大学生作为互联网的主要使用人群，在数字化生存的过程中逐渐构建出一种不同于传统的网络话语体系。网络媒体为大学生选择话语、接受话语、实践话语、创造话语提供了十分有利的条件。应该创造师生平等、自由的对话范式，尊重、相信学生主体，维护学生的网络话语权，通过有温度的话语，在师生之间搭起一座心灵沟通的桥梁。

其次，教师必须融入大学生的日常生活，掌握他们话语体系的特征，探寻他们普遍认同的话语话题，适应并且学会运用大学生的网络话语开展“形势与政策”教育活动。只有真正融入到学生当中去，关注学生、服务学生，才能吸引学生、凝聚学生、武装学生；才能从学生的学习和生活实践中寻找到教育创新的灵感，从学生的语言中吸取“形势与政策”理论阐释的养料，从学生关切中消解思想政治教育的盲区，敢于直面网络环境下高校“形势与政策”教育的现实，敢碰学生关心的重点热点难点问题。

第三，重视媒介素养教育和大学生网络“意见领袖”的作用。媒介素养教育旨在培养大学生对新媒介的有效利用能力。作为大学生网民的“朋辈”，大学生网络“意见领袖”在话语心理上更加贴近大学生，他们的话语在大学生中有一定的有影响力和感召力。充分发挥大学生网络“意见领袖”的正面作用，引导大学生通过网络利用正确的方式争取自己的话语权，自觉尊重话语权，合理使用话语权，弘扬正能量。

（三）丰富网络环境下高校“形势与政策”教育话语内容

网络环境下高校“形势与政策”教育话语质量的高低主要取决于话语内容。

一是要发挥教师的“把关人”作用，批判吸收网络文化。网络给人们带来了新的文化，也带来了信息垃圾，网络文化又影响着大学生话语体系的形成。发挥教师的“把关人”作用，批判吸收网络文化，重构网络环境下高校“形势与政策”教育话语内容，其目的在于唤醒大学生的话语主体意识，引导学生自觉参与网络话语体系建设，提高政治觉悟，抵制不良信息的侵蚀。

二是重视“形势与政策”网络教育资源建设。现代教育教学离不开网络，网络环境下的教育教学离不开丰富的网络资源。充实、丰富“形势与政策”网络教育资源，必须进一步加强和完善“形势与政策”网络课程、慕课以及素材类教育教学资源的建设，积极探索高校“形势与政策”教育教学资源共享机制，构建网络主流意识形态话语体系。

三是创新大学生的话语转换机制。针对高校“形势与政策”教育在话语形式上的刻板僵化、死搬教条等倾向，探索话语转换机制，通过把教育逻辑转化为教学逻辑，政治话语转换成大学生可以理解和接受的通俗话语，提高学生的学习兴趣，引导大学生在自信、自省的基础上自育，加深对“国家”、“青春”、“责任”、“价值”等关键词的理解。

（四）话语体系形式要多样化

“不同特色、不同风格、不同气魄的话语表达，对于某种思想理论体系和知识体系增强传播力、竞争力、吸引力、感染力、影响力的效果是不一样的。”[5]心理学的规律表明，如果受众对某一话语产生隔膜的感觉，就可能出现“话不投机半句多”的现象，话语的影响力为之大打折扣。

思想政治理论教育话语具有较强的严肃性和规范性。讲清讲透高校“形势与政策"(课),把道理讲到学生的心坎里去,如水灌园,泽及根底。话语体系形式必须多样化,为此,要摆脱浮在表面上的拒人千里之外的宣讲教育方式,积极借鉴大学生的网络话语表达方法、修辞习惯等,使用对方感觉舒服的符号来打动人。话语范式少一些怒目金刚,多一点开放包容;少一些"居高临下"、"一本正经",多一些春风化雨、润物无声;少一些"我说你听",多一些"互动对话";少讲不讲空话、套话,多讲大学生听得懂、听得进的话。善于把学术话语和政治文本话语,转变为学生所喜闻乐见的生活话语。扬弃网络文化,克服网络话语去时政化、娱乐化、低俗化的弊端,吸收其准确表达马克思主义理论的那一部分,变革和完善马克思主义大众化的话语方式,彰显马克思主义的魅力。同时要规避因随意性、非理性等网络话语所产生的犬儒主义心态和价值观念偏差,使"形势与政策"教育真正做到接地气、通人心。

(五)优化话语沟通途径

交互性是网络媒体区别于传统媒体的最大优点之一。在教育教学中贯穿师生交互,是激发学生学习兴趣,提高学生能力素质的重要途径,也是教师实施因材施教的有效手段。在网络环境下,教学环境的虚拟性使师生处于准分离状态,而网络突破现实生活中时空的局限,又给师生之间的交互提供了十分便利的条件。

1. 话语沟通渠道多元化。如,结合"形势与政策"网络课程、慕课建设,扩大和提升"形势与政策"教育话语权;充分利用QQ、微博、微信等新媒体,发布教学信息、主题讨论帖子等,吸引学生主动关注,参与网络教育教学活动,消除教师话语"一言堂";构建网络主流媒体"形势与政策"宣传教育一体化机制,发挥主流媒体的舆论导向作用;推进校园贴吧、QQ群、微信、微博等网络新媒体"融合互动",形成"教师-媒体-学生"复合传播模式,占领"形势与政策"网络教育高地。

2. 话语交流互动超链化。实施"形势与政策"网络教育,教师不应是教育内容的单纯"粘贴匠"或"搬运工"。要满足学生个性化学习需求,必须重视对教育内容的加工制作和个性化宣讲。解决这一问题的办法就是合理运用网络超链接,使教育内容从树状的线性组织转化为网状组织,从不同角度和层次上对国内国际重大形势与政策进行立体、深入的解读,对重要的热点难点时事问题进行深刻的剖析,强化"形势与政策"教育的整体性、连续性。从而使网络环境下的师生交流内容更充实更有深度,学生学习更具针对性和实效性。

3. 网络环境下“形势与政策”教育具有虚拟性等特征，师生交互要加强交流通道的可视化和痕迹化，重视对学生的网络视觉关怀，以消除因师生的准分离状态而造成的网络疏离与网络隔阂。教师要有问题意识，对网络在线问题，应及时解疑释惑；对于网络互动不能解决的问题，实行网上网下联动，师生面对面碰对。比如，“形势与政策”有些难点问题，网络上往往难以讲清楚、讲透彻，必须面对面的引导和教育，才能解开学生的思想疙瘩。

四、建构高校“形势与政策”网络教育话语体系要处理的两个关系

构建高校“形势与政策”教育话语体系，实际上是融合了教育学、心理学、传播学、语言学、政治学、新媒体科技等系列传统和现代科技的系统工程。创新高校“形势与政策”网络教育话语体系，必须处理好两个关系。

一是思想政治引导与网络传播规律的关系。确保网络环境下高校“形势与政策”教育的导向功能与育人功能，教师要与时俱进，提升自身的媒体素养，适应网络新媒体发展的要求；要遵循网络传播规律、思想政治教育规律以及网络环境下马克思主义传播规律，以温情的话语吸引学生，以正确的舆论导向引领学生，才能提升“形势与政策”教育的价值。

二是第一课堂与第二课堂的关系。第一课堂主要是指传统的课堂教学，依据教材及教学大纲，在规定的教学时间内进行的课堂教学。网络环境下的“形势与政策”教育作为第二课堂，是对第一课堂的有效延伸和补充，是学校育人体系中不可或缺的组成部分。创新高校“形势与政策”网络教育话语体系，要在巩固第一课堂的主体地位和话语优势的同时，科学处理第一课堂与网络第二课堂有效衔接的关系，加强第二课堂与第一课堂之间的有效互动。

（南华大学　李忆华　李晓衡）

参考文献

[1] 王灿，王佑江. 网络语词异化现象的分析[J]. 学校党建与思想教育，2012(3)：63—64.
[2] 张苑琛. 新媒体时代媒介素养研究的转向[J]. 探索与争鸣，2011(8)：71.

［3］陈新.话语共识与官民互动：互联网时代政府回应方式的政治学思考［J］.湖北社会科学,2013(10)：46.
［4］陈先达.马克思主义理论工作者的社会责任［N］.光明日报,2015-03-25(13).
［5］白晨晖,范以锦.主流媒体需构建新型话语体系［J］.青年记者,2013(1)：13.

建构具有农林院校特色的“形势与政策”课教学模式①

“形势与政策”课在高校思想政治教育课程体系中有着重要的地位和作用。它能够开拓大学生视野，弥补其他思想政治课的不足之处[1]，开设以来，“形势与政策”课不仅受到国家教育部门和高校的高度重视，也成为许多大学的必修课。然而，如何建构适合各个高校自身特点的“形势与政策”课教学模式，将这门课开设成为既能“育人”，又使学生喜闻乐见的思想政治课，这对于许多高校和教育工作者依然是一个有待探讨的问题[2]。现以农林类高校为例，从意识观、特色点、普适性和独特性等方面来探讨“农林模式”的“形势与政策”课程的构建。

一、建构意识观：组织动员与思想准备

农林高校有着自身的特点：学生多为理工科背景，人文知识较为薄弱，同时又对社会科学有着强烈的求知欲。但是，由于种种条件的限制，农林院校在“形势与政策”课的教学上存在着许多不足。所以，建构具有农林院校特色的“形势与政策”课教学模式必须首先建构意识观，即做好学校各级机关的组织动员和教师的思想准备。

（一）建构意识观，首先要做好学校各级机关的组织动员

在意识观的建构分工中，学校的各级机关要做好组织动员工作，即在教学形

① 基金项目：2014 年度河北省高等学校人文社会科学研究项目“‘形势与政策’课程教学内容与模式创新研究”（课题编号：SZ141110）；河北省高等教育学会 2015 年度高等教育科学研究课题“高校‘形势与政策’课教学模式创新的理论和实证研究”（项目编号：GJXH2015 - 90）。

式和教学内容安排上要有所创新，体现出“农林模式”。教学形式安排上，学校在今后的教学中可以考虑尝试根据学生的学科背景、人文知识基础和兴趣采用分班教学，有针对性地对学生进行“形势与政策”教育[3]。除此之外，学校要充分利用图书馆的资源给学生提供有关“形势与政策”资料，并通过教师的指导来组织学生学习。

以河北农业大学为例，学校领导十分重视“形势与政策”课的教学工作。建立了完善的绩效评估机制和监督机制，全面调动各部门的工作积极性，将各项工作具体落实、实施。学校确立了校党委、校行政统一领导，马克思主义学院主管负责的体制。学校还构建了以专职教师为骨干的“形势与政策”课程教学队伍。课堂教学以专题讲解为主，教师和学生以提问、解答等形式进行互动，学生间可以就某一话题讨论，发表自己的看法，由此锻炼了学生分析问题、解决问题的能力。

教学内容方面，农林院校可以组织教师编写相关的教学参考资料，这样既可以解决没有教材，讲解不便的困难，也可以节约成本，还能选择与农林院校相关的话题，使学生更感兴趣。例如，农林院校在讲解“大学生就业”这一专题时，可以向同学们讲解大学生到农村就业与创业的实例，宣讲国家在“大学生村官”和鼓励大学生基层就业方面的政策、法规。除教师讲解外，还可以邀请“大学生村官”走进教室，也可以结合学生讨论、党团活动和参观进行。

（二）建构意识观，其次要做好授课教师的思想准备

学校各级机关的组织动员只是建构意识观的一部分，能否做到意识上的真正重视，关键还是教学的主体——授课教师要做好思想准备，即在教师在教学方法和考核方式上进行变革，学生与教师有良好互动。教师作为知识的主要传播者，自己首先要掌握国内外形势，认真领悟政府的路线、方针、政策，并随时调整自己，完善自己的知识结构，努力向其他优秀教师学习，博采众家之长[4]。学校也要严把“形势与政策”任课教师的选配关，建立和健全“形势与政策”课教学队伍的准入制度，使承担该门课教学的相关人员必须具备相应资格和知识储备。

其次，“形势与政策”课教师要了解和分析学生的思想政治状况。教师要深入学生群体之中，与学生交朋友，了解学生的真实想法和对各类问题的见解，学生也要不定期把自己的状况反馈给教师，学校则应经常召集教师交流学生思想

信息，分析、研究学生的思想状况。

二、建构特色点：发挥优势，减少劣势

完成意识观的建构，只是“农林模式”建构的第一步，能否真正在“形势与政策”教学中体现农林特色，关键在于能否建构出特色点，树立学校独特的教学模式与课程体系。教师作为教学主体，在实际教学过程中，要本着“发挥优势，减少劣势”的原则来建构特色点，具体来说就是“有所为，有所不为”。

农林院校的特色就是“农林优势”，但是，“形势与政策”课是人文类知识的传授，对于教师来讲，需要人文素养丰富的教学人员，这样才能有利于授课的专业性和流畅性。对于学生来讲，如果能够具备一定的人文基础知识将能更好地学习和消化课堂所学。具体而言，结合农林特色，发挥优势，做到“有所为”可以从“形势与政策”课的选题、授课方式、学生考核方法等方面入手。

（一）选题要结合农林优势，凸显农林特色

农林院校“形势与政策”课的选题应该考虑学生的学术背景、接受能力和兴趣。农林类高校学生的理工科背景决定他们既对自己所学的农业、林业和动物科学领域充满知识的渴望，同时他们渴望了解国际国内的形势变化、国家政策的制定与更改。所以，在选题的时候应兼顾这两方面的内容，如果选择过于专业的专题，将会造成学生丧失学习动力。

（二）授课、传播形式要多样化，与学校优势相结合，重视社会实践

学校可以建立学生形势报告会制度。每年春、秋两季开学后或在国内外发生重大事件时，组织大型形势报告会，请一些名校专家为学生作报告。此外，农林院校还可以利用学校的优势，请学校优势学科的专家、研究者举办专题讲座[5]，为学生介绍相关学科的发展情况和国家的政策、规划。这既是对课堂教学的有益补充，也能体现农林院校的学术研究水平和能力，增强学生爱校建校的热情，一举多得。学校社团和宣传部也可举办学生喜闻乐见的主题教育活动，如征文比赛、演讲比赛、知识竞赛、辩论赛以及研讨会等，切实增进教育效果。校报、校园电视台和广播台等校园媒体要对近期国内外政治、经济、社会活动进行报道，让学生多方位了解国内外“形势与政策”的近况。

通过社会实践，让学生"走出去"接受社会教育也是"形势与政策"教育的一种主要形式。比如把"形势与政策"教育与"三下乡"、"青年志愿者"等活动结合起来，探索、实践育人的长效机制，使学生在社会实践中接受教育，加深学生对"形势与政策"课堂教学内容的理解，有效地促进了学生的知行统一。

（三）考核方法以开放式试题为主，丰富内容与形式，重在考核学生能力

学生考核方法上，由任课教师出若干有关专题内容的测验题，由学生任选一题用50至100字进行随堂笔试，作为期末考试成绩的参考。期末再由各任课教师出1至2道有关自己讲授专题相关的内容为题，作为统一考查。学生按要求写完论文后，出题教师统一判定成绩，再由教师将成绩登录上网，以供学生查询。

三、建构普适性和独特性：既有通俗，又有专业

"形势与政策"课程囊括的内容多而杂，且具有不稳定性、系统性、时效性和针对性的特点。要做到在"农林模式"中体现普适性和独特性，首先要分析"形势与政策"课所包括的主要内容：马克思主义基础理论、世界观、人生观和方法论以及国际国内形势、全球热点、焦点问题、校内形势，包括农林行业相关的动态都是课程的主要内容。马克思主义基础理论、世界观、人生观和方法论以及国际国内形势、全球热点、焦点问题体现的就是普适性，是通俗的大众知识。而校内形势，包括农林行业相关的动态都是独特性的体现。

（一）普适性——"形势与政策"课的基本要求

普适性要求授课教师所讲授的内容通俗易懂，这不仅是指选题、内容和形式，也是指授课方式，要同教育部的相关要求一致，达到"形势与政策"课的基本要求，为学生提供基本的理论、事件及其分析、热点与焦点问题。从系统性讲，"形势与政策"教育内容可分为国内和国际。国内即国情教育，主要涉及国家的经济、政治、教育、文化、科技、军事、外交等方面的内容。国际方面主要介绍世界主要大国的政治、经济状况和新近发生的国际热点与焦点[6]。需要指出的是，真正做到普适和大众化应该有学生广泛地参与、合作与交流。学校应在校园网站开设"形势与政策"专栏，每期开设"农林专题"、"新闻综述"、"热点专题"、"热点讨论"等栏目。学生可以及时准确地从网上获悉大量的"形势与政策"信息资源，

了解国内外重大事件；同时，学生还可以利用网站自学相关知识，促进师生以“形势与政策”的某些问题来进行探讨、沟通，从而增强“形势与政策”教育的实效性。

（二）独特性——建构“农林模式”的核心

“农林模式”的核心就是独特性，从整体上讲，独特性体现在“形势与政策”课的实际应用，教学与科研相结合等方面。农林院校的“形势与政策”课可以选取一些所在省的省情信息和农林行业信息，如分析所在省的区位、产业、文化、资源优势及农林行业的发展、建设过程中的热点、亮点、难点等。除此之外，农林学校的校情教育也是独特性的一个重要方面，它主要包括学校建设的成就、当前的发展战略及其政策措施。如河北农业大学对学生进行的“太行山道路”传统教育。这些教育能够激发学生主动参与本省本校的建设，有助于学生将来更好地成才就业。

（河北农业大学 闻 竞 连艳辉 刘博典）

参考文献

[1] 中共中央宣传部教育部. 关于进一步加强高等学校学生“形势与政策”教育的通知[N]. 人民日报，2004-11-17.
[2] 阎光亮. 新编“形势与政策”[M]. 长春：吉林大学出版社，2009：16.
[3] 裴正轩. 大学生“形势与政策”课教育教学之初探[J]. 巢湖学院学报，2009(4)：121—123.
[4] 陈兴东. 论“形势与政策”课的主体性教育模式[J]. 教育与职业，2009(23)：99—101.
[5] 陈士福，任冲. 功能与原则：“形势与政策”课教学的几点思考[J]. 中国成人教育，2009(17)：139—140.
[6] 李亚青，王晓江，孟祥德，孙贵珍. 以科学发展观为指导提升《高校思想政治理论》课教师魅力[J]. 河北农业大学学报(农林教育版)，2009(2)：253—256.

试论“形势与政策”课程在构建中国特色社会主义话语体系中的作用

世界历史发展进程表明，一个国家要发展强大，必须要在各领域特别是意识形态领域拥有自己的话语权。话语权越大，影响力和主导力就越大，但真正掌握话语权的逻辑前提是建立完整科学严密的话语体系。话语权最终是通过构建一系列话语体系来实现的。习近平总书记指出，要加强话语体系建设，着力打造融通中外的新概念、新范畴、新表达，加强国际传播能力。这就明确提出了构建社会主义话语体系的问题，但构建中国特色社会主义话语体系是一个多系统、多角度、多层次的复杂工程，本文拟就“形势与政策”课程在构建中国特色社会主义话语体系的作用问题作些探讨。

一、中国特色社会主义话语体系的基本内涵

话语作为一个被广泛运用于各个学科的术语，拥有不断丰富和变化的内涵。从哲学视角看，话语是表达一定思想、观念、理论、知识和文化等的载体或符号。“作为一种意识形态的话语从权力关系的各种立场建立、培养、维护和改变世界的意义。……作为一种政治实践的话语，不仅仅是权力斗争的场所，而且也是权力斗争一个至关重要的方面：话语实践利用了那些孕育特殊的权力关系和意识形态的习俗，而这些习俗本身，及它们得到表达的方式是斗争的焦点。”[1]话语在其形成过程中必然打上特定阶级和集团意识形态的烙印，一定阶级和集团的意识形态总是通过某种话语体系表现出来。法国后现代主义社会学家米歇尔·福

柯在《话语的秩序》一书中指出：话语即权力，话语蕴含、显现、释放并行使着权力，话语的拥有意味着对权力的实现。"话语意味着一个社会团体依据某些成规，将其意义传播于社会之中，以此确立其社会地位，并为其他所认识的过程。"[2]话语权实际成为维护自己和自己所在利益集团以及控制他人和他人所在利益集团的工具。话语权的构成要素主要有话语主体、话语表达和话语传播，包括话语创造权、话语表达权、话语传播权、话语设置权和话语自主权，它是一种显性霸权，具有极强的排他性。

掌握了话语权就赢得了主动权，但掌握话语权的逻辑前提是建立完整科学严密的话语体系。"话语体系是思想理论体系和知识体系的外在表达形式，包括概念、范畴、表达、词汇等。不同特色、不同风格、不同气魄的话语表达，对于科学表达某种思想理论体系和增强传播力、竞争力、吸引力、感染力、影响力的效果是不一样的。"[3]构建中国特色、中国风格、中国气派的社会主义话语体系不能沿袭和照搬传统话语，而要注重理论与实际的统一、内容与形式的契合、传统与创新的衔接、主体与客体的互动。因此从学理角度考量，中国特色社会主义话语体系是由一系列具有内在逻辑关系要素构成的系统，它包括话语基础、话语核心、话语体系、话语方式、话语自信、话语传播、话语权和话语创新八个方面。[4]话语基础要言之有物，话语核心要言之有道，话语体系要言之有理，话语方式要言之有效，话语自信要言之有信，话语传播要言之有声，话语权要言之有力，话语创新就是要与时俱进言之有新。总之，有中国特色社会主义话语体系要以话语表达的创新为重点、以话语系统的完善为手段、以话语权威的树立为目标。

二、构建中国特色社会主义话语体系的挑战

随着中国的和平崛起，世界享受中国发展的红利的同时，却被频频误读、抹黑，甚至妖魔化中国国家形象，世界随处可见"中国制造"，但是很少见到"中国话语"，在世界话语体系中，中国话语影响与中国政治、经济和文化发展水平极不相称，那么构建中国特色社会主义话语体系的主要挑战在哪里呢？

第一，西方"话语霸权"不断挤压中国特色社会主义话语体系的影响力。中国特色社会主义与资本主义就是两种不同的意识形态，存在本质的制度冲突和

斗争。西化和分化中国是西方发达国家的长期国策和既定方针，并为此进行了精心的理论研究和实现路径准备，建立了完整严密的话语体系。他们全方位、多层次、多角度地对我国进行意识形态的侵略和渗透，宣传“普世文明”和“普世价值”，企图动摇民众的马克思主义信仰和社会主义信念，消解马克思主义意识形态的影响力、凝聚力和向心力。西方大国利用“话语霸权”竭力遏制中国话语的正常生成和正常表达，他们无端炒作中国话题，制造负面舆论，发动意识形态围攻，极力抹黑中国形象，妄图干涉中国内政。与此相对应的是中国目前话语体系建设严重滞后，不但缺少扎实系统的基础理论研究，学科之间缺乏贯通照应，难以形成系统和体系，而且，中国话语传统在以西方话语为背景的国际话语环境中很难得到恰当而正确的理解，加上中国传统话语中内核价值理念、中介转化和生活化运用之间缺少应有的通道，无形消减了中国传统话语的魅力。

第二，复杂的社会存在导致混乱多元的话语格局，消解了中国特色社会主义话语体系的主导力。当前，我国社会正经历着深刻的社会变革，处在经济发展转型期和社会矛盾凸显期。个人对发展道路的选择、对社会现象的评价和对道德观念的定位趋于多元化，不同阶层和不同利益群体的价值取向和利益诉求存在明显的差异，加上“新自由主义”、“民主社会主义”、“普世价值观”等错误思潮陈渣泛起，更有甚者，有些别有用心的人趁机鼓吹西方价值观和制度模式，企图否定社会主义制度，否定马克思主义，进而煽动人们不满党和政府，否定中国特色社会主义。这种混乱多元的话语格局，弱化了主流意识形态的社会认同度。

第三，互联网技术的发展与推进，冲击了中国特色社会主义话语体系的控制力。随着云计算和大数据技术的发展，人类进入了“互联网＋”时代，互联网络不仅催生了新的产业形态，改变着人们的生产生活方式，也为意识形态的交锋提供了崭新的话语平台。互联网络话语平台中，每个个体不但是话语的接受者，同时也是话语的制造者和传播者。海量的话语和难以置信的传播更新速度，挤占了中国特色社会主义话语的传播空间和关注程度。更何况网络话题容易聚焦在群发事件和突发事件的负面效应上，如果加上敌对势力的推波助澜，极容易扭曲群众的价值观，诱发大面积失控性事件，甚至危及社会稳定。

三、发挥“形势与政策”课程在构建中国特色社会主义话语体系中的作用

“形势与政策”课作为思想政治理论教育课程的重要组成部分，承担着向学生宣传党的路线方针政策、介绍国内外政治经济军事形势、解读重点热点难点问题、灌输马克思主义形势观和政策观的重大使命。其教育内容蕴含于马克思主义理论之中，是社会主义意识形态的重要组成部分，它在构建中国特色社会主义话语体系中必将发挥不可替代的作用。

第一，“形势与政策”课开放、公允、全面地讲好中国故事，让世界了解中国社会主义核心价值，了解中国发展道路和中国的合理诉求，通过中国故事，使世界受众理解、接受“亚洲安全观”、“中国梦”、“一带一路”、“中国和平崛起”、“中国社会主义核心价值”等诸多话语主题，并在交流中产生共识，这不但能有力回击世界“话语霸权”对中国的围攻抹黑，也为中国特色社会主义话语体系赢得平等的发展空间。

第二，“形势与政策”课从历史和现实的视角阐述中国人民选择社会主义的历史必然性，宣扬中国特色社会主义建设所取得的重大成就以及中国特色社会主义的中国和世界价值。中国特色社会主义重新建构了人类社会主义理想，为处于低潮的世界社会主义运动摸索出了一条新路；中国特色社会主义道路丰富了人类探索和创造现代化道路的社会实践，挑战了“西方现代性模式唯一正确”的历史神话；中国特色社会主义构建了符合世界上最大的发展中国家国情的基本制度，中国特色社会主义制度为中国经济社会全面、协调、可持续发展提供了强有力的保证。中国人民对中国特色社会主义“理论自信、道路自信、制度自信”，夯实中国特色社会主义话语体系的话语基础，这种源自对自身价值充分肯定的价值自信也有利于提高中国特色社会主义话语体系的话语自信。

第三，“形势与政策”课通过剖析世界话语大国对世界重点、热点和难点问题的话语解说，依照“古为今用、洋为中用”的方针，探求既具有中华民族特色又符合外部世界话语背景的言之有效的中国话语方式。中华民族在悠久的发展进程中形成了独具风格的话语体系，这种话语体系中的语言、文化、传统和风俗习惯

等并不能轻易被国际受众所理解和接受，中国传统话语体系中缺少符合外部世界话语背景的话语方式，外部世界只能从自身认知系统出发，通过零碎的、片面的、虚假的信息，甚至是敌对势力处心积虑的蛊惑资料来拼凑出所谓的中国图景，其结果是中国失去了与其综合国力相匹配的思想创造国际影响力，也消减了一个负责任大国所本应获得的理解、信任和支持。

第四，"形势与政策"课运用马克思主义理论观点和方法解释现象、厘清曲直、预测未来、指导实践，有利于普通群众透过现象看破本质，把握国内外重点、热点和难点问题的实质，形成和巩固社会主义共同理想；有利于广大群众理性看待发展中所遇到的障碍和挫折，有利于形成共识减少矛盾和冲突，从而为中国特色社会主义话语体系赢得广泛的群众基础。

第五，"形势与政策"课与媒体保持天然的联系，形势由媒体来记录，由媒体来传播，由媒体来解读，而政策大多通过媒体来发布，通过媒体来宣传鼓动，通过媒体来审视政策效果，"形势与政策"课有丰富的掌控驾驭媒体的经验，对于提高中国特色社会主义话语体系驾驭现代媒体，提高话语权控制力有现实的借鉴意义。特别是随着云计算和大数据技术的发展，人类进入了"互联网＋"时代。中国作为"互联网＋"国际标准的倡导者、制订者和领导者，在信息化水平、现代信息技术和网络传播水平方面已大大缩小与西方发达国家之间的差距，具备弯道超车的条件，为中国特色社会主义话语体系提供强有力的话语传播平台。

（湖南高速铁路职业技术学院　刘立红）

参考文献

[1]［英］诺曼·费尔克拉夫. 话语与社会变迁[M]. 殷晓蓉，译. 北京：华夏出版社，2003：62.

[2] 王治河. 福柯[M]. 长沙：湖南教育出版社，1999：159.

[3] 姚桓. 构建中国执政党理论的话语体系[N]. 光明日报，2012-10-31.

[4] 韩庆祥. 中国特色社会主义话语体系的八个层次[N]. 人民日报，2014-11-19(16).

“互联网＋”背景下高校“形势与政策”教育的话语策略①

随着互联网技术的发展和与各行各业的融合，继李克强总理在政府工作报告中提出“互联网＋”行动计划后，国务院又正式印发了《关于积极推进“互联网＋”行动的指导意见》，一时间，“互联网＋”大热全国，2015 年也被称为“互联网＋”元年。从本质上说，“‘互联网＋’是把互联网的创新成果与经济社会各领域深度融合，推动技术进步、效率提升和组织变革，提升实体经济创新力和生产力，形成更广泛的以互联网为基础设施和创新要素的经济社会发展新形态。”[1]从“互联网＋”教育这个特殊视角看，互联网不仅仅是一种工具，更是一种新的知识学习、生产、转化、储存方式。在“互联网＋”的大背景下，高校“形势与政策”教育亟需进行变革和完善。

一、高校“形势与政策”教育面对“互联网＋”的机遇和挑战

“形势与政策”教育是推进高校大学生思想政治教育、深化马克思主义理论与实践的重要内容，主要目的在于引导学生准确理解党的基本路线、重大方针和政策，正确认识国家的政治、经济和国际形势，正确分析社会关注的热点问题，把对形势与政策的认识统一到党和国家的科学判断上和正确决策上来，树立正确的世界观、人生观和价值观。随着网络社会的发展特别是“互联网＋”时代的到

① 本文系南京理工大学高等教育教学改革研究一般资助课题“‘形势与政策’教育课程规范化建设研究与实践”的阶段性成果。

来，高校"形势与政策"教育面临的新形势主要有以下几点：

（一）信息的多元、芜杂与获取途径的便利、碎片

中国互联网络信息中心（CNNIC）于2015年7月发布的《第36次中国互联网络发展状况统计报告》显示：截至2015年6月底，中国网民规模达6.68亿，手机网民规模达5.94亿，网民中使用手机上网人群占比为88.9%。互联网已成为当代大学生了解时政、纵览世界、分析形势的最重要的方式，对其价值取向和政策分析能力产生着越来越大的影响。与此同时，各种社会思潮和意识形态的信息内容通过互联网源源不断地影响青年学生。移动互联网浏览信息、微博微信传播信息的便利与碎片化，同青年学生人生观、世界观、价值观尚未成熟形成了强烈对比，各种思想观念和理论体系很容易对青年学生产生不正确的影响。

（二）课堂教学与生活实践的脱节

"形势与政策"教育的内容多围绕党和国家的大政方针、国际关系和热点时事，与日常的生活实践相脱节，容易给学生造成和自身无关的印象，学生往往对课堂教育不感兴趣，对课外实践锻炼疲于应付，大大降低了"形势与政策"教育的效果。通过网站、微博、微信等新媒体方式进行的"形势与政策"教育仅仅是"+互联网"而已，尚未真正将互联网思维融入"形势与政策"的教育教学，实际效果尚不明显。

（三）90后学生强烈的自我意识与宣传教化方式的疏离

当前，90后、甚至95后群体已成为在校大学生的主要组成部分，"思想呈现理想信念总体向好、价值取向偏重个体、心理素质问题较大、网络生存成为常态的基本特征"[2]，而高校从事形势与政策教育的教育工作者多为70后、80后生人，理论宣教的话语风格与学生的话语体系差异较大，使得90后的学生对"形势与政策"教育产生本能的排斥和疏离，严重影响了"形势与政策"教育的效果。

二、话语策略在高校"形势与政策"教育中的重要作用

高校"形势与政策"教育要取得实效需要在创新教育内容、更新教育方法、拓宽教育载体、优化教育手段等方面下功夫。话语作为理论传播和时政教育的有效载体和抓手，制定科学有效的话语宣教策略对于"形势与政策"教育的落细落

小落实具有至关重要的意义。高校原有的“形势与政策”教育话语体系面临着“互联网+”时代到来和社会全面转型的挑战，需要依据宣传教育话语发展规律以及时代语境的发展要求进行调整与建构。

（一）话语是进行“形势与政策”宣传教育的表达工具

话语作为理论宣传的有效载体，是传播国际国内形势和开展“形势与政策”教育的重要工具。根据《中共中央宣传部、教育部关于进一步加强高等学校学生形势与政策教育的通知》要求，“形势与政策”教育的范畴主要包括“党的基本理论、基本路线、基本纲领和基本经验教育；进行我国改革开放和社会主义现代化建设的形势、任务和发展成就教育；进行党和国家重大方针政策、重大活动和重大改革措施教育；进行当前国际形势与国际关系的状况、发展趋势和我国的对外政策，世界重大事件及我国政府的原则立场教育；进行马克思主义形势观、政策观教育。”内容复杂多变、涵盖学科众多，但其表述形式仍具有抽象性与意识形态色彩。然而，“现代传播理论与实践都表明，意识形态的内容不一定都要用意识形态的方式表达，非意识形态的话语形式对于意识形态的传播往往具有润物无声的效果”。[3]由于经济社会关系的多样性以及传播过程的复杂性，高校师生对于“形势与政策”内容从选择到接受都需要一个价值认同的过程，这个认同过程，既是“形势与政策”教育者进行大众普及的过程，同时也是高校师生将其转化为自身意识、语言和观念的过程。而“话语是传播者和受传者之间社会互动的介质，通过话语，两者之间不仅实现信息的交换，还会发生意义的交换，达到互动的目的。也就是说传播话语一旦成为有目的的教育传播活动的载体，就必然把社会主导的价值观积极折射到信息传递之中，帮助受众建构价值追求和信仰境界。”[4]因此，“形势与政策”在高校的宣传教育需要借助于科学的话语策略。

（二）话语策略是解决高校主流意识形态宣教困境和适应“形势与政策”教育语境的有效手段

《关于进一步加强和改进新形势下高校宣传思想工作的意见》强调指出：“意识形态工作是党和国家一项极端重要的工作，高校作为意识形态工作前沿阵地，肩负着学习研究宣传马克思主义，培育和弘扬社会主义核心价值观，为实现中华民族伟大复兴的中国梦提供人才保障和智力支持的重要任务。”加强主流意识形态在高校的传播和教育，培养大学生对主流意识形态的认同，是高校意识形态阵地建设的重中之重。目前,高校在主流意识形态的宣传教育的方式、途径以及对师生需求的满足等方面都存在着一定程度的困境,制约了主流意识形态宣教的效果,集中体现在宣教内容、话语的呆板与滞后,特别是在互联网"最大变量"飞速发展、新媒体技术和传播手段广泛应用的当下,高校主流意识形态的宣教还停留在理论色彩浓厚、话语方式晦涩枯燥、内容假大空的层次,不能让师生切身感到内心的认同。在"互联网+"背景之下,原有信息和行业格局被打破,作为"形势与政策"教育的重要手段和工具,话语研究必须适应时代和社会发展,调整话语策略,适应"互联网+"的时代语境。

三、融合"互联网+"思维和话语方式在高校开展"形势与政策"教育

(一)微言大义的话语结构策略

随着移动互联网的发展普及,微博、微信等新媒体日渐成为人们了解世界、探究知识的新载体,微时代、微传播、微话语等作为简短、便捷、碎片等的代名词正在逐渐影响我们的话语结构。媒介平台和移动终端的绑定,用户可以通过随身携带的移动设备在任何时间、任何地点发布信息、表达观点和作出评论。"形势与政策"教育要积极适应微传播的需要,搭建微博、微信的传播平台,通过微言大义的话语结构策略,在篇幅的精炼、短小和内容的深邃、精致上下功夫,见微知著,用学生们乐于接受的话语方式传播形势与政策。

"形势与政策"教育不同于其他的思想政治理论课,没有完整规划的教学大纲和教学参考用书,教学内容每学期都要根据当前的时事政治热点来进行统一安排。因此,建构"形势与政策"教育的 MOOC、微课平台也是开展"形势与政策"微教育的重要途径,既可以及时根据时事发展开设微课教育,又有效缓解因专任教师数量不足而产生的教育受限等问题。同时,"微课的出现是教育资源建设之重心由'助教'向'助学'转变的重要契机。随着在线学习的迅速发展,教学资源必须适应网络学习非结构化、去中心化、碎片化的特点。"[5]学生主动学习、探究学习的意识也将得以加强。

(二)对话互动的话语表达策略

美国知名"新经济学家"《第三次工业革命》作者杰里米·里夫金认为,资本

主义时代正在流逝,一种将改变我们生活的新经济范式——"协作共同体"、"协作经济"将要出现,它的范式是全新的,和过去的交换经济截然不同,是以分享为基础,其最重要的原因是"零边际成本社会"的形成与发展。分享经济作为"互联网+"时代的重要特征,注重用户体验和分享,注重沟通、交流和对话成为必然要求。高校"形势与政策"教育要积极适应"互联网+"的特点,变一言堂独白为主动对话,畅通信息交流渠道,通过互动交流和沟通对话充分调动学生的积极性、主动性。

高校要通过网络等新媒体手段开辟互动交流的新途径,及时反馈师生对于时事热点的看法、信息,按需安排"形势与政策"教育的内容、方式。通过互动答题、晒得分等方式吸引学生参与体验,获得教育。通过多种途径开展参观调研等实践教学活动,以实际体验增进学生对形势、政策的认知和理解。

(三)生活情感化的话语修辞策略

"形势与政策"话语作为思想政治教育话语的重要内容,其根本是一种政治意识形态的传播和表现形式,通常依附于书籍、条文、理论等相关联的抽象文字中,成为政治领域的主要叙述话语,在意义方面说明世界、阐释世界、建构世界,"作为一种意识形态实践的话语从各种立场建立、培养、维护和改变世界的意义"[6],"形势与政策"教育话语通常依靠宏大的理论和官话的表述来解释世界,理论化和抽象化的语言表述、严肃刻板的文本话语往往和人的实践、感受相脱节,容易产生脱离实际、与我无关的接受障碍。

"互联网+"时代,大数据被广泛应用到各个方面。随着校园信息化建设步伐的加快,通过校园一卡通等获取的食堂就餐、图书借阅、课堂学习、体育活动等信息内容丰富、数据全面,最重要的特点是和学生的生活学习实际结合紧密,通过对其进行全面、权威、实证的分析解读,再将信息反馈给学生就可以作为一种生活化的话语获得更多的认同。生活话语再加上情感的元素,在叙事说理的同时寓理于情、以情动人,往往更能获得解释的生命力。"情感话语的优势不仅在于它涵盖和传达了意识形态的外部系统的知识性,还在于它将话语内部体系的理解与个体的情绪、感知觉等心理过程表现出来,使话语的外在结构和心智行为过程有机统一起来,增强话语输出的效果。"[7]美国教育家杜威说:"只有在学生以同情和尊敬之情关注别人的思想感情并受到激励时,这样的课才有效果。如果没有这种关注别人感情的态度，这种功课对性格的影响不会大于关于亚洲山脉的知识对他的性格的影响。”[8]生活化和情感化的话语策略在“形势与政策”教育中的运用往往可以产生事半功倍的效果。

（四）创新性的话语语境策略

创新创业，是国家发展之根，是民族振兴之魂。在“互联网＋”的背景之下，大众创业万众创新的时代潮流正在蓬勃涌动。国务院办公厅专门印发了《关于深化高等学校创新创业教育改革的实施意见》，从国家层面对高等学校创新创业教育改革的总体要求、主要任务和措施、加强组织领导等作出了系统设计和全面部署，创新创业正成为高等教育推进综合改革加快发展的重要话语语境。高校“形势与政策”教育要紧跟创新创业思潮，从增强学生的创新意识、培养创新能力等方面着手，使创新创业成为管理者办学、教师教学、学生求学的理性认知与行动自觉。

“形势与政策”教育要加强对创新创业政策的宣传与解读。创新创业不仅仅是创新创业课程的目标要求，更应该渗透在全校的课程建设和人才培养体系中，促进专业教育与创新创业教育的有机融合，改革教学方法和考核方式，强化创新创业实践，加强教师创新创业教育教学能力建设。“形势与政策”教育要紧跟时事发展，在课程教育和实践教学中融入创新创业意识的培养，用创新性的话语方式表达创新创业的思想。“形势与政策”教育还要充分借助创新性的话语语境策略，在大众创新万众创业的环境背景下，通过创新性的实践教学方式、创新创业的典型案例，增进大学生对创新创业的理解，真正将创新思维植入大学生的意识深处，变为自身的执着追求。

（南京理工大学　刘　琳）

参考文献

［1］国务院关于积极推进“互联网＋”行动的指导意见(国发〔2015〕40号).

［2］秦涛.“90后”大学生思想特征分析与教育引导对策研究［J］.思想教育研究，2015(5).

［3］吴琼.高校中国梦宣传教育的话语策略［J］.思想理论教育导刊，2015(1).

［4］杨月霞，吴琼.传播学视域下的思想政治教育话语研究［J］.北京交通大学学报，

2012(4).

[5] 杨满福,桑新民.对 MOOC 浪潮中微课的深度思考——基于高校首届微课大赛的分析[J].教育发展研究,2013(23).

[6] [英] 诺曼·费尔克拉夫.话语与社会变迁[M].殷晓蓉,译.北京:华夏出版社,2003:60—62.

[7] 许苏明.论思想政治教育的话语转换[J].东南大学学报(哲学社会科学版),2014(2).

[8] [美] 约翰·杜威.民主主义与教育[M].王承绪,译.北京:人民教育出版社,2001:372—373.

价值虚无主义冲击下的“形势与政策”教学改革

“形势与政策”教学改革是当前高校思想政治工作的重要部分，对大学生树立正确的世界观、人生观、价值观体现出关键价值，当前面对精神文明建设中一直存在着对于“时代问题的反思”和“价值尺度的混乱”。如何在当前的新一代年轻人中对价值进行重新评估和建设成为摆在学术界的当务之急。在学术界主流认为中国现阶段的社会问题大部分来源于社会结构中上层建筑的破坏，简而言之就是价值虚无主义思潮的泛滥，导致中国社会中精神世界的危机。对于全球性的价值虚无主义的认识，不能仅仅从过去的哲学文本中，挖掘解决现实问题的方法，而应从马克思主义现实性的角度对价值虚无主义的成因和演变进行剖析，最终探索出一条符合“形势与政策”教学改革建设道路。

一

价值表现为人类在实践生活中体现出的普遍的关系。价值作为社会主体的人对于现实世界中存在的客体所感觉到的意义。所以我们将客体在人类精神世界中的意义形成最终转变为观念性的价值意识。马克思对于价值的认识而言，“充其量不过是从对人类历史发展的观察中抽象出来的最一般的结果的综合。这些抽象本身离开了现实的历史就没有任何价值。”[1]所以对于价值意识的观察必须立足于人类社会关系进行考察。从价值意识中构成人类社会意识结构，使人们对于价值有更深入的把握。

对于价值虚无主义的分析必须从马克思主义历史观的角度进行研究。从历史上看，作为价值虚无主义代表的尼采，在《强力意志》中着重强调重估一切价值的尝试是价值虚无主义认识的开端。抽象思维的尼采所表现的价值虚无主义，最终被定义为形而上学的思想，从而以对于最高价值的"失落"来表现出价值结构重构的重要性。中国学者在研究价值虚无主义的时候，认为评定价值在于感知世界与超感知世界的标准。其实本身就是讲价值虚无主义泛抽象化。价值虚无主义的价值意识并不是简单被认为是哲学语境中的危机和对抗，而是如黑格尔的"密涅瓦的猫头鹰在黄昏起飞"中那样真正地进行价值反思。那么对于重估一切价值的尝试的根本出发点是什么呢？海德格尔在他的《尼采》中指出在尼采《强力意志》对于价值概括貌似都基于对西方哲学历史的描述，其本身就是对于西方历史中出现的客观社会现象的评估，可以被认为是对于价值虚无主义的认识。价值虚无主义意图揭示人类社会历史中价值意识设定的来龙去脉，揭示价值本身的错误观点。尼采针对的现实社会现象是在科学技术飞速发展的历史阶段，当时的哲学和意识形态的评价还是基于宗教思想作为社会价值评估的标准。尼采认为宗教思想已经不能满足人们对于价值真理的本质的评价，也无法将作为"生成"的历史进行价值的设定。所以新的世界观必定将抛弃作为最高价值的宗教思想。这些构成尼采对于价值标准的认识，也成为近现代哲学意识形态的核心问题。所以在文本中尼采不是一个抽象并且脱离现实生活的哲学家，用"生命哲学家"来评价才更加的恰当。

马克思指出："从现实生活过程中我们还可以揭示出这一生活过程在意识形态上的反射和回声的发展。"[2]尼采的价值虚无主义长期被西方学术界所推崇，正是在于尼采将新的价值尺度定义为社会现实性的需求，并且针对于当时占主流价值地位的宗教思想进行抨击，高喊"上帝已死"，使后来的资本主义的思想家开启符合资产阶级要求的价值重构成为可能。

作为同时代学者的马克思也清晰感受到社会变革对于价值的影响，但他并不是从感性世界和超验哲学概念出发来探究价值建构的意义，而是从现实社会生活出发来研究价值的历史逻辑。"人们按照自己的物质生产率建立相应的社会关系。"[3]如果说尼采是发现当时作为"存在者"的人精神上的困境，对抗最高精神的价值垄断，属于对现实生活中麻木不仁的社会关系的批判，那么马克思已经远远摆脱哲学彼岸的精神重建，而是将视野扩展到整个人类社会实践活动中，寻求最坚实的现实社会基础。

二

在尼采和马克思的时代，西方封建主义的宗教价值体系和近代资本主义的物质价值体系激烈的碰撞最终使价值虚无主义产生。那么当代的价值虚无主义的成因是什么呢？当代的价值虚无主义又面临着怎么样的困境呢？

一般对于当代价值虚无主义的成因，普遍认为是现代社会精神思想领域上的危机。我们可以理解为人作为社会的主体无法认识到生命的意义，并且和主流的社会价值意识产生矛盾，最终丧失对于主流价值概念的认同和判断能力。这种思想观点从价值虚无主义的哲学角度上分析是非常正确的，但是无法将尼采时代的价值虚无主义与当代的价值虚无主义进行区分，使这个论证缺乏现实的依据。既然我们意识到无论是尼采还是马克思，对于虚无主义都是从历史性和现实社会基础的角度进行剖析，那么我们也必须考察当代价值虚无主义的时代背景和基础。

当代的价值虚无主义成因最早起源于苏联的解体和东欧社会主义阵营的剧变。从19世纪中叶以来，社会主义意识形态和资本主义意识形态的对抗也延伸到精神文化领域中价值体系的对抗。两种不同的价值体系在碰撞中发展成为贯穿整个20世纪的思想史。苏联的解体和东欧社会主义阵营的剧变成为这种价值体系格局的终结，也被西方学者认为是资本主义价值体系的胜利。福山的"历史的终结"就认为在当前的意识形态的斗争中资本主义已经取得最终的胜利。他指出世界历史将最终以资本主义的价值标准作为历史的最终形态。

这导致当代价值虚无主义体现出鲜明的"去意识形态"特点。意识形态作为社会经济政治的认知形成的价值观，总是力求通过国家话语权，对其他国家价值认知产生影响，使其他国家在事物认知上认同一致的价值观。所以，过去世界价值观的争论主要体现为意识形态之争。西方哲学体系针对中国思想领域的表述，要求中国话语权要去除意识形态，其实就是为了用资本主义意识形态来改造中国价值观念，使中国价值取向符合西方的思想体系。当前，世界范围内的社会主义挫折也使人们对社会主义价值观念产生迷茫，西方学者的“去意识形态化思潮”甚嚣尘上，认为国际交流中已经不存在意识形态。阿尔伯特·加缪断言意识形态是一种骗人的把戏，早已自我消散。雷蒙·阿隆则谈到随着世界上不同国家与民族之间交流的日益频繁，国家间意识形态的价值差异已经消失。亨廷顿直言不讳地认为意识形态终结了，以“文明的冲突”取代意识形态斗争，他说“随着冷战的结束，意识形态不再重要，各国开始发展新的对抗和协调模式。为此，人们需要一个新的框架来理解世界政治，而‘文明的冲突’模式似乎满足了这一需要。这一模式强调文化在塑造全球政治中的主要作用，它唤起了人们对文化因素的注意……人们正在根据文化来重新界定自己的认同。”[4]新世纪以来，中国的学者也出现“淡化意识形态”、“淡化价值差异”的思潮，更有甚者将古代儒家文化定义为中国当代文化的基石，显现出当前中国价值认知的混乱。强调价值本质的多元化，国际交流的多重思维，都将从本质上动摇马克思主义价值观念在中国国际交流中的地位，混淆社会主义价值观与资本主义价值观的差异。

对于价值虚无主义的表现，西方认为有助于将价值观念去阶级化。意识形态作为思想观念，本身就具有阶级性。国际交流也不可避免存在意识形态。意识形态作为一定的社会集团经济政治利益的理论化产物，人类文化发展历程中的每个环节都有意识形态的影子。所以意识形态带有鲜明的阶级性。中国淡化意识形态的结果就是使最富有全球化精神的无产阶级价值观念从中国当代思想中剔除，将使中国价值体系失去其社会主义的属性，同资本主义价值体系混为一谈。那么在世界交流中的中国价值特色将黯然失色，只能被迫追随西方的资本主义思想的脚步，拱手将中国的价值构建主导权让给西方。

但是现实的情况是，中国作为社会主义国家还坚持着社会主义的价值体系，并且产生出“中国速度”成为世界上第二大的经济体。这些使西方的学术界对于过去认为的资本主义价值标准的最终胜利的思想产生怀疑，演变为当代西方价值虚无主义。同时，西方学者也认识到社会主义运动的低潮并没有使西方的资本主义走向完善。在德里达的《马克思的幽灵》中，他认为资本主义的价值体系已经无法像过去那样进行自我批判和自我更新，这将导致西方哲学价值体系的解体。整个资本主义世界的社会动荡和经济危机不断地出现，使人们开始正视资本主义价值标准的可能的错误性，对于资本主义价值的怀疑使人们的精神准则土崩瓦解。在这样的时代背景下价值虚无主义思潮再度产生。

中国的价值虚无主义从改革开放以来就悄然产生。中国人民在改革开放过程中不仅从国外获得物质财富，同时也将西方资本主义的价值体系或多或少引入到中国人民的精神生活中。区别于过去单一的社会主义价值体系，资本主义的意识形态随西方发达国家在全球化进程中的话语权上的霸权主义不断冲击着中国的社会主义意识形态。马克思很早就意识到：“占统治地位的思想不过是占统治地位的物质关系在观念上的表现，不过是以思想的形式表现出来的占统治地位的物质关系。”[5]对于占世界主导地位的物质关系，资本主义物质关系的思想使相当一部分中国群众对于当前的价值体系标准产生怀疑，助长价值虚无主义的泛滥。同时，改革开放以后新一代的青少年逐渐成长为中国社会的中坚力量。他们并没有经历过社会主义意识形态和资本主义意识形态相互最激烈碰撞的年代，而直接面对着社会主义运动的低潮。生活在全球化时代，使他们比以前的任何时代的人们都要具有广阔的视野和认识的广度，可以最大程度吸收世界上种类繁多的思想文化。但是随之导致的结果是对于价值标准的混乱，崇尚个人精神、个人与社会整体意识的矛盾，以及对于利益的无止境追逐，使人们的价值标准被异化为等价的物质衡量，最终使自身丧失价值判断能力，还导致整个社会风气的向下沉沦。

所以，我们认识的价值虚无主义就必须认识一个根本性的问题，个人的欲望和自由与整个社会价值观念在对于现实事物的至上性存在着不可调和的矛盾。特别是在和平年代，以自由为主的个人价值观念难以对于单一目的做出一致性的判断，这就是价值虚无主义难以根除的现实困境。在马克思的年代，资本改变着人类社会的面貌，以物质力量中的交换价值来代替人类的理性力量。最终使人们在物质世界中被资本所异化，而使人们的精神世界力量虚无化。所以马克思指出资本是“把人的尊严变成了交换价值，用一种没有良心的贸易自由代替了无数特许的和自力挣得的自由”。[6]虽然这样的理论对于当代的价值虚无主义也是具有启迪的，但是已经不能简单生搬硬套。新一代的人们已经不单单以经济问题来考量自己的价值标准，当代的人们对于价值有着更深的理解和不同的衡量尺度。

长期以来，中国人多以生存问题和经济问题来作为自己在整个社会阶层中的考量，这无疑保证社会风气的积极向上和物质丰裕。但另一方面也导致以经济为中心，对西方思想入侵不得不进行妥协和退让，在这样的背景下丧失部分的权益和自由，人们认为是可以被理解的行为。但当代的人们是很难接受过去立足于经济价值的价值标准，不能忍耐、不能低头正以一种前所未有的态势影响着整个的社会生态环境。这种力量在现实生活中体现在各个的群体性事件中，对于现行社会不平等秩序的愤懑，成为人们对抗规则和现实压力的释放渠道。在思想上，表现为价值虚无主义。不断进行争论又不断破坏规则，最终使整个思想领域混乱不清。

不可否认，在个人的实践行为范围中，作为集体主义的价值作用在不断削弱，随之每个人按照自己的道德标准来驱动个人的现实活动，我们已经不能要求社会对每一个人都担负起无微不至的责任。所以集体主义与个人主义的价值标准其实本身就是工业化的现实困境。在过去中国社会还处于低级社会发展阶段的时候，人们依附于集体而存活，集体的目标就是每个人的前进的方向。人们可以接受人在自由和欲望上的降低来保障自己不被社会所抛弃。但是不断发展的社会，越来越要求劳动人们可以自由选择自己的职业。在全球化货币扩张中，劳动力在各个行业的重新分配，势必造成有实力的人们可以获得更多的物质利益，而某些不符合时代发展的行业没落，最终产生失业。允许劳动力按照市场进行分配，提高劳动效率就一定会导致以计划经济为经济基础的集体主义价值的没落，而市场经济为经济基础的个人自由主义的兴起。我们要破解价值虚无主义，重建当代的价值标准，不是要简单的针对个人自由主义进行围剿，而是借重我们对于中国的传统道德的认识和马克思主义思想的把握。

三

当前针对价值重建的方法论种类繁多，大体上从价值哲学的视域进行诠释，或从人学的学科背景进行研究。笔者认为价值的建设必须根植于当代中国现实，当代中国价值建设的核心是马克思主义哲学，价值建设的方法论必须运用马克思主义思想。在历史唯物主义理论的叙述语境中，“从社会历史观来阐发人类社会的整体结构以及历史发展”是马克思区别于过去哲学家的根本，不断强化历史过程的理论和概念归纳，“已知的人类社会从来不是直接从社会历史本身和改造世界的逻辑里阐述出来的”，而是在实践的过程中把握人类社会价值规律和一般方法，对于同一对象、内容的思维方式的转换，成为历史唯物主义在价值层面的辩证方法论。

那么什么是价值重建的“方法论”？恩格斯在他的通信中反思对于马克思《资本论》的认识，他谈到：“谁能辩证地思维，谁就能理解它。”[7]黑格尔认为“哲学的每一部分都是哲学全体，一个自身完整的圆圈。但哲学的理念在每个部分里只表达一个特殊的规定性或因素。”在黑格尔的圆圈运动中，起点的概念和最后的概念是重合的，这是辩证法的规律。对于思想概念，每一过程中的否定之否定都对于原有概念起到升华，最终形成一个新的起点，为下一个否定之否定的运动做好准备。当然，对于黑格尔的否定之否定规律必须进行唯物主义的“颠倒”，隐去黑格尔的唯心主义观点，使辩证法真正成为关于一切物质世界规律的学说。马克思主义的辩证法就是从“外部世界”和“客观条件”出发探究人类社会历史中的普遍价值规律。

首先，价值重建必须从认识“存在”出发。列宁指出人的活动改变着世界的面貌，在实践中“去掉假象、外在性和虚无性的特点，成为自在自为地存在着的。”[8]“存在”作为逻辑的开端，是建立辩证逻辑的前提。从外部世界认识物质本身的“存在”概念和“存在”对外部世界反馈的“存在”本身都组成黑格尔的“存在论”思想。黑格尔的存在定义为三个范畴：首先，“存在”是范围内的规定，价值作为人类尺度的衡量标准，必须专注于“范围内的规定”，这有助于人们真正把握价值的逻辑脉络。其次，运用辩证法的否定之否定规律进行价值存在的诠释。价值表现在“范围内的分化阶段”，所以价值是建立在“有限事物”边界学说基础上的。黑格尔认为“绝对的思想形式是为表示上帝的最高范畴”，与这个最高范畴相对应的一切现实事物都可以被认为是“有限事物”。价值被认为是“无确定性”，对比人的绝对精神，价值是“纯粹无规定性”。最后，价值又由“分化而回复到简单的自身联系”。这样，价值的本质就在“无限扩展”中被“有限的规定”，最终成为“不可感觉、不可直观、不可表现”的“有”。黑格尔的价值的逻辑在于：当人们认识到价值存在的性质和价值本身的规律后，价值发展的“回路”就建立起来。接下来针对价值规律中现实的表现形式来界定价值的有限性和价值的“量”。一切事物都是有量的，量不会影响事物的存在，但还对于物质的“无规定性”进行扬弃，使价值成为“有限存在”的“存在”。最后，通过价值本质的改变和现实事物“量”的变化超出对于价值存在的限度，扬弃作为价值原有的“存在”，进展到更大的范围。恩格斯在《自然辩证法》中认为：“量到质的突变＝‘机械的’世界观，量变引起质变。这是绅士们从来没有嗅到的！”[9]他还认为黑格尔利用辩证法对于“量变过程中质的飞跃学说”研究现实世界的事物是非常恰当的。马克思主义辩证法在继承黑格尔对于存在的辩证方法的基础上，对于黑格尔的存在思想进行“唯物主义化”。马克思认为“人不是抽象于世界之外的存在物”，人就是人的世界，也是社会。他借用休谟的怀疑论指出，人没有办法去确定上帝的存在，就无法去确定上帝的最高范畴。人们必须自己安排自身的实践活动，就像上帝并不存在一样。所以马克思坚定地认为：“全部人类历史的第一个前提无疑是有生命的个人的存在。”[10]对黑格尔关于“存在”的概念进行“翻转”，就成为价值是在人的“实践范围的规定”，人进行实践活动的表达在思想上成为价值。同时价值的表现形式受制于人的生产方式和生产关系，使价值确定为“有限事物”。最终，人的生产方式变革导致价值的质变，价值存在的性质也在人的生产活动中得到升华和提炼。但是，这样的价值概念并非尽善尽美，价值还是没有摆脱直观认识思维。

其次，对于价值重建的反思和判断。既然对于价值是建立在人的生产活动中的思想已经得到普遍共识，那么为什么还有不少人对于人作为精神体的唯心主义价值观执迷不悟呢？这就在于价值在发展和整合的现实活动的过程中，人们会遇到诸多的现实问题。一方面，动物只会通过自身在自然界的存在来适应自然环境，而人类可以通过自身的生产方式的改变来使自然界为自己服务。人类对于自然界的支配也反映在价值中，使人们沉醉于自身的统治，认为人的思想区别于其他一切事物，是“超脱现实世界的精神存在”。另一方面，人们在陶醉对于自然界的胜利后，自然界会对人产生报复。自然界中的客观自然规律，让人们越发认识到人类只可能认识并不能去控制自然规律，无法控制生产行为所导致的自然后果。这样的无力感，使一部分人们开始求助于上帝，也使价值滑向“怀疑主义”和“相对主义”的唯心思想。列宁批评波格丹诺夫将“普遍的自然规律与上帝联系在一起”，唯心主义学者认为“宗教教义比科学学说具有更大的‘普遍意义’”。[11]这些问题的根源在于价值概念的整合如果不断强化价值在人类现实活动中的作用认识，那么将使价值不可避免滑向极端，最终价值自己会否定自己的存在。黑格尔辩证法认为对于价值普遍的判断是一种直接的判断，是感性的判断。但是对于价值本质的判断不仅存在着肯定的判断，还可能因为具体价值事件中个体价值事物的特殊性，而呈现出否定的判断。人类对于价值理解的有限性导致对于有限的表现和思维都有可能存在不真实，所以真理在现实中是找不到的。马克思主义明确事物是有限的这一观点，同时认为价值在发展和变化中存在着目前人类无法理解和认识的规律。价值作为人的意识有着独立于人现实活动的能动作用。同时个体价值事件由于环境条件的不同，呈现出个性的丰富多彩和个体意识之间的差别。但是对于价值整合上的“不确定性”，辩证唯物主义和唯心主义的界限在于“是否定任何为我们的相对认识所逐渐接近的、不依赖于人类而存在的、客观的准绳”。[12]正如拿破仑是否死于 1821 年 5 月 5 日这件事件，不同的人都有自己的解读。通过黑格尔辩证法的判断价值被设定作为(返回到自己)的认识，那么价值就不是被认为是一个直观的认识，而是与一个他物(对方)或外部世界有着相互关系和联系。这个联系超出个体价值现象的概念，为价值重建提供更多观念上的反思。马克思和恩格斯肯定在价值中存在着相对主义和不确定性，但是都建立在人类历史条件的制约基础上。在人类客观条件的界限下，承认价值思想的相对性和精神的独立性。列宁指出正是休谟和康德的信徒们，“没有看到的界限，而且由于你们没有看到这个界限，你们滚入了反动哲学的泥坑。”但是通过反思并不能穷尽对于价值的本质和概念。

最后，价值整合对于回归到最初的起点，形成价值整合的概念。一般认为“理念本质上是一个过程，理念的同一性是概念决定的和自由的同一性来说，只是就理念是绝对的否定性来说，因此也只是就理念是辩证的来说(才是个过程)”。[13]当人们意识到理念是一个过程的时候，就体现出思想的统一性，这样的统一性在规定自己本身的基础上，使事物的存在性通过辩证法返回到事物的本质。价值作为人类思想理念的结晶，它的发展势必也要经历三个过程。第一，是作为价值生成的存在物，在人的现实生产活动中产生出来的直接性形式下的思想理念，如壁画、原始舞蹈等反映出当时时代价值的特征。第二，价值在发展和整合的过程中，价值的形式出现中介性或差别性的形式，这是作为不断认识到改造世界的价值理念。价值开始慢慢摆脱简单直接的表现形式，通过媒介如手机、电视等新媒体来达到价值传播的目的，同时价值也开始以个性化来表现价值的多样性。在这个阶段，价值已经不仅仅是人类现实生产活动的直接反映，而且还是具有主观思维理念的抽象精神。所以“这就是作为认识的理念，这种认识又表现为理论的理念与实践的理念这双重形态”。[14]第三，最后在价值不断认识的过程中，返回到最初主观性的认识，但经过区别而丰富的统一认识形成价值整合的结果。黑格尔认识逻辑发展过程的最后一个阶段是绝对理念，而作为唯物主义辩证法观点，表明价值自身作为真正的起点，只有通过自己本身而存在着。所以价值最终回归到人的社会生产中，虽然社会生产的一定表现形式在历史进程中被取消，但改变的是社会生产的表现方式，作为社会生产的自然规律是不会改变的。人的社会生产统摄着价值，正如客观性统摄着主观性、存在统摄着思维一样。但是我们必须认识到，最终阶段的回归并不是简单最初阶段的重复，而是既认同价值存在是开始的特殊化的作用，同时又是达到价值否定的自为存在着的统一的结果。这样的价值整合结果是作为辩证的过程和价值自身相结合，使价值真正成为现实存在。

所以，对于当前学术界中价值虚无主义的泛滥，恰恰反映出对于价值认识的片面。无论是只强调价值的社会历史性还是价值的精神思想，都不是完整的价值本质的表达。精神世界和自然现实世界之间还是存在着差别，精神世界中的事物不断回归到现实世界中的自身，使自然世界中的事物无疑又会向前进展。价值整合正是要将思维的和实践的理念进行统一，在思维中价值是分离和差别的精神形态。我们对于价值整合的目的就在于克服价值的分离和差别，而使价值真正地恢复统一。而这个统一，在价值的直接性里，但又超脱价值的原始形态。思维和实践中的价值统一，不是黑格尔认为的自在自为的绝对理念，而是根植于人类历史中的社会生产活动，以社会生产活动为对象的价值整合，价值以自身存在形式为对象的重新建构，才是价值重建中重点关注的理念。

四

价值虚无主义的泛滥无疑成为当代学术界痛心疾首的问题，作为现代精神危机和权威的丧失，价值虚无主义本身比过去的资本主义价值冲击还要破坏中国的当前的社会主义价值体系，因为价值虚无主义本质是对于现行主流的价值体系的颠覆和解体，并不是外部的思想价值的侵入，所以更加难以清除。笔者非常反对有些学者认为价值虚无主义泛滥是当前中国道德标准的丧失，这样的表述是缺乏历史判断和现实认识的。我们要把对价值的思考，置于对主体的具体历史分析的基础上。在现实世界首先对于价值虚无主义的历史发展过程，大致有三个阶段。第一个阶段就是在尼采和马克思时期，以宗教价值标准为统治思想的封建主义与自由主义价值标准为统治思想的资本主义进行的思想上的对抗，在这样的背景下，过去宗教价值标准权威性被推翻，出现第一次的价值虚无主义的浪潮。第二阶段是在第二次世界大战后，人们对于过去法西斯思想的反思。对于个人主义和集体主义的思考和对于极权主义的恐惧，使价值虚无主义再次卷土重来。现在的阶段是第三个阶段，当前全球化进程的不断深入，各个国家各式各样的传统价值标准与全球化统一的价值标准的碰撞。人们迫切要求释放自己的欲望和个性。在这样的情况下，笔者认为出现价值虚无主义是很正常的情况。同时中国作为发展较快的发展中国家，物质财富的增长和精神生活的匮乏也非常容易成为滋生价值虚无主义的温床。所以我们不能简单认为价值虚无主义泛滥是当前中国道德标准的丧失。恰恰相反，当前我们对于道德标准比以前有更加深入的要求，而是从现实性和历史发展的角度去看待这个问题。

世界价值虚无主义来源于资本主义价值观与现实社会的对立，体现出资本主义价值观对于社会发展的滞后性。黑格尔认为事物是变化发展的，事物发展来源于内部矛盾的不平衡，当内部矛盾出现时，将会从外部获得有益的部分，使事物重新达到平衡的状态，社会发展也是一样的。丹尼尔·贝尔在《资本主义文化矛盾》一书中谈到："传统资产阶级的生命机制……现实是思想和社会结构的激烈机制断裂，而正是这种断裂在历史上为更加直接的社会革命铺平了历史道路。"[15]他认为资本主义价值观念自身已经无法解决自身的矛盾，在现实生活与价值观念中出现断裂。文化的道义性无法摆脱资本主义社会的政治经济。人们利益的欲望瓦解道德的标准，而道德的缺失势必影响资本主义价值观的合法性。

资本主义的思想矛盾需要寻找的答案，恰恰就在马克思主义中，马克思早就发现“资本主义生产就同某些精神生产部门如艺术和诗歌相敌对”。[16]马克思认为要体现文化的合法性就在于同社会公共价值观相适应，而资本主义本身又不具备这样的价值认识。道德、正义的价值观念势必要从崭新的社会中提炼出来，马克思的社会主义价值观就来源于此。中国的社会主义属性将为世界价值体系中起到有益补充的作用，资本主义价值体系为了缓解自身矛盾，一定会吸收中国传递出的社会主义价值观念。在资本主义价值矛盾中，中国的价值重建就显得更具有国际意义。

对于价值的重建之前，我们必须克服一个障碍，那就是在过去的社会发展中，中国坚持集体主义的价值标准使人民群众群策群力进行社会主义的改革，取得显著的成果。这证明中国过去的道路是正确的。但这是不是可以代表在以后的社会发展中，这个集体主义价值标准可以放之四海而皆准呢？马克思认为一切事物都在运动、变化和发展中的，所以我们并不能认为过去的价值标准就一定的适用，诚然可能在价值重建的过程中遇到各种各样的难题，但是“摸着石头过河”最终会到达胜利的彼岸。同时，在研究集体主义的价值标准时，马克思认为“只有在集体中才可能有个人自由”的论断被教条化，认为在社会主义国家集体主义的价值才是真正符合每个人的，但是我们要注意到马克思的“集体”概念其本质是“共同体”的概念。马克思指出共产主义“是一个以各个人自由发展为一切人自由发展的条件的联合体”。[17]表明在马克思认识中最重要的价值就是每个人的自由解放的实现。

所以，我们在进行价值重建的出发点和立足点其实就是每个人的自由解放。但每个人的自由解放并不是完全无限制的自由解放，而是有限度进行每个人的自由保障。第一，“经济保障”，对于任何人而言，生存问题都是个人实现自由不可或缺的重要部分。如果生存问题都没有办法得到保障，那么所谓的价值重建就是海市蜃楼。经济保障并不是经济平均主义，而是维持每个人日常所需的基本物资需求。同时也是保障人们在经济生活中取得相应公正地位的保障。相比最低物质保障，公正地位的保障更加需要提倡，这将使人们可以更好地为实现自己的正当目标而努力。第二，“危机控制”，既然我们意识到在全球化背景的主流价值权威性在不断瓦解，那么就要对潜在的价值虚无主义的危机进行控制和管理。虽然对于价值虚无主义的道德关怀会在一定程度上缓解人们对于不公正社会秩序的反感，但是在竞争为主的社会中，不平等是如影随形存在的。那么针对个人在不同行业的现实工作，使人们尽量小地受到不公正的影响，就成为危机控制的关键。第三，“激励引导”，在进行经济保障和危机控制后，人们已经可以基本上实现一定程度上的自由。适当的激励会使人们对于未来愿意付出更多的努力，在这样的背景下，人们也更加愿意去听从他人的意见和建议。在当前的社会中，难以使个人真心实意无条件抛弃自由来换取遵从新的价值标准，所以进行有效的引导和切实为每个人的自由解放进行的保障就成为当代价值重建的基石。

当前人们呼唤在新的历史阶段出现符合时代特点的价值体系。所以必须在马克思主义思想的指导下，秉承教学改革创新精神，加强对“形势与政策”课程教学的规范管理，从大学生的现实生活出发进行价值重建，才能使每个大学生最终都成为现实社会需要的人才。

（长江大学　刘　琼）

参考文献

[1] 马克思恩格斯文集(第1卷)[M]. 北京：人民出版社，2009：526.
[2] 马克思恩格斯文集(第1卷)[M]. 北京：人民出版社，2009：525.
[3] 马克思恩格斯选集(第1卷)[M]. 北京：人民出版社，1995：142.
[4] [美] 塞缪尔·亨廷顿. 文明的冲突与世界秩序的重建[M]. 周琪等译. 北京：新华出版社，2002：1-2.
[5] 马克思恩格斯选集(第1卷)[M]. 北京：人民出版社，1995：98.
[6] 马克思恩格斯文集(第1卷)[M]. 北京：人民出版社，2009：60.
[7] 马克思恩格斯全集(第31卷)[M]. 北京：人民出版社，2002：308.
[8] 列宁选集(第2卷)[M]. 北京：人民出版社，1974：235.
[9] 马克思恩格斯选集(第4卷)[M]. 北京：人民出版社，1995：345.
[10] 马克思恩格斯选集(第1卷)[M]. 北京：人民出版社，1995：67.
[11] 列宁选集(第2卷)[M]. 北京：人民出版社，1974：124.

[12] 列宁选集(第 2 卷)[M]. 北京：人民出版社，1974：136.

[13] [德] 黑格尔. 小逻辑[M]. 贺麟，译. 北京：商务印书馆，1996：403.

[14] [德] 黑格尔. 小逻辑[M]. 贺麟，译. 北京：商务印书馆，1996：404.

[15] [美] 丹尼尔·贝尔. 资本主义文化矛盾[M]. 赵一凡等译. 北京：三联书店，1992：61.

[16] 马克思恩格斯全集(第 33 卷)[M]. 北京：人民出版社，2004：346.

[17] 马克思恩格斯选集(第 1 卷)[M]. 北京：人民出版社，1995：294.

“形势”语言如何释放“政策”效能？

——基于马克思之意识形态理论的解释

大凡任何一个国家或地区都有其相应的在当下起着实施作用的政策纲领或者说“红头文件”，而所有的政策纲领都会表达一定意义上的国家意志及其意识形态。但是，这种意识形态又如何获得该国人们的认同或服从呢？与其说通过国家机器的暴力运行来回答这个问题，还不如说是通过某种思想观念体系的传播与渗透。但是，如果人们所要接受的思想观念体系被认为是一种无根无据的政治手段的话，那么它就会受到人们主观思想的抵触，从而无益于这种传播与渗透的过程。因此，真正地考察这种要被接受的思想观念体系从何种意义上能够获得人们理性思维之逻辑的考证或认同就变得至关重要。

毫不避讳地说，一个国家要把自己的思想观念赋予该国人们，这是应有之事。自从现代民族国家兴起以来，聪明的执政者及其政治家就已经把统治者之意愿还原为国家利益，并进而还原为人民利益，再也不以一种统治者与臣民相对抗的形式来治理国家，而是以一种相结合的形式来表明统治者的意志与人民的意志具有一致性。这势必就给现代国家带来一种思想观念及其舆论、宣传与管制的问题。这些问题在19世纪以来就被称之为意识形态问题。其中，国家教育就成为对这些问题进行解决的平台之一。按照马克思关于这些问题讨论的思想机制，主要见于他早期的《德意志意识形态》与后期的《政治经济学批判大纲》等著作中，他既指出了意识形态存在的消极性意义，也指出了意识形态存在的积极性意义。而对于一切思想政治教育课程诸如“形势与政策”课程的解读就都应该立足于这种积极性的意义上，才可能获得其教学的合法性。若归于马克思对意识形态的批判意识上即消极性意义上的话，那么这种教学的必要性就会受到减损。因此，清楚地阐明马克思关于意识形态理论的要义，在此就显得格外重要了。

一、马克思关于意识形态的积极性分析

马克思在《德意志意识形态》第一卷手稿中被删去的一段文字中写道，“我们仅仅知道一门唯一的科学，即历史科学。历史可以从两方面来考察，可以把它划分为自然史和人类史。但这两方面是不可分割的；只要有人存在，自然史和人类史就彼此相互制约的。自然史，即所谓自然科学，我们在这里不谈；我们需要深入研究的是人类史，因为几乎整个意识形态不是曲解人类史，就是完全避开人类史。意识形态本身只不过是这一历史的一个方面。”①对此论断的第一反应就是，马克思从人类史的一般意义上表明了意识形态存在的地位，乃属于人类史的一个方面，接下来就觉得，马克思在此要区分出三种意识形态的存在方式：一种是曲解人类史的意识形态，一种是避开人类史的意识形态，还有一种是符合人类史的意识形态。前两种主要指向当时主导德意志这个国家的意识形态，即黑格尔学派和费尔巴哈学派。譬如他说道，“当费尔巴哈是一个唯物主义者的时候，历史在他的视野之外……”[1]这无疑就指出费尔巴哈的哲学理论乃是避开了人类史，把自然史定在一种先于人类史而存在的那个自然界中，却不是一个费尔巴哈生活于其中的自然界，由此，马克思认为，费尔巴哈在一切理论上就重新陷入了唯心主义的泥坑。所以马克思说道，“我们举出《未来哲学》中的一个地方作为例子，来说明费尔巴哈既承认现存的东西同时又不了解现存的东西，这一点始终是费尔巴哈和我们的对手的共同之点。”[2]这个“共同之点”就是维护德意志这个国家已有的意识形态。接着，马克思就

① 《马克思恩格斯文集》(第1卷)，北京：人民出版社，2009年，第518—519页。对于这段话，俞吾金先生认为它是马克思关于意识形态批判理论的元批判性思想的表明，同时他又把马克思的意识形态概念看成是一个总体性概念。参阅俞吾金，《回到马克思的批判理论——当代西方马克思主义意识形态理论探微》，载《国外马克思主义》，第4期，2015年。虽然我认同这种总体性概念的看法，但不认可它仅仅是一个元批判理论，而我认为，马克思在此向我们提供一个正确积极的意识形态形式，这就是他自己在文中所要确立起来的新世界观，用来指导那种符合人类史发展的现实生活世界。

指出费尔巴哈的一个哲学命题，即某物或某人的存在就是某物或某人的本质，其实质是错误的，它无非只是确立现存事实的正确理解，同当时“我们的对手”即指圣布鲁诺与圣麦克斯等人的思想没有区别，将不幸环境的存在归结为不幸者自身的矛盾。

对于黑格尔学派，马克思是这样说道，“黑格尔的历史哲学是整个这个德国历史编纂学的最终的、达到自己‘最纯粹的表现’的成果。”[3]然后又说道，“这样，证明精神在历史上的最高统治（施蒂纳的教阶制）的全部戏法，”可以归结为以下三种手段：第一种，把统治的个人思想与统治者个人分割开来，承认思想或幻想在历史上的统治；第二种，把这些思想看作是概念的自我规定，使得占统治地位的思想具有某种神秘的秩序；第三种，然后，将自我规定着的概念变成某种人物，如自我意识、思维着的人、哲学家、意识形态家，进而把他们看作是历史的制造者、监护人、统治者。[4]马克思认为，这就是他们以精明而又思辨的伎俩来曲解人类历史的“全部戏法”。如果说费尔巴哈学派是避开了人类史，那么就可以说黑格尔学派虽有人类史的关怀，但却对人类史作出了似乎合理的曲解。

然而，我们却可以看到马克思在这段话中所隐含的意义，即他认为，人类社会应该有一种符合人类史的意识形态。这也就是说，它能够准确而又清晰地揭示人类现实生活存在的状况与前进方向。这就是马克思自己所揭示出来的。在此可以做出三点归纳：

第一，“全部人类历史的第一个前提无疑是有生命的个人的存在。”接着，马克思又在其删去的手稿中说出这话，即个人把自己和动物区别开来的“第一个历史行动不在于他们有思想，而在于他们开始生产自己的生活资料。”[5]这是马克思关于正确解释人类史之意识形态理论的第一个前提。

第二，马克思关于人类史正确解释的理论过程乃在于“实践的唯物主义者即共产主义者”的革命化运动。用他的话来说，“全部问题都在于使现存世界革命化，实际地反对并改变现存的事物。”[6]这个现存世界或现存事物其中就包括居于此社会的意识形态。然而，这个革命化运动的事实基础就在于对这么四种需要的确定：第一种需要是，人们“为了生活，首先就需要吃喝住穿以及其他一些东西。”第二种需要是，为了新的需要而要进行的再生产。第三种需要是，有生命的人们需要生产另外一些人来建立起家庭。第四种需要是，生命的生产所产生的双重关系的需要，即自然关系与社会关系。接着，马克思就指出"人们之间一开始就有一种物质的联系。这种联系是由需要和生产方式决定的……它不需要用任何政治的或宗教的呓语特意把人们维系在一起。"并且，他把这四种需要称之为"原初的历史的关系的四个因素、四个方面"，之后才发现人还具有"意识"。这就是说，人们所受影响的意识形态只不过是物质生活活动之后而产生出来的东西。所以他说，"这种意识并非一开始就是'纯粹的'意识。'精神'从一开始就很倒霉，受到物质的'纠缠'……"[7]从这里就可以看出，马克思对这种符合人类史的意识形态的解释乃基于一种物质的联系上，并确认这种考察路径才符合人类活动的现实过程。这就是他所说的"不是意识决定生活，而是生活决定意识"这句话所具有的意义。

另外，马克思还指出"意识决定生活"的历史考察方法，就是从意识出发，把意识看作是有生命的个人；而把"生活决定意识"的历史考察方法归于一种符合现实生活的考察方法，它是"从现实的、有生命的个人本身出发，把意识仅仅看作是他们的意思"。只有用后一种考察方法来解释的人类历史，"就不再像那些本身还是抽象的经验主义者所认为的那样，是一些僵死的事实的汇集，也不再像唯心主义者所认为的那样，是想象的主体的想象活动。"[8]而这里的"抽象的经验主义者"就是指费尔巴哈学派，"唯心主义者"是指黑格尔学派。这就从反面再次确定一种对人类历史解释的正确途径，乃是"生活决定意识"。

第三，马克思又指出，这种作为人类史一方面的意识形态的显明就在于共产主义的那种消灭现存状况的现实运动，而不是一种思想运动。正如马克思在《共产党宣言》中所说，"共产党人的理论原则，决不是以这个或那个世界改革家所发明或发现的思想、原则为根据的。"而是"现存的阶级斗争、我们眼前的历史运动的真实关系的一般表述"。[9]

综合上所述，马克思是把意识形态分为三种形式，对于前两种形式持有批判、揭露、抛弃的态度，而对后一种形式采取揭示、阐明、坚持的态度。由此看来，马克思并不是对一切意识形态进行批判，而只是对那些曲解或避开人类史的意识形态作出坚决的批判，为的是阐明后一种形式即共产主义的意识形态，也就是它的观点、目的、意图及其赋予人类解放的宣言。

因此,马克思对意识形态本身的认识并不完全是一种否定性的批判意义,而是一种更有积极性的建设意义。正如胡潇先生所说,"如果一开始马克思恩格斯就只有对意识形态的否定性理解,那么我们所进行的坚持和发展马克思主义这个最伟大的意识形态事业,我们所进行的以坚持中国特色社会主义理论为核心价值的精神文明建设事业,岂不就成了言之非理、持之无据、大谬不然的事情了?"[10]这种积极性的建设意义就成为本文解释"形势与政策"课程之教学的出发点,由此才有可能建立其有效的话语体系。

二、"形势"语言的合理性与"政策"效能的有用性

如果我们把这门课程中的"形势"解释为一种现时代各种环境因素的总和,那么,关于这种"形势"语言的表述就会要求表述者要具有相当大的学术视野与分析能力。若把"形势"理解为一种国家政府行为或事件,既包括国内的也包括国际的,那么这种"形势"的语言就势必会出现一种以辩护为基础的话语体系。但是,不管以何种解释为出发点,对于一个时代的或一个国家的"形势"分析必须要具有根据,因为只有根据才能使言语有理,而只要言语有理才有可能去说服听众。那请问,这个根据从何而来呢?大概,这个根据无非取决于两种形式:一是理性的逻辑对所具的时事材料的分析、推理、定论。这种形式在教学上可以说成是一种学理探究型;二是盖棺定论式的演绎进路,把所具有的时事材料排列在一条"阿里阿德涅之线"上,用它来引出时局的迷宫。这种教学形式就可以称之为一种理论劝说型。

其实,这两种形式的可靠性还在于以一种什么样的意识形态理论作其根据的基础。按照马克思上述三种意识形态的形式,只有立足于符合人类史发展的意识形态才有可能将时代环境或国家行为解释得入情入理。而相应的,如果以一种曲解或避开人类史的意识形态为根据,就必然会招致反驳,也就无法获得对"形势"的正确理解,从而误导听众。因此,"形势"语言的合理性就在于梳理好意识形态的积极性成果,而避免其否定性或消极性的东西。这就是在马克思所说的现实生活过程中来提供对"形势"之时事材料的解释与分析。

这种现实生活过程就是上节所说明的"四个需要"，即人们在历史过程中所形成的四个方面的关系。只有这四个方面被确定之后才能发现人们的意识被意识到了，而这种意识才需要被规定起来、被表达出来。正如马克思所说，"意识(das Bewußtsein)在任何时候都只能是被意识到了的存在(das bewußte Sein)，而人们的存在就是他们的现实生活过程。如果在全部意识形态中，人们和他们的关系就像在照相机中一样是倒立成像的，那么这种现象也是从人们生活的历史过程中产生的，正如物体在视网膜上的倒影是直接从人们生活的生理过程中产生的一样。"这段话无疑是说明了意识形态的"自然"属性，也就是说，在人类社会的历史过程中必有意识形态之客观形态的存在，它好像是人的眼睛在生理机能上一定会对周围事物产生一种镜像一样，是对人们生活过程的倒立成像，但却是人们生活的真实存在，这就是一种对历史事实的确证，而不是一种人脑的虚构。显然，这是表明了意识形态存在的客观地位。正由于有这种客观地位，才使得不同社会、不同时代、不同国家总需要有某种意识形态的教育。这正是建设"形势与政策"课程教学话语体系的合理性所在。

当然，对意识形态本身的不同认识与不同解释就会产生不同的教育后果。因为在人类历史上不存在着无意识形态的社会或国家，只存在着具有不同意识形态内容的社会或国家。因此，如何让"形势"语言来解释"政策"效能，而表达出一种符合人类史的意识形态内容呢？这就需要一种新的解释。

因为任何一个人总是一个生活在现实世界中的社会人，而一个社会中的人无论如何也不能避开对时代环境的认识与影响。与其被动地接受这个时代环境的"蒙蔽"，还不如主动地分析这个时代环境是如何"蒙蔽"人的现实生活，从而达到"去蔽"。因此，以一种"去蔽"的方式来理解意识形态的教育就更容易获得意识形态本身的合法性。

按照匈牙利学者乔治·马尔库什的解读，马克思关于意识形态概念的理解具有三种内涵，如他所说，"我已经尝试着指出马克思意识形态概念发生的两种语境的类型，以及(与此相对应)意识形态这一术语在马克思著作中的两种含义。但是还有第三种含义——相对于论战-揭露的和解释-功能性的使用方法——我把它命名为批判-哲学的意识形态含义。"[11] 对于"论战-揭露"的意识形态，他是这样解释的，"正是在这种揭露的批判背景中，意识形态——也许乍看上去以矛盾的方式——既表现得相异于现实生活的思辨，又好像是从统治性的物质权力关系到思想领域的调换。”实际上是指向那种以传统为根据并为之辩护的思想机制，作者认为这种揭露方式乃是马克思继承启蒙运动以来关于“偏见批判”的基本要素。而对于“解释-功能性”的意识形态，作者认为马克思表现出一种非否定性的态度，“在这里，意识形态很明显指的不是一种特殊的、可批判的社会学-哲学理论类型，而是一个更宽泛的人类活动范围：一定的文化生产分支及其产物，以及相应层次的社会交往和冲突。”作者认为马克思在这个意义上似乎区分了“历史片段的意识形态”与“代表着划时代的文化价值的意识形态”，前者是一种意识形态的虚假，而后者是一种意识形态的真实，前者是以“庸俗政治经济学”①为代表，而后者是以“古典政治经济学”②为代表。尽管后者受到马克思的揭露或批判，但不属于虚假的意识形态，而是一种科学的，因为其所辩护的统治阶级思想并不是其学理的依据，而只是其学理的缺陷，而前者则无视于经济学理论的理性依据而盲目地为统治阶级进行辩护。然而，作者认为第三种含义则是马克思的真实要义所在，即指出“意识形态是社会自我意识的异化形式，因为它使历史冲突只有转换成好像只是想象和思想领域里的冲突时才能被意识到。”因此，意识形态的批判就是对社会存在形式的批判。

若借用这位学者的看法，意识形态的解释-功能性的使用方法就会更能把握住这门课程中所谈到的“政策”的意义及其效能，从而能达到其教学的目的，即为当代社会统治阶级的思想服务，也就更能使听众获得一种切身的理解与把握，即善于抛弃盲目的辩护策略，从而有效地进入科学式的学理辩护策略上。因此，如果人们把“政策”理解为一种统治阶级的施政纲领和指导思想，是国家意识形态的主要反映，那么，它就需要一系列性的理论解释或实践解释。如果以一种类似于“庸俗经济学家”所使用的辩护策略，那么，这种解释必然就

① 这主要出现于18世纪末19世纪初，是指英国经济学家李嘉图之后的为资本主义经济制度进行永恒性辩护的经济学，主要有萨伊、N. W. 西尼尔、马尔萨斯、约翰·S. 穆勒等人。他们的经济学主要代表了当时资产阶级的经济利益，马克思称之为庸俗的非科学的政治经济学。

② 这主要指英国的配第、亚当·斯密和李嘉图、法国的魁奈等人，尽管他们具有理论的局限性，但他们的经济学却代表着社会的进步力量，具有科学性。马克思称之为古典的科学的政治经济学。

会导致像马克思自己所批判的结果一样，助长了意识形态教育的虚幻性与遮蔽性。然而，如果以一种类似于“古典政治经济学家”的辩护策略，人们就会在理论本身的对与错的辨析上依然能接受这样一种具有开放性的学理性的辩护与解释。这也是马克思自己如何对待古典政治经济学的科学态度。因为按照马克思的理解，任何一种现实的政策都是对现实社会经济基础的反映，哪怕是一种虚幻的意识构造，都具有一种对现实社会的“成像”，即使它是倒影，也可能通过科学分析来加以辩证的。更何况在马克思的意识形态理论指导之下的意识形态的建设与教育就需要更加接受马克思意识形态理论自身的检验，而自觉地趋向于他所说的那种符合人类史的意识形态，也就是说，它能够经得起任何一种科学式的解释与分析。从这种意义上看，“政策”作为一种意识形态的教育内容，是可以一种科学的方式来进行把握的。或许，唯有这样才有可能更好地扩展“政策”效能的有用性。

三、“形势与政策”课程教学新路的可能性

如果把“形势与政策”课程看作是国家意识形态教育的一部分的话，那么，立足于意识形态的学理探究型的教学方式或许是值得借鉴的一条新路。这条新路若按照上述马尔库什的看法乃是基于意识形态的解释功能与哲学批判这两个维度进行的。若按照上述马克思对意识形态的积极性分析，这条新路乃是基于一种科学的视野以学理分析为线索，从而把这种意识形态中符合人类史发展的成分解释出来。因此，如何避免把这种教育落入一种“庸俗政治经济学”式的意识形态的虚幻中就成为它的生命线。

譬如，在2014—2015年度《时事报告大学生版——高校形势与政策课专用》[12]中，讲到“中国为什么能赢”这个话题时，若按照上述分析，这个话题的教学思路并不是在于向听众营造一种对中国的自信心，若这样做就必然带来一种盲目或夜郎自大的口味，更甚的话，这就会给听众带来一种陈词滥调的说教，相反，它应该是在于从理论思想上入手，以一种科学的眼光来做分析：首先，应该把握住“赢”这个概念有什么内涵；然后从这种概念内涵中推演出“赢”的条件；接着就来讨论中国现实情况能够得上这些条件吗？这样就会带来听众的注意力，

并带来听众应有的反思能力；然后在这种讨论的过程中不断地加入当今国家政策与时事评论的思想，看看在哪些条件上已经做到了很好的思考，在哪些地方上已部署了相应的国家战略；最后带领听众更好地理解中国现实发展的前途及其所要面对的挑战。看起来，这种教学路径是无关于国家意识形态的教育内容，其实是一种更为坚实的意识形态教育，因为它符合人们之理性思维的需要。这种意识形态正是马克思所说的符合人类史发展的意识形态。

若用一幅流程图来表明这种教学新路的话，可以如下：

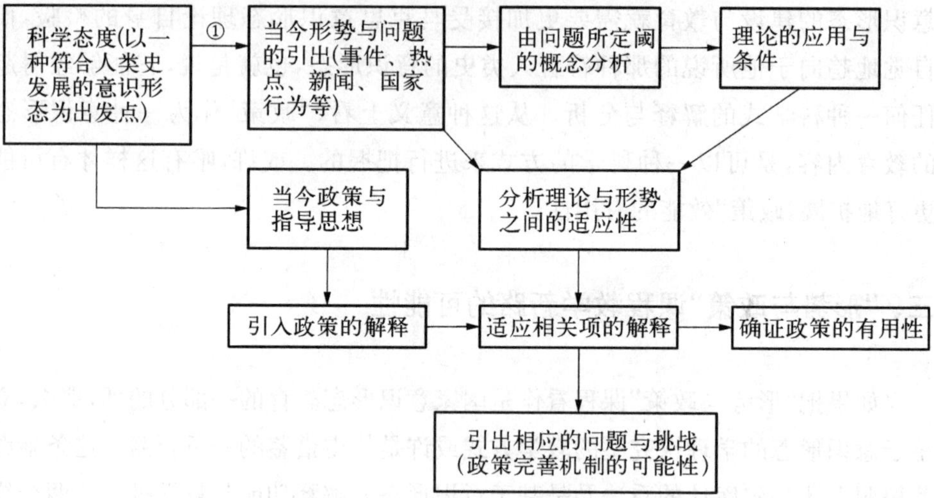

“形势与政策”课程教学新路流程图

四、结　　语

上图表明，“科学态度”始终是整个教学的出发点，既指导了形势问题的提出，又指导政策的解读；①表明教学过程由此开始，进入形势问题的提出，到概念分析，到理论的应用与条件；然后再回过头来讨论理论与形势之间的适应性，到解释适应相关项；接着在解释过程中引入政策的解读，确证政策的有用性；最后引出相应的问题与挑战，展开教学中的互动环节，既有结论又有思考。

现在，再用这个流程图来解释一下《正确认识当前经济形势》这课内容的教学思路。其实，这个主题主要围绕着当前国内经济的发展问题，然而，这个问题的背后却是要解决人们对中国经济能否实现平稳增长的堪忧，因此，不管教学者是抱着乐观态度，还是悲观态度，对这个问题的解释都不能停留于一种政府的表态行为上，而只有从考虑什么样的经济才称得上符合人类社会之发展需要这个问题上入手，教学者才可能抱着一种科学的态度，即从符合人类史发展的角度出发，首先选择一种合适的经济理论来解释经济在社会发展中的现象，并对发展这个概念做出恰当的内涵分析，然后在这些解释中给听众带来一种理解经济发展所需要的各种条件，接着在这些条件中来分析当前中国经济发展的形成与发展模式，并引导听众参考现行政府关注经济所采取的政策与手段，从而使听众进一步来理解中国经济发展的必要性、紧迫性，这就有可能使听众获得对这种引导经济发展之政策的有用性，最后引导听众来反思当前的经济发展存有的困境与挑战，让听众在为中国经济发展的担忧中获得一种理性的认同。这样就不会使教学仅仅停留于各种数据的比较与信任上，而真正地让听众进入当前经济发展之实质问题的讨论中，同时就为听众提供了一种具有积极性意义的意识形态教育内容。

（上海大学　刘友古）

参考文献

[1] 马克思恩格斯文集(第1卷)[M].北京：人民出版社，2009：530.
[2] 马克思恩格斯文集(第1卷)[M].北京：人民出版社，2009：549.
[3] 马克思恩格斯文集(第1卷)[M].北京：人民出版社，2009：546.
[4] 马克思恩格斯文集(第1卷)[M].北京：人民出版社，2009：553—554.
[5] 马克思恩格斯文集(第1卷)[M].北京：人民出版社，2009：519.
[6] 马克思恩格斯文集(第1卷)[M].北京：人民出版社，2009：527.
[7] 马克思恩格斯文集(第1卷)[M].北京：人民出版社，2009：533.
[8] 马克思恩格斯文集(第1卷)[M].北京：人民出版社，2009：525—526.
[9] 马克思恩格斯文集(第2卷)[M].北京：人民出版社，2009：45.
[10] 胡潇.马克思恩格斯关于意识形态的多视角解释[J].中国社会科学，2010(4).
[11] [匈] 乔治·马尔库什.马克思的意识形态概念[J].马克思主义与现实，2012(1).
[12]《时事报告》杂志社.时事报告大学生版——高校形势与政策课专用[J].时事报告，2011.

“形势与政策”课话语体系浅析

一、“形势与政策”课话语体系的提出

所谓“话语”是一个语言学概念，意为“对事物的演绎、推理、叙说的过程，多做说话、讲演、论述理解，它是思想的表现形式，存在于任何理解活动和解释活动之中”。[1]法国后现代思想家米歇尔·福柯认为：话语“隶属于统一形成系统的陈述整体”，“话语就是人们斗争的手段和目的。话语是权力，人通过话语赋予自己权力”。[2]话语系统就是人身的各种观点、各种科学以及可能被形式化的各种系统的这样一个圈子。人类社会的话语体系是长期发展积累形成的，与文化环境、传统习惯及社会制度有关。与此相适应，“形势与政策”课的话语体系则是在中国高校政治理论课系统内所要遵循的观点、文化以及原则。之所以提出“形势与政策”课话语体系问题，是因为其本身具有区别于其他不同学科的独特的内涵，以及由内涵而推演出来的本质要求。“形势与政策”课，是高校思想政治课的重要组成部分，是对学生进行思想政治教育的重要途径，体现了马克思主义认识论的实践性。因此，思想政治教育的特殊性，客观上规定了“形势与政策”课话语体系与思政课话语体系的内在一致性。

思想政治课是中国高校通过课堂学习对青年学生进行思想政治教育的重要形式，目的是培育和不断形成青年学生的世界观、人生观和价值观。中华人民共和国建国后至改革开放前，直到目前，思想政治教育以解放区的思想政治教育为基础，在学习、引进、借鉴和沿袭苏联的思想政治教育方法的基础上，逐步形成了具有中国特色的高校思想政治教育体系和经验。建立起了以马克思主义为指导的高校思想政治教育话语体系。在近半个世纪的高校政治理论课教育教学以及

科学研究中，通过辩证唯物主义和历史唯物主义教育，使青年学生在了解、分析和解决现实问题的过程中，逐步树立起科学的世界观和方法论；通过社会主义的理想信念教育，使学生们在计划经济年代以及改革开放条件下，不断深化、逐步理解，并坚定了走社会主义道路的信心；通过加强爱国主义和集体主义教育，不断形成了青年一代爱祖国、爱集体的主人翁责任感。总之，中国特色的高校思想政治教育理论体系的建立和不断完善，是培育和塑造青年一代"三观"的重要途径。

新时期的高校"形势与政策"课，在现有的思政课课程安排的基础上，又加进了党的最新理论成果、国际国内形势分析，以及党在新时期的新政策等内容，实现了思想政治教育的与时俱进，进一步增强了其时效性和可信度。因为其内在于思想政治理论课的框架之内，因此，其话语体系必然与思想政治理论课具有内在的一致性。

二、"形势与政策"课话语体系的内在要求

"形势与政策"课作为高校思想政治理论课的重要组成部分和必要补充，其内容上体现了一个"新"字，但其实质与思想政治理论课的其他课程没有本质的区别，都是塑造青年学生三观的重要环节。因此，其话语体系与思想政治教育课的其他几门课程一样，必然要求体现出区别于其他专业课或基础课的鲜明的特征：

（一）鲜明的意识形态导向功能

任何统治阶级要维护自己的统治，都要在社会意识形态中融入本阶级的主流价值。马克思在《〈政治经济学〉批判导言》中明确指出："人们在自己生活的社会生产中发生一定的、必然的、不以他们的意志为转移的关系，即同他们的物质生产力的一定发展阶段相适合的生产关系。这些生产关系的总和构成社会的经济结构，即有法律的和政治的上层建筑竖立其上并有一定的社会意识形态与之相适应的现实基础。"[3]以经济基础决定的上层建筑一经产生，便成为一种积极的能动的力量，反作用于经济基础的巩固和发展；同时向阻碍、威胁自己经济基础发展的其他经济关系、政治势力和意识形态进行斗争。政治上层建筑运用强制手段，把人们的行为控制在一定秩序的范围内。观念上层建筑则利用舆论工

具，论证自身经济、政治制度的合理性，规范和控制人们的思想与行动。统治阶级凭借整个上层建筑维护和巩固本阶级的政治统治和经济利益。“形势与政策”课作为社会主义中国高校的思想政治理论课的重要组成部分，也不能超然物外，通过形势政策课宣传执政党的核心价值观、政策导向及理论创新成果，培育青年一代的分析问题和解决问题的世界观和方法论，不断形成坚定的政治信仰，是思想政治理论课的历史使命。因此，形势政策课必须坚持旗帜鲜明的意识形态导向。

经济全球化带来多元文化和价值渗透，但并不意味着党的指导思想可以多元化。面对错综复杂的国际国内环境，如何对当前形势进行科学而客观的解读，不仅反映出高校教师的政治敏感性和理论洞察力，更突出体现了思政课话语体系的鲜明的意识形态导向功能。“形势与政策”课的本质与思想政治理论课相同，是向青年学生宣传马克思主义的创新成果，使大学生在了解当代经济社会发展的基础上，正确理解人类社会发展的规律，了解自己的历史任务和对于资本主义与社会主义所应采取的态度[4]。在市场经济条件下，“新自由主义”公开挑战马克思主义，利用媒体渠道大肆宣传资产阶级的人生观和价值观，对青年学生的世界观和价值观形成，造成了不可估量的负面影响。语言是思想的直接现实[5]。形势政策课就是运用旗帜鲜明的话语体系，向学生宣传党的核心价值，使青年学生保持清醒的政治头脑。使学生认识到，在经济全球化背景下，资本主义的终极本质是帝国主义霸权统治，而不是全球大同。这是马克思主义基本原理——历史唯物主义的现实运用。在“形势与政策”课的话语体系建构过程中，要按照“继承、吸收、创造”的要求来进行话语内容的优化，既要突出意识形态教育的主导性，又要突出对现代精神的时代诉求，还要注重思想政治教育话语实践的反思与批判，强化对社会主义核心价值体系的建构和社会发展的深刻沉思。“意识形态功能的实现，往往是以话语体系为载体的，即通过特定的语言(具有特殊内涵的概念及其之间构成的逻辑关联)，对人们的生活经验和社会心理进行‘过滤’或‘反哺’”。[6]“形势与政策”课的话语体系，正是马克思主义理论宣传具有意识形态功能的具体体现。

（二）历史唯物主义的求实态度

“形势与政策”课的课程体系及其内容尽管多属于当前的国际国内形势与党

的理论创新成果，但必须在传授的过程中尊重历史，在揭示客观历史事实的基础上才能体现出其深度和厚度，并有助于揭示事物的本质。信仰建立在信任的基础上；而信任来源于对历史和现实的尊重。"历史虚无主义"或者随意编造、歪曲历史，损害的是人们的信任，进而危及信仰的基础。从内容上来说，"形势与政策"课主要是向青年大学生宣传党的最新理论成果、帮助学生认识当前国际国内政治经济形势。马克思主义理论具有继承性和历史性。对当前国际国内形势和新理论的宣传，不可避免地要继承马克思主义理论的精髓，并且要正视历史、承认历史，而不是割断历史，搞"历史虚无主义"。马克思在《黑格尔法哲学批判导言》中指出："批判的武器当然不能代替武器的批判，物质力量只能用物质力量来摧毁；但是理论一经掌握群众，也会变成物质力量。"[7]他还在《关于费尔巴哈的提纲》中指出，"哲学家们只是用不同的方式解释世界，而问题在于改变世界。"显然，改变世界的物质力量之一就是由理论掌握群众转化而来的。而使理论掌握群众则正是思想政治教育所要做和所能做的事情。因此，"形势与政策"课的目的是掌握群众，是使马克思主义理论掌握大学生并转化为改变世界的物质力量。而尊重历史的求实态度，正是取信于学生的本质要求。

（三）辩证唯物主义的方法论视角

信息时代在带给人们信息来源便利的同时，也导致当代大学生信息的多元化和多样性。对社会上出现的同一问题，站在不同的立场上、从不同的视角看待问题，必然得出或是片面，或是偏狭的认识结果；进而对党的方针政策以及党的奋斗目标产生怀疑，并危及到信仰。只有用辩证唯物主义的方法论去指导学生的认识实践，才能得出尽可能准确的认识。恩格斯说："世界的真正的统一性是在于它的物质性。"[8]物质是第一性的，意识是第二性的，意识是高度发展的物质——人脑的机能，是客观物质世界在人脑中的反映。辩证唯物主义认为物质世界是按照它本身所固有的规律运动、变化和发展的，"事物都是一分为二的"，它揭示了事物发展的根本原因在于事物内部的矛盾性。事物矛盾双方既统一又斗争，促使事物不断地由低级向高级发展。因此，事物的矛盾规律，即对立统一的规律，是物质世界运动、变化和发展的最根本的规律。国际形势同样如此，在有阶级的社会中，不同国家之间存在着既联系又有区别；既矛盾斗争，又相互利用的关系。关系的实质在于对利益的追求，没有永恒的朋友，只有永恒的利益。利益的变动,必将直接影响国别之间的关系变化,这是由各国之间的矛盾性决定的。通过对国际国内形势表象的认识,不断挖掘其背后的本质。揭示出在有阶级的世界中从来就不存在所谓的"普世价值"(社会主义核心价值观与西方的"普世价值"在理论基础、逻辑结构、特点性质以及实践结果方面都存在着显著的差别),对任何事物的认识站在不同的立场上,都存在着截然相反的视角与结果。不讲各国的制度差异,仅仅凭一厢情愿地向别国示好,未必能够换来对等的国际友谊。如在对反恐问题上,西方社会对恐怖分子的打击就是正义的,而我国对恐怖主义的打击就是民族问题,西方发达国家执行的是双重标准,是帝国霸权主义的逻辑。通过具体案例的深入剖析,让学生认识西方发达国家的霸权主义本质。

形势教育课的话语体系,必须体现思想政治理论课的本质要求。这是"形势与政策"课的地位所决定的。而话语体系的构建,要求形成规范性的教材话语范式,稳定而高素质的师资队伍,以及养成严肃认真的治学作风。这是构建话语体系的坚实基础。

三、构建形势政策课话语体系的相关要素

(一)形势政策课话语体系构建的原则

话语体系的形成要以具有话语范式的教材为载体。在形成"形势与政策"课教材的过程中,要准确体现话语体系的内在要求。伴随着国际国内形势的不断变化,党的路线方针政策也会不断做出相应的调整,这种变化反映了事物矛盾的基本变化规律。适应变化而形成的党的最新理论成果,需要得到准确和及时的反映。经济全球化时代,世界各国之间的关系随着形势的变化而不断变化,如何认识社会政治经济形势的变化,既需要有鲜明的立场,又要有辩证唯物主义的方法论原则。形势政策课话语体系的构建原则,是由"思想政治教育过程中各种内在的、本质的联系或关系决定的"[9]主要包括以下三方面关系:

第一,"形势与政策"课与经济基础和上层建筑的关系。中华人民共和国建国以来,先后经历了高度集中统一的计划经济,以及改革开放以来从计划经济向

社会主义市场经济过渡，直到社会主义市场经济体系初步建成几个大的历史阶段。在这几个历史阶段中，由于经济基础和上层建筑之间的关系发生了较大的变化，在制度经济学研究视域中堪称为“社会转型”。因此，在不同的社会发展阶段中对国内形势的宣传和解读，存在着较大的差异；特别是进入新世纪以来，中国加入 WTO，意味着中国进入经济全球化的国际大循环之中，国际政治经济形势对中国经济社会发展的影响，与中国国内的社会经济形势变化成为紧密联系的一个整体。正因为如此，形势政策课话语体系的构建，必须以经济基础与上层建筑的矛盾统一，作为分析框架的基础。在这个基础上发生的社会矛盾与变化，以及由此而做出的相应政策、由此而产生的党的创新理论，是社会存在决定的，是马克思辩证唯物主义认识论和实践论的有机体现，脱离开这个基础，形势政策宣传将缺少理论深度和现实解释力。

第二，“形势与政策”课与其他专业课之间的关系。“形势与政策”课是思想政治理论课的重要补充，其实际内容是塑魂育人；与其他专业课形成良好的组合，对于培养高素质的合格人才缺一不可。“形势与政策”课提供的唯物辩证法认识问题的方法论，有助于高校学生在其他专业学习课的学习过程中加深对问题的认识和理解。如社会科学的其他学科——政治学、经济学、社会学、教育学等。在经济基础决定上层建筑的基础上，社会各个不同系统之间存在着内在的必然的联系，每一个问题的出现都不是独立的，而国际国内社会经济形势的变迁，就为认识各种问题提供了前提条件。政治理论课塑造的是人的灵魂，其他专业课培育的是学生的知识和技能，只有两者相互融合，才能培养出符合社会经济发展需要的全面自由发展的合格人才。

第三，思想政治教育系统内部其他因素的关系。思想政治理论课是由四门主课和一门“形势与政策”课共同组成的。后者是前者的有益补充，并体现与时俱进的原则。不仅如此，“形势与政策”课中不断发展变化的国际国内形势，有助于同学们加深对马克思主义基本原理以及中国特色社会主义的深入理解；党的创新理论成果，能够为前四门主课提供新的研究思路，进一步深化马克思主义中国化的研究和探索；通过对国际国内社会经济形势的正确把握以及认识和理解，有助于让青年学生在新的形势下进一步坚定对中国特色社会主义的理想和信念，坚定走社会主义道路的信心和决心。

（二）“形势与政策”课话语体系构建的本质

“思想政治教育本质就是一种改造人的思想政治品德的精神生产实践活动”。[10]“形势与政策”课话语体系的建设，其目的在于有效地传播“形势与政策”课所蕴含的思想政治教育内涵。“马克思主义认为，人类社会生产包括物质生产、精神生产和人类自身生产三种基本形式。这三种生产形式相互作用、相互促进、相互影响。其中，精神生产是人们一定的物质生产方式的反映，它为物质生产和人类自身生产提供精神动力和智力、理论支持，既引导着物质生产的方向，又指导物质生产的组织和管理。思想政治教育作为社会科学中的一个学科，它的主要任务是塑造人的灵魂，提高人的品德，净化人的思想，建设人的精神家园，它在社会科学中起着核心和基础性的作用”。[11]列宁曾经指出，“俄国社会民主党人的社会主义工作，就是在工人中间宣传科学社会主义学说，使工人正确了解现代社会经济制度及其基础与发展，了解俄国社会各个阶级及其相互关系，了解这些阶级相互的斗争，了解工人阶级在这个斗争中的作用，了解工人阶级对于正在没落的阶级和正在发展的阶级、对于资本主义的过去和将来所应采取的态度，了解各国社会民主党和俄国工人阶级的历史任务”。列宁在这里提到的社会主义工作对于当时的情况来讲主要是宣传。而今天的社会主义工作虽然已经超出了宣传的范围，但是思想政治教育要做的和能够做的恰恰就是这个宣传。有鉴于此，我们认为，思想政治教育的本质是宣传，是向广大人民群众宣传马克思主义，使人民群众正确了解人类社会发展的规律，了解自己的历史任务和对于资本主义与社会主义所应采取的态度。[12]

（三）构建形势政策课话语体系要求严谨的学风

理论的彻底，源于严肃认真的学术研究；只有在“形势与政策”课话语体系的构建中坚守学术性，才能体现出理论的彻底性，从而为青年学生所掌握。“形势与政策”课要求具有时代感，这种时代感应当建立在马克思主义的社会实践基础上，而不能仅仅局限于对当前形势的一般现象解读，应当体现为在社会实践基础上对国际国内形势的高度的理论演绎与归纳总结，并伴随着凝练和提升。在信息化背景下，大数据为人们进行深入的科学研究提供了便利条件，使人们对国际国内形势的分析能够建立在科学的定量与定性分析基础上，并为深刻的理论分析提供数据支撑。在此基础上运用马克思主义的科学方法论，能够深入地揭示社会矛盾的本质属性，使同学们在了解国际国内形势的同时学会运用马克思主义的辩证唯物主义分析方法，去分析问题、认识问题、解决问题。但信息化也在一定意义上催生了学术研究的"快餐文化"。目前在社会科学研究的过程中，存在着大量借助于网络资源的照抄照搬，而不愿进行深入的研究和探讨。这种不求甚解的浮夸作风，难以实现理论的深刻性从而缺乏现实解释力和可信度。正因为如此，雅斯贝尔斯说："教育，不能没有虔敬之心，否则最多只是一种劝学的态度，对终极价值和绝对真理的虔敬是一切教育的本质，缺少对'绝对'的热情，人就不能生存，或者人就活得不像一个人，一切就变得没有意义。"[13] 因此，在"形势与政策"课的话语体系构建过程中，应该体现出严谨的治学精神和科学的研究方法和虔敬的研究态度，对培养学生的踏实、严谨学风起到良好的导向作用。

综上，"形势与政策"课话语体系的建设，是思想政治课话语体系建设的重要组成部分及内在要求。因此，要体现除"形势与政策"课与思想政治教育课话语体系的内在统一与本质属性。既要体现旗帜鲜明的意识形态导向，又要体现辩证唯物主义的方法论视角，更要体现历史唯物主义的求实精神；在话语体系建构的过程中，既要坚持思想政治课话语体系的一般原则，又要充分体现思想政治课话语体系的本质要求，更要具有严肃认真，实事求是的治学作风。

（上海大学　刘　铮）

参考文献

[1] [苏联] 巴赫金. 周边集[M]. 李辉凡，译. 石家庄：河北教育出版社，1998：6.

[2] [法] 米歇尔·福柯. 知识考古学[M]. 谢强，马月，译. 上海：上海三联出版社，1998：421.

[3] 马克思恩格斯选集(第1卷)[M]. 北京：人民出版社，1972.

[4] 余斌. 试论思想政治教育的目的、本质、原则与方法[J]. 中国高等教育，2011(7).

[5] 马克思恩格斯选集(第1卷)[M]. 北京：人民出版社，1972：32.

[6] 邹绍清. 论意识形态主导话语权的变革[J]. 马克思主义研究，2013(3).

[7] 马克思恩格斯选集(第1卷)[M]. 北京：人民出版社，1972：9.

[8] 马克思恩格斯选集(第3卷)[M]. 北京：人民出版社，1972：83.
[9] 郑永廷. 思想政治教育方法论[M]. 北京：高等教育出版社，2010：10.
[10] 邓艳葵. 对思想政治教育本质的认识[N]. 光明日报，2010 - 7 - 14.
[11] 邓艳葵. 对思想政治教育本质的认识[N]. 光明日报，2010 - 7 - 14.
[12] 余斌. 试论思想政治教育的目的、本质、原则与方法[J]. 中国高等教育，2011(7).
[13] [德] 雅斯贝尔斯. 什么是教育[M]. 邹进，译. 北京：生活·读书·新知三联书店，1991.

建构“形势与政策”话语体系的几点思考

话语是叙事内容的重要方式，是描述或摹写、再现人们实践活动的重要载体，也是建构人类思维方式和存在方式的重要力量。话语既是主体思维的呈现形式之一，又是建构主体思维的重要形式。因而话语说什么，如何说，即如何“以言行事”也就日益凸显在人类实践和社会交往之中，也直接影响国家的政治生活和哲学社会科学创新。

一、话语的规定性

何为话语(discourse)？话语是人类在实践活动过程中通过身体的发音器官发出来的表达人们思想观念、一定意义的符号系统，归属于言语范畴，从本质上说，话语是一种规定性活动。

话语直接从属于言语，而非语言。言语和语言不同，索绪尔对此作出区分，认为语言和言语活动不能混为一谈，语言“只是言语活动的一个确定的部分，而且当然是一个主要的部分。它既是言语机能的社会产物，又是社会集团为了使个人有可能行使这机能所采用的一整套必不可少的规约”。[1]语言是社会的产物，是言语行为中确定的部分，是作为言语活动的一种规范和约束。为此，索绪尔认为，“语言不是说话者的一种功能，它是个人被动地记录下来的产物；它从来不需要什么深思熟虑，思考也只是为了分类的活动才插进手来……相反，言语却是个人的意志和智能的行为，其中应该区别开：(1) 说话者赖以运用语言规则来表达他的个人思想的组合；(2) 使他有可能把这些组合表露出来的心理、物理机构”。[2]言语主要是通过语言的规范和规定来行事的意义系统，体现个人的主体性，彰显个体的主观意志和价值观念。一言以蔽之，“语言是惯例（conventions）的总汇，这种惯例为社会群体所接受，使所有个人的言语行动（language）机能得以畅通无阻，言语（parole）是个人运用自己的机能时的行为，他运用的手段是通过社会惯例，即语言”。[3]通过以上分析可以看出语言和言语的区别，尽管索绪尔的区分遭致一些质疑，但是，对把握言语确实有很大帮助。

把言语从语言中游离出来，为进一步探讨话语奠定基础。话语是属于言语范畴，是言语行为中重要组成部分，主要是体现主体在实践交往活动过程中所说的话，体现人的主体性，彰显人类学特性。话语作为言语的一部分，主要强调主体在交往活动过程中说什么，怎么说，以及说话的主导力、影响力问题。塞尔提出“如何以言行事”，认为言语具有以言表意行为、以言行事行为和以言取效行为[4]的功能，这对进一步理解话语具有重要价值，话语作为主体思想观念、意义的现实性表达，其目的在于表达一定的意义和意图，通过话语呈现主体的观点和看法，在这个基础上取得听众的认同和支持。诚然，不能机械简单地把话语和言语等同起来，言语中有很大一部分不属于话语，言语的范围更宽。当然，在看到它们区别的同时，更要看到它们之间的联系，话语从根本上说是受言语、语言所制约，话语的形成和发展仍然离不开一定的规定性，是一种规定性活动。

话语的规定性涉及几个方面：

一是话语作为一种描述性概念，是以规定为自身前提。话语描述总是离不开特定的规定，“任何描述都具有规范的性质。描述的意义和适用范围是相对于作为其前提的规定而言的。当描述涉及作为自身前提的规定时，会因达到该描述的边界而失去意义”。[5]话语描述总是以特定的规定为前提，超出一定的规范范围，话语描述也就失去意义。因而，话语的活动不是没有规定边界，相反，总是在一定边界范围内才有意义，才能达到“以言取效”的目的。这个规定可以分两个层面：一方面，话语受制于语言的规定，这样才有可能沟通，为社会上他人所理解和接受，因而语言规范对话语活动起到至关重要的规范性作用。语言的规范性主要涉及语言文字系统的规范如语音、语法等，以及语言生态系统的规范，如理性规范和习性规范即惯例（conventions）等。从日常语言的角度看，习性规范在话语活动过程中起到至关重要的作用。另一方面，话语受制于一定的场域，不同的场合对话语行为有着显性或者隐性的规定。毛泽东说，“到什么山上唱什么歌……我们无论做什么事都要看情形办理，文章和演说也是这样”。从这里可以看出，毛泽东深知语言场域的重要性，在什么样的场域下说什么，怎么说，都有内在的规定性。话语活动要遵循这种规定性，否则，在不合适的场合，不合适的地方说话，就难以取得效果，甚至导致矛盾和冲突。为此，把握话语的规定性至关重要。

二是话语活动的内在性规定。话语的内在规定性，主要指称话语活动不能直指自身，即话语在叙述话语自身。一般而言，作为一种意向性活动，话语指称主体如何描述、叙述外部对象，话语描述不能直指自身，以免造成悖论。“描述不能自我指称，或者说，一个描述的指称不能是该描述本身，描述所指不能是该描述活动及其结果”。[6]话语描述不能指称自身，表明主体的话语活动是一种对他人、他物的言语行动，不能走向对话语自身（过程）的描述活动。

以上这两个规定对建构话语及其话语体系提供了规范，当前在推动话语体系建设过程中，必须要遵循话语的规定性，不能陷入自身的悖论之中。“形势与政策”的话语体系建设也可以从这两个规定中获得重要启示，对进一步把握“形势与政策”的话语内涵及其体系建设具有重要意义。

二、“形势与政策”话语体系的内涵及其构成

从话语的规定性可以看出，不同的学科有不同的话语内容，不同的场域下话语有不同的内涵。在全面推进哲学社会科学话语体系构建的大形势下，研究“形势与政策”的话语体系首先要弄清楚何谓“形势与政策”话语体系，哪些话语可以纳入“形势与政策”的话语体系，哪些不能纳入，要有一个基本的规定和标准。

一般而言，“形势与政策”作为一门研究和宣传党的重大战略思想的重要课程，其话语显然有着特殊的内涵。如何界定“形势与政策”的话语内涵，笔者认为，所谓“形势与政策”话语，主要是指在以“形势与政策”内容的时代化为核心，站在新的历史起点，以描述、诠释、建构当前国际国内形势以及国家政策等内容所形成的一套话语，以及研究和传播党的重大战略思想所形式的一套话语。“形势与政策”话语的鲜明特征是时代性，体现时代特征，把握时代主旋律，体现时代新要求，具有即时性、迅捷性、动态性等特征。同时，“形势与政策”话语具有跨学科、跨领域特

性,涵盖政治、经济、文化、社会、生态等各个领域,因而具有现代复杂性特征,把握"形势与政策"话语内涵及其主要特征对进一步理解"形势与政策"话语体系具有重要意义。"形势与政策"话语体系是由"形势与政策"各领域的话语组成的有机系统,理解"形势与政策"话语体系可以从结构和内容两个层面进行把握:

1. 从结构上看,"形势与政策"话语体系由基础层面和动态层面的话语构成,体现"形势与政策"话语体系的"变"与"不变"的特征。所谓基础层面的话语体系,主要是关于"形势与政策"各个领域中相对稳定的、基本的话语。作为一门课程,"形势与政策"话语具有一些基本的、相对固定的话语形式和话语内容。诸如中国特色外交,就沉淀着新中国成立以来的几十年来外交实践中基本的话语形式和话语内容,有一套相对固定的东西,构成中国特色的外交话语形式;所谓动态层面的话语体系,主要是"形势与政策"根据国际国内形势的重大变化,呈现出具有时代特征、反映时代需求的话语形式和话语内容,不同的历史时期,"形势与政策"话语形式和话语内容有一定的差异性,体现动态性和时代性。

此外,"形势与政策"话语体系的结构还可以进一步作出区分:由内核层面和外围层面的话语构成,实则上是核心话语和非核心话语的区分。"形势与政策"话语体系必须要区分哪些话语是这门课核心的话语即内核层面上的话语,离开了这些话语,"形势与政策"的话语体系也就面临崩溃;哪些是非核心的话语,即外围层面上的话语,这些话语尽管不是"形势与政策"话语体系中的核心内容,但是,对"形势与政策"话语体系的构成和话语实践也具有重要价值。为此,如何总结和提炼"形势与政策"话语体系的核心话语也就成为我们当前亟待深入研究的重要议题。

当前,从我国"形势与政策"课程性质及其价值目标看,以弘扬主旋律、倡导正能量,引导正确价值观念的话语可以成为"形势与政策"话语体系的核心话语。中共中央文件《关于进一步加强高等学校学生形势与政策教育的通知》中明确指出:"当前和今后一个时期,要着重进行党的基本理论、基本路线、基本纲领和基本经验教育;进行我国改革开放和社会主义现代化建设的形势、任务和发展成就教育;进行党和国家重大方针政策、重大活动和重大改革措施教育;进行当前国际形势与国际关系的状况、发展趋势和我国的对外政策,世界重大事件及我国政府的原则立场教育;进行马克思主义形势观、政策观教育。"[7]从这个文件可以看出，中央对“形势与政策”教什么有明确的规定，“形势与政策”话语体系的核心部分应该以这些内容呈现的话语为内核。

2. 从内容上看，“形势与政策”话语体系是一个开放的体系，涉及政治、经济、文化、社会、生态、军事、外交等各个领域，是一个跨学科的话语体系。“形势与政策”话语体系的开放性和跨学科性使得“形势与政策”话语体系内容必然是广阔宽泛的话语系统。在这个情况下，“形势与政策”话语体系至少要关注以下几个方面的内容：一是政治性话语。意识形态是“形势与政策”的重要属性。“形势与政策”话语体系首先要重视政治性（意识形态）话语，具体来说，涉及意识形态话语、党的理论创新话语等，尤其是马克思主义中国化最新理论成果的话语形式和话语内容等。为此，政治性话语是“形势与政策”话语体系的重要组成部分，在整个话语体系中起主导地位。二是文件话语。所谓文件话语，文件是独立的文体，主要是解决国家工作的纲领性指南，其话语体例不同于其他领域的话语。如何了解和把握党和国家出台的一系列重要文件的话语，及其话语变迁对推动“形势与政策”话语体系建设至关重要。毋庸置疑，“形势与政策”的重要任务是解读和宣传党和国家的重要文件，把党和国家的文件已经形成一套比较成熟的话语系统如何转化，如何解读文件精神，将是解决“形势与政策”话语体系建设的重要任务。因此，“形势与政策”话语体系既来源于文件话语，需要吸纳文件话语的理念、内容和思想，又要转化文件话语，把文件式的话语转化为“形势与政策”话语形式，只有这样才能建构“形势与政策”话语体系。三是学术性、思想性话语。“形势与政策”要处理好政治与学术之间的话语张力，“形势与政策”离不开学术性，即要有思想，它不是简单的机械宣传机器。追求思想性、学术性是“形势与政策”必须要考量的，“语言是思想的直接现实”。思想性、学术性的话语有其特殊性，必须引起重视。进言之，要从政治、经济、文化、社会、生态等领域的学术话语汲取营养，但又不能生搬硬套地把学术话语用到“形势与政策”课程中来。为此，如何叙述学术思想，如何概括学术话语，对学术话语的反思和加工，形成“形势与政策”课程的话语，这是一个十分艰巨的任务。四是其他宣传性、实践性的话语。“形势与政策”需要直面现实，直面学生问题，直面学生的生活世界，这就需要研究现实生活中的话语形式。生活之树是长青的，在网络化时代，人们的生活世界中不断形成一系列的话语形式，在学生的日常生活中也逐渐形成能够体现这个时代特点的话语，这些都是"形势与政策"话语体系的重要内容，等等。这些都是"形势与政策"话语体系建设的重要内容，在这个基础之上，如何进一步整合、提炼、打磨，创造性地提出"形势与政策"话语体系，将是话语体系建设的必由之路。

三、"形势与政策"话语建设关键在于掌握话语权

马克思感慨，"话语中充满神秘的力量"[8]，这种神秘的力量其实就是话语权力。话语蕴含权力，话语的形成和表达又受到权力的制约，因而，谈话语必然要触及话语权的问题。马克思非常重视话语的权力问题，在《歌之书》提到："话语是偷盗灵魂的卑鄙窃贼，它狡猾阴险地尽情嘲弄我们，昔日它是渣滓，被人们遗忘，如今它却成了宝贝，熠熠发光。"[9]这里马克思把话语形象地比喻为"窃贼"，深深地透露出话语的权力及其控制力问题。马克思深刻地揭示了话语的权力问题，事实上，当今世界，话语权是国家与国家之间较量的重要力量。在全球化时代，话语权也是国家在国际地位的软实力，是解决国际国内问题的软实力。罗宾・洛克夫(Robin Tolmach Lakoff)认为，"20 世纪末的权力与地位之争是对话语权力的争夺，语言控制权实际上是一切权力的核心基础"。[10]话语的控制力关乎大局，谁掌握了话语权，把握大局的主动性和主导性，谁就拥有话语的控制权，就能在国际事务较量中占主导地位。为此，我们谈话语体系，核心在于话语权，在于话语的控制权，"形势与政策"话语体系建设也要关注话语权问题。

党的十八大以来，中央非常重视基于中国实践的话语体系创新，重视如何用中国的话语来叙述好中国的故事，讲好中国的历史与现实，并强调要牢牢掌握话语权问题。2013 年 8 月，习近平在全国宣传思想工作会议上发表重要讲话从两个方面强调话语问题：一是如何掌握意识形态的话语权问题，他说："我们必须把意识形态工作的领导权、管理权、话语权牢牢掌握在手中，任何时候都不能旁落，否则就要犯无可挽回的历史性错误。"[11]二是如何建构中国的话语体系问题，他说："要精心做好对外宣传工作，创新对外宣传方式，打造融通中外的新概念、新范畴、新表述，讲好中国故事，传播好中国声音。"[12]推进党的最新理论成果传播、透析国际国内的各种复杂形势，必须要在话语方式上不断创新。"形势与政策"课作为直接研究和宣传党的最新理论成果和国家最新形势的重要课程

之一,如何推动话语体系建设,将直接影响到课堂教学的效果,因而,具有重要意义和价值。然而,推动"形势与政策"话语体系建设,最关键的一点在于掌握话语权,话语的控制权。"形势与政策"话语体系的话语权,说到底,就是"形势与政策"在教学活动过程中说话的权利,引领各种话语交流的权力等。

进言之,"形势与政策"话语权指称几个方面:

一是"形势与政策"内容解释的话语主导权。内容是根本,决定课堂教学的成败,好的内容需要好的形式来呈现,需要具有解释力、说服力的话语来表达。"形势与政策"的话语权主要是解决在课堂教育活动过程中掌握描述和解释"形势与政策"基本内容的话语主导地位。具体来说,在"形势与政策"教育活动中掌握解释"基本理论、基本路线、基本纲领和基本经验"等方面具有话语层面上的主导权;掌握解释"党和国家重大方针政策、重大活动和重大改革措施"的解释权、主导权;掌握"国际形势与国际关系的状况、发展趋势和我国的对外政策"的话语主导权;掌握对中央文件解释的主导权等。"形势与政策"话语权,归根结底在于话语解释力、说服力的问题,在课堂教学活动中话语解释能否令人信服,思想的魅力是否能够感染人、熏陶人、说服人,将决定"形势与政策"课堂教学的成效。

二是"形势与政策"课堂教学活动的话语权。在主体间性环境下,"形势与政策"的教学活动是教师主体与学生主体平等对话的活动,是在教学内容信息对称情况下的,甚至是非对称(学生掌握的信息比教师前沿)情况下的课堂交流活动。它就涉及"形势与政策"教学活动教师如何与学生对话的问题,并在与学生对话的过程中掌握话语主导权。长期以来,在"形势与政策"课教学活动过程中形成两种现象:所谓"信息对称",即教师和学生都能掌握教学内容,及时看到党的最新理论成果和相关文件精神,师生之间掌握的信息是对称的;所谓"信息不对称",即学生掌握的相关资讯、各种即时性信息比授课教师还要前沿、超前(从传统的教师掌握信息量大逐渐转变为学生掌握的信息量大,这个转变给教师掌握话语权带来极大的挑战)。随着信息技术的发展,使学生掌握国内外最新信息具有可靠的技术基础,在这种情况下,教师如何掌握话语权,也就面临新的挑战。由此,重视课堂教学的话语权,不在于控制学生、控制课堂,而在与学生交流中起到引领作用,增强话语的引领力、吸引力。

三是应对校园各种社会思潮上的引导权。社会思潮涌入校园,影响大学生的思想观念，为开拓学生视野、增强大学生各种观念认识提供基础。但是，各种社会思潮在一定意义上也成为高校安全的重要因素，如何把社会思潮引向有利于大学生全面发展的轨道上来，将是“形势与政策”教学的面临的挑战之一。“形势与政策”话语权建设，在一定程度上与社会思潮密切相关，如何应对各种形形色色的社会思潮，这就需要掌握校园多元文化思潮的话语权。在校园思想文化领域的争论，包括“形势与政策”在内的思想政治理论课不能缺场，这就需要建构话语体系，并拥有自身说话的权利。进言之，“形势与政策”话语如何在与校园多种社会思潮的话语进程沟通对话，对重大现实问题展开有力的解释，掌握一定的话语权，避免在校园多种社会思潮争论中“集体失语”。

此外，“形势与政策”话语权还涉及在学生思想引领上的发言权，在日常生活中帮助学生分析问题、解决问题的过程中要有引领权；涉及“形势与政策”与其他课程对话中保留自身说话的权利，存在更高层面上的引领权，从而使“形势与政策”的教学不仅覆盖学生，还在校园的各学科之间、课程之间具有一定的影响力，话语力和吸引力，凸显马克思主义理论的学科优势。把握话语权对推动“形势与政策”话语体系建设奠定坚实基础。

四、“形势与政策”话语体系构建的基本思路

“形势与政策”建设必须要避免“他们无法表述自己，他们必须被别人表述”[13]的现象，包括“形势与政策”在内的思想政治理论课必须、而且应当要自己表达自己，不能被别人表达，这就对构建“形势与政策”话语体系提出现实要求。为此，可以从以下几个方面：

第一，积极建构课程核心话语，建好课程话语体系内核。

“形势与政策”话语体系建设，要进一步厘清课程特性，建好课程话语体系内核。“打铁还需自身硬”，“形势与政策”话语体系建设必须要建构课程的核心话语，搞清楚哪些话语是这门课的核心话语，稳固的话语等。要积极建构符合这门课特点的核心话语，建立稳固的话语基石。在这个基础上，不断拓展“形势与政策”的话语内容，积极汲取其他学科、其他课程的话语形式和话语内容，实施话语转译，创造性地推动“形势与政策”混合式话语体系建设。

第二，积极构建“形势与政策”话语体系的两个链接点。

“形势与政策”话语体系建设要着力解决话语转化的问题，要积极寻找话语转化的连接点，不断拓展话语转化的链条，增强话语的解释力和创造性。具体来说，可以从两个方面入手：一方面，要积极梳理马克思主义中国化最新成果的话语形态和类型，积极提炼和转化各种话语形式，探寻课程话语与内容话语转化的连接点。“形势与政策”课程说什么、怎么说，深层次受制于话语的形态和类型，积极建构课程话语的双重维度，找到话语转换的衔接点；另一方面，积极建构“形势与政策”课程话语体系要着力解决文件话语的形式化转换问题，找到文件话语转向课堂话语转换的连接点，这一点也非常关键。

第三，“形势与政策”话语体系建设要善于汲取学生日常生活化的话语形态和话语类型，不断为课程话语体系创新注入新的活力。

日常生活是人们存在的最重要载体，人们的话语形成和发展的重要场域，在日常生活中逐渐形成生活化的话语形态和类型是“形势与政策”话语体系建设的重要构成性资源。推进“形势与政策”话语体系构建，要从学生的现实世界出发，“我们的出发点是从事实际活动的人，而且从他们的现实生活过程中还可以描绘出这一生活过程在意识形态上的反射和反响的发展”。[14]从现实的人出发，最重要是从学生的现实出发，从学生的日常生活、学习实践中出发，推动“形势与政策”话语体系建设。学生是“形势与政策”课的最大主体，主体性话语彰显如何在很大程度上影响教学效果。能否掌握学生日常生活话语，在一定意义上说，决定课堂教学活动中教师的话语与学生的话语是否能在一个“频道”上，如果他们之间的对话不在一个频道上，那么“形势与政策”再高大上的内容也难以发挥理论的魅力。因此，在教学过程中实现与学生对话，了解和掌握学生日常生活中的话语也就显得十分重要。诚然，在了解学生日常生活的话语之后也有一个话语引导和批判的过程，事实上，学生日常生活所用的话语并非都是合适进入课堂，甚至存在很大的碎片化、反现实性等特征，如何通过在一个话语频道上对话，在解决学生现实问题和困惑的过程中，在话语上进行引导和批判。这是一个双向的互动过程，形成一个螺旋式上升的解释学循环。

第四，积极构建以马克思主义为主导的“形势与政策”话语体系。

“形势与政策”话语体系建设要以坚持马克思主义为指导，才能真正拥有话语权。“形势与政策”话语建设一方面要坚持马克思主义的基本立场、基本观点、基本方法，贯穿马克思主义的形势观、政策观，这是基石。“形势与政策”作为思想政治理论课的一部分，具有鲜明的意识形态属性，坚持马克思主义在意识形态领域的主导地位，其话语形式和内容也必须坚持马克思主义的基本立场和基本观点；另一方面，要充分汲取马克思主义经典作家的话语营养，分析马克思主义经典作家如何叙述问题、分析问题，找到他们表达思想的话语形式，为推动“形势与政策”话语体系建设提供涵养。通过对马克思主义经典作家的文本论述风格、话语艺术等方面的分析，从中汲取营养。这是推动“形势与政策”话语掌握群众的重要资源，只有这样才能牢牢掌握“形势与政策”话语体系的话语权，才能真正为学生服务，引领大学生健康成长。

（上海大学　邱仁富）

参考文献

[1] [瑞士] 索绪尔. 普通语言学教程[M]. 高名凯，译. 北京：商务印书馆，2008：30.
[2] [瑞士] 索绪尔. 普通语言学教程[M]. 高名凯，译. 北京：商务印书馆，2008：35.
[3] 许国璋. 索绪尔研究在中国[M]. 北京：商务印书馆，2005：89.
[4] J. Austin. How to Do Things with Words[M]. Oxford: Oxford University Press, 1962：99.
[5] 王天思. 描述和规定[J]. 中国社会科学，2004(3).
[6] 王天思. 论描述的性质及其规则——兼及悖论产生的描述根源[J]. 哲学研究，2007(8).
[7] 中共中央宣传部 教育部. 关于进一步加强高等学校学生形势与政策教育的通知[N]. 教政社[2004]13号.
[8] 马克思恩格斯全集(第1卷)[M]. 北京：人民出版社，1995：894.
[9] 马克思恩格斯全集(第1卷)[M]. 北京：人民出版社，1995：632.
[10] [美] 罗宾·洛克夫. 语言的战争[M]. 刘丰海，译. 北京：新华出版社，2002：2.
[11] 习近平. 意识形态工作是党的一项极端重要的工作[EB/OL]. 新华网，2013-08-20.
[12] 习近平. 意识形态工作是党的一项极端重要的工作[EB/OL]. 新华网，2013-08-20.
[13] [美] 萨义德. 东方学[M]. 王宇根，译. 北京：三联书店，1999：1.
[14] 马克思恩格斯文集(第1卷)[M]. 北京：人民出版社，2009：525.

论“形势与政策”课话语体系的基本要素、特征及构建方法

话语体系是通过一系列语言符号的方式，有效地传播，共享信息和意义，引导人们发挥确定行为的价值体系和行为的行动准则。不同领域的话语体系具有不同的特色和内容。话语体系的本质特征和现实的状况决定了其在不同的学科有不同的特性。不同的学科，不同的课程都拥有自己独特的话语体系。

在五门高校思想政治理论课中，“形势与政策”课有着自己的特殊性，它的实效性最强，内容始终是紧密结合国内外发生的重要事件、重大问题和大学生关心的社会现实问题，目的是帮助大学生正确判断国内外政治经济形势，传达中央立场态度和政策措施，引导大学生正确、全面、理性、冷静看待问题。相对于其他四门较为稳定的课程，“形势与政策”课无论在教学内容上，还是在教学涵盖面上、教学方法上都有着自己的特色，需要教师具有更为扎实的理论基础，同时必须在深入研究教学内容的基础上，及时把握新时期大学生思想心理特征和接受意趣，努力实现将浩如烟海的形势信息和艰涩难懂的党的政策文件语言向生动贴切、学生能接受的教师课堂话语体系转换，构建出符合本门课程要求的语言体系，才能真正把“形势与政策”课变成大学生真心喜爱、终身受益的课程。

一、“形势与政策”课话语体系的构成要素

“形势与政策”课话语体系的构成要素是指影响课程教学及其效果的因素。把握“形势与政策”课话语体系的构成要素可以进一步认识其话语体系的特征。“形势与政策”课话语体系的构成，主要包括以下因素：第一，要有“形势与政策”

课话语体系的构建主体，即说明由谁来进行构建的问题。第二，要有"形势与政策"课话语体系的构建客体，即说明话语体系构建的对象是谁。第三，要有"形势与政策"课话语体系构建的目的，即为何而进行的问题。第四，要有"形势与政策"课话语体系构建的环境，即在什么样的客观环境和条件下进行。"形势与政策"课话语体系的构建作为一个动态过程，它包括了话语体系构建的主体、客体、目的和环境四大基本要素，它们共同构成了"形势与政策"课话语体系的框架。

"形势与政策"课话语体系构建的主体是指从事"形势与政策"教育工作的人员组合，包含"形势与政策"课教师队伍、思想政治教育的管理队伍、研究队伍及其他兼职从事"形势与政策"课的工作者，前三者是决定"形势与政策"课教学水平和实效性的关键力量。作为构建主体，他们在教学实践中起主导作用，表现为对其本身的管理、控制、实施和研究，使其能够按主体的要求和目标进行创新发展。"形势与政策"课教学实效性的体现，在很大程度上取决于构建主体的水平及素质。

"形势与政策"课话语体系的构建客体即其内容。思想政治教育理论认为思想政治教育的话语体系应包括文本话语、理论话语和实践话语三个方面，这一理论分析也构成了"形势与政策"话语体系内容的基本组成和分类。

"形势与政策"课话语体系的文本话语主要是指"形势与政策"的实体文本话语和虚拟文本话语。它包含"形势与政策"教材话语、教辅读物、宣传书籍话语、报刊杂志和网络文本等的话语。"形势与政策"课的理论话语是指其依附学科本身存在的理论在与课程进行有机结合时形成的话语。它是在学术研究的理论基础上，通过描述、洽释和阐述对学科的基本理论问题形成的研究话语，是一种理论性的学术话语。它是"形势与政策"实践话语的先导，是对"形势与政策"实践话语的理论提升。"形势与政策"课的实践话语是指构建主体在工作实践中所运用的话语，可以划分为管理话语、工作话语和教学话语等。

任何行为都具有一定的目的性，都是一种有意识、有目的的活动。"形势与政策"课话语体系构建的目的是构建主体努力的方向和教学实践要达成的效果，贯穿于课程学习的全过程，渗透于各项具体教学活动之中，也是衡量教学活动是否合理、有效的标志和尺度。这决定了"形势与政策"课话语体系的构建在课程建设中处于核心地位。这一目的性可以从两个层次来理解：一方面，"形势与政策”课话语体系的构建是课程建设的前提;另一方面,“形势与政策”课话语体系又是整个教学过程的出发点和实现教学实效性的归宿,规定了话语体系的应有的内容及其发展方向,引导着这个话语体系的构建。

在“形势与政策”课话语体系的构建中,环境也间接地影响着其话语体系的构建过程。话语体系的构建,除了表现为主体、客体和目的三个基本要素相互作用的过程之外,还处在一个客观环境之中,与外界发生着输出和输入的交流。“形势与政策”课话语体系的构建是一个对环境的动态适应过程。在一定程度上,“形势与政策”课话语体系构建的环境是阻碍或促进话语体系创新发展的重要因素之一。和谐健康的创新环境可以实现主客体间的良性交往,开阔主客体的思维和话语原性,推动话语体系的构建和发展。

二、“形势与政策”课话语体系的特征

“形势与政策”课作为思想政治理论课,它的话语体系既有与其他社会科学类课程一样的共性,又具有自己独特的特点。“形势与政策”课话语体系构建的特点是其所具有的区别于其他话语体系的特殊的、质的规定性。

(1) 政治性。“形势与政策”是对大学生开展思想政治教育的课程,“思想政治教育是为完成党的政治思想任务服务的,它的最终目的是宣传、动员、组织人民群众,团结一致去实现党在各个时期的历史任务”。[1]“形势与政策”课话语体系依附于思想政治教育学科而存在,是学科中的话语体系,它也是马克思主义理论的话语形态。所以,“形势与政策”课话语体系具有一般非意识形态话语体系特征的同时,又有意识形态话语体系的政治性特征。

“形势与政策”课话语体系构建中的政治性体现在,必须始终坚持马克思主义理论的话语体系作为主导。在改革开放、发展社会主义市场经济的新形势下,其政治性,就是坚持社会主义意识形态在思想政治教育工作中的主导地位,创新马列主义、毛泽东思想和中国特色社会主义理论体系的话语体系,实现马克思主义的大众化、中国化、现代化,确保马克思主义在全部话语体系中起引领作用。

(2) 客观性。话语体系作为人主观创造而又因为某种关系原则而构成的有机整体,是人们主观能动性的认识和实践的产物。“形势与政策”课话语体系一

方面是主观施教者的产物，但是它又离不开具体的环境，反映的是当前的国内国际局势和动态，是一种复杂的、复合的社会事务。因此它不仅具有主观性，而且具有客观性。

“形势与政策”课话语体系的客观性也来自话语的载体的客观性。任何话语体系的构建都必须借助于一定的物质形式来保障它的显现和顺利地开展活动，这个载体的物质形式是客观的，而不是主观臆造的，因此它在一定程度上也决定了“形势与政策”课话语体系的客观性。例如，“形势与政策”课网络媒体话语体系是“形势与政策”课话语体系的重要组成部分，它的建立首先应该有客观的物质基础和技术条件的支撑，否则这些形式都将不复存在，然后在根据客观存在的网络虚拟社会进行研究、改造，进而才能形成其话语体系。

(3) 层次性。从“形势与政策”课话语体系的构成要素来看，由于“形势与政策”课话语体系各要素的相对独立性、能动性，必然导致其话语体系发展的不平衡性。从构成要素说，“形势与政策”课话语体系的构建包括主体、客体、目的和环境等四个层次结构。从构建内容说，“形势与政策”课话语体系构建的内容包括理论话语、实践话语、文本话语三个层次，且实践话语不仅可以划分为管理话语、工作话语和教学话语等，而且还可以划分为微观话语体系和宏观话语体系两大层次。因此，“形势与政策”课话语体系的构建必然是从重点突破到一般变革，由浅入深、由小到大、有主到次、由远到近、由旧到新地分层次、分阶段、井然有序地进行。

(4) 综合性。“形势与政策”教育涵盖了国际国内各种重大事件，涵盖了中国特色社会主义的政治、经济、文化、社会和生态文明建设，是一个包容面极广的课程，这就决定了“形势与政策”课话语体系构建的综合性。同时，“思想政治教育目标内在规定的丰富性以及对教育对象素质发展的多方面教育的需要，决定了思想政治教育的具体内容也是全面的、广泛的”[2]。因此，不论从课程内容还是从思想政治教育的要求来讲，“形势与政策”课话语体系都呈现出综合性的特点。

三、“形势与政策”课话语体系的构建方法

“形势与政策”课话语体系的构建，要以主体创新能力作为先导，以内容的创新作为核心，并通过方法的改革以及优化话语传播系统，最终实现其育人功能。

首先，把提升主体能力作为"形势与政策"课话语体系构建的先导。

"形势与政策"课的施教主体要顺应时代的发展，结合教育对象的发展需求，与时俱进地进行话语的创新；能根据社会环境的新特点和思想政治教育的新气息，不断利用新型的大众传播媒介，创新话语体系的载体和内容。在这一过程中，教育的主体要努力培养创新性思维，应通过思维活动不断察觉和把握问题，了解其话语体系存在的弊端与发展的趋势。然后，通过对这些弊端与趋势的了解和把握，采取一定的方式进行改变，最终达到"形势与政策"课话语体系的目标状态，并在这一过程中，逐步摸索出一套符合"形势与政策"课教学特点的话语体系。

"形势与政策"课话语体系所具有的综合性特点也要求构建主体必须不断提升自己的能力。丰富的课程内容和极强的实时性，要求施教者必须要加强自身的理论学习和实践学习，掌握丰厚的知识，同时还应该向别人学习（既包括思想政治教育的同行成员也包括外界的职业、环境、人员等），不断扩大理解和知识视野。"形势与政策"课话语体系的构建主体还要掌握不同话语体系的转换，能够自如实现马克思主义理论体系下的知识、话语与各专业领域话语系统的融合。

其次，把内容创新作为"形势与政策"课话语体系构建的核心。

"形势与政策"课内容是思想政治理论课里最具灵活性的部分，除了基本主题之外，其教学内容随时根据形势的发展变化而调整，尤其对重大突发事件的宣讲解读，是任何其他课程都无法取代的。

在"形势与政策"课话语体系的构建中要紧紧围绕课程内容这个核心展开，实现文本话语、实践话语和理论话语的有机结合。"形势与政策"课的文本话语，主要指教育部印发的教学纲要、各级各类学校发行的课程教材等。对于这些文本，教师要吃深吃透，应按照授课对象的不同层次设定教材话语，在遵循大纲的基础上，通过巧妙设计，删减繁难陈旧的内容，处理好学术性、理论性、知识性之间的关系，增加含有时代精神的话语、用与学生实际生活相接近的元素和内容，体现思想性、教育性。"形势与政策"课实践话语的构建，就是对于学术性、严肃性、复杂化的内容，尽量通俗化、纯朴化和简单化。构建主体即施教者在教学中，要从传统注重单一"灌输"、"说教"的乏味循环之中脱离出来，形成一个领会灌输、实践灌输的潜移默化的循环。"形势与政策"课理论话语的构建，就是要把思想政治教育的最新理论应用到“形势与政策”课教学实践中，把思想政治教育的话语体系贯穿于课程的全过程。思想政治教育的理论在不断发展，日益体现出学科交叉融合的趋势，在“形势与政策”课话语体系中，要积极应用这些新的理论成果，在结合自身特点的基础上，形成一套符合“形势与政策”课教学实际的理论话语。

再次，把方法创新作为“形势与政策”课话语体系构建的抓手。

方法是人进行创新活动的手段，方法本身又称为创新的对象。方法创新是“形势与政策”课话语体系构建的重要抓手，也是衡量“形势与政策”课话语体系发展水平的一个重要尺度。

在话语体系的构建中，一是要借鉴国外先进的教育经验和方法，吸收他们生活化的语言和潜移默化的表现方式；吸收他们隐性的话语内容和话语体系，如生命教育、公民教育、意识形态教育等的积极内容。从中去粗取精，为“形势与政策”课话语体系的构建提供积极、有益的经验。

二是“形势与政策”课话语体系的构建应该吸收各个学科的最新成果，包括马克思主义理论、中共党史等政治学科的最新成果，也应吸收语言学、管理学、社会学、教育学、心理学、伦理学、传播学等人文社会学科的最新成果，还有对其他现代科学发展成果的兼并和吸收。寻找不同学科与“形势与政策”课契合点，努力用“形势与政策”课话语体系来进行阐释和运用，使其从原来学科中剥离出来而成为“形势与政策”课话语体系的组成部分。

最后，把优化话语传播系统作为“形势与政策”话语体系构建的关键环节。

话语体系实现空间、时间、形态上的转化，需要中介性的传播与扩散环节。这些环节包括话语交流的信息网络、传播的教育机构和扩散的主体组织等。不断优化“形势与政策”课话语体系的传播系统，是其话语体系构建的关键环节。

一是要构建合理的话语传播网络。网络时代“形势与政策”课话语体系的构建和传播，其内容来源是多方位的，传播渠道是多途径的，是开放性的传播。受教育者可以在丰富的信息源中，选择对自己有效的实用知识。这不仅依赖于话语网络的硬件建设，也依赖于调节话语体系运行规则的软件建设。二是要提升话语信息转换的敏捷性。在构建“形势与政策”课话语体系的过程中，要采集大量的思想政治教育知识信息作为话语体系的支撑，在这个基础上构建主体要有效而敏捷地将这些信息材料加工为"形势与政策"课话语体系。三是要形成及时有效的话语反馈机制，它调节着各个环节的发展与演进。"形势与政策"课话语体系的创新并不存在单纯的认识阶段或实践阶段，任一时刻发生的信息反馈都是认识与实践同时进行的，推进着创新的逐步成型。通过反馈可以检验出"形势与政策"话语传出的知识信息的效果，可以了解受教育者的话语兴趣点和需求点，为新的话语创新提供依据。

总之，一个新的领域的产生、发展、完善必定是一个由低级向高级不断发展的创新过程。"形势与政策"课话语体系的发展也是这样的一个过程，需要我们在不断地实践过程中不断地去寻求构建它的最优路径，实现它的最终目标。

（大连理工大学　屈　宏　姜秉权）

参考文献

[1] 祖嘉合. 思想政治教育方法教程[M]. 北京：北京大学出版社，2004：12.

[2] 教育部社会科学研究与思想政治工作司. 思想政治教育学原理[M]. 北京：高等教育出版社，1999：193.

试析高校“形势与政策”课的话语权与必要性①

“形势与政策”的教育是高等学校学生思想政治教育的重要内容。“形势与政策”课是高校思想政治理论课的重要组成部分，是对学生进行“形势与政策”教育的主渠道、主阵地，是每个学生的必修课程，在大学生思想政治教育中担负着重要使命，具有不可替代的重要作用。

要根据新世纪新阶段面临的新情况新问题，加强“形势与政策”教育教学的针对性。当前和今后一个时期，要着重进行党的基本理论、基本路线、基本纲领和基本经验教育；进行我国改革开放和社会主义现代化建设的形势、任务和发展成就教育；进行党和国家重大方针政策、重大活动和重大改革措施教育；进行当前国际形势与国际关系的状况、发展趋势和我国的对外政策，世界重大事件及我国政府的原则立场教育；进行马克思主义形势观、政策观教育。

一、“形势与政策”课程的教学现状与目标

自 1987 年国家教委决定在大学生思想政治教育课程中设置“形势与政策”必修课以来，高等学校普遍将“形势与政策”课列入教学计划，以开设常规性课程或者进行专题讲座等形式进行教学，对大学生正确认识国情，正确理解党的路线、方针和政策，提高爱国主义和社会主义觉悟等方面发挥了重要的、积极的作

---

① 基金项目：2014 年度河北省高等学校人文社会科学研究项目“‘形势与政策’课程教学内容与模式创新研究”（课题编号：SZ141110）；河北省高等教育学会 2015 年度高等教育科学研究课题“高校‘形势与政策’课教学模式创新的理论和实证研究”（项目编号：GJXH2015－90）。

用，取得了不可低估的成绩。但是，从总体上看，这门课程的建设和发展还不够平衡，教学管理不够规范的问题比较突出。

在知识经济时代，对人才的衡量标准，不仅要看一个人的智力与知识水平，更重要的是要考核其德育及修养的表现。“德”的标准是很宽泛而实在的。但真正配称为人才的，至少首先是一个合格的公民，必须遵守国家法律，履行基本的社会道德。宋朝司马光在总结前人做人经验的基础上，曾特别强调了“道德足以尊主，智能足以庇民”的人才判断标准；“五四”爱国主义运动时期，青年学生们纷纷以“救国、救民”作为自己的最崇高的使命。如今爱国的表现已不再是救国于危亡、救民于水火，而是如何让伟大的祖国更加繁荣、更加富强。[1]在当下这个科技创新日新月异的时代，生产力对科学技术的依赖越来越达到前所未有的程度。同时，随着经济全球化进程的不断加深，国家间的较量日益转向科技创新能力的制衡，一个国家的技术单凭模仿、引进已不能保证经济的真正优势，作为新世纪的大学生，理应担负起振兴祖国科技事业的历史重任，努力使伟大的祖国尽早地屹立于世界强盛民族之林。而作为一名高校的思政教师，有责任更有义务积极引导这些大学生，既要分析社会主义制度的优越性和改革的成功之处，又要讲清中国人口多、底子薄的基本国情及存在的种种困难和问题，激发大学生努力学习科学文化知识、实现美丽富强民主和谐中国梦的决心。

二、“形势与政策”课程的时代使命

明白了新时期大学生的对于社会发展的重要作用之后，作为思政教师，还必须认清大学生的社会责任和历史使命。主要是因为：（一）这是大学生健康成长所要求的。大学生只有认清了自己的责任与使命，才能够明确自己的奋斗目标，树立高远的人生理想，才能促进他们更快更好地成长。（二）这是祖国和人民群众所要求的。作为年轻一代的重要组成部分，受过现代化的教育，他们的素质如何，受到祖国和人民群众的热切关心。每一个希望中国的未来更加美好的人都希望我们的接班人具有相当的社会责任感和历史使命感。他们都希望我们大学生有上佳的表现。（三）这是时代所要求的。20 世纪四五十年代以来，随着新科技革命的蓬勃，广泛和深入的发展。各国间的以科技竞争为核心的综合国力的竞争日益白炽化。而综合国力，科技的竞争归根到底都是人才的竞争。大学生作为现代人才的主体收到的重视程度空前提高。各国纷纷推出一系列的培养人才和招揽人才的政策、方案。而我国要想在这轮竞争中胜出，除了推出一系列的优惠政策外，还必须加强他们的教育工作，提高他们的思想政治素质，充分发掘他们建设社会主义，实现中华民族伟大复兴的激情。所以说，认清大学生的社会责任与历史使命实为大局所趋，形势所迫，不能有半点含糊。

进入 21 世纪，中国周边地区形势发生着深刻而复杂的变化。有利因素和不利因素的存在与发展使周边地区形势呈现出总体稳定与局部动荡并存的局面。与此同时，周边安全环境在地缘方向上存在较大的差异性，表现为“陆稳海动、陆缓海紧”和“北稳、南和、东紧、西动”的不同态势。在外部因素中，美国则成为影响中国周边安全环境的最主要因素。今天的中国，正处于近两百年来最好的发展时期，能否抓住这个机会，很大程度上有赖于周边的国际形势。从中国与周边国家的关系看，存在着一些潜在的和现实的矛盾和冲突。中俄关系政治上趋向成熟，但却缺乏相应的经济内容，其实质，不过是弱者之间的结盟，一旦其中一方崛起，或双方同时崛起，必将引发新的角逐和竞争；朝鲜半岛存在着一系列不确定因素和不稳定因素，中国支持朝鲜半岛的南北对话与和平统一进程，努力发展与半岛南北双方的关系，但与此同时，怎样维持朝鲜半岛的无核化地位，确保东北亚地区战略力量的平衡，防止美、日、韩三角军事联盟对我国安全利益的威胁，则是严峻的现实；中日之间存在着历史问题和台湾问题，还存在着钓鱼岛及东海大陆架的争端，面对日本国内政局发展的右倾化和日益抬头的军国主义扩张势力，我们对此绝不可以掉以轻心；南海问题面临六国七方之争，国际化趋势进一步发展，而美国等西方势力的介入使南海问题的解决日趋复杂，已成为一个现实的热点。从以上对中国周边地区形势分析可以看来，中国的周边政治格局总体态势良好，局部地区比较动荡。[2]我们只有与周边和睦相处，才能共同繁荣发展，只有贯彻“与邻为善、与邻为伴”的外交方针和“睦邻、安邻、富邻”的外交政策，才能有长期稳定与和平。但我们还应注意到周边地区的不稳定因素和矛盾所激化的隐患，扫除和平发展的一切障碍，积极参与亚洲多边及双边机制适用本国强大的综合国力，扩大自身的影响力，发挥地区大国的作用，进而实现中国的崛起。

三、“形势与政策”课程的话语权构建

因此，作为高校思政教师来讲，必须要认清当前国际国内形势的复杂性，解决好相对稳定的教学内容与复杂多变的社会现实之间的矛盾，在“形势与政策”课的教学上实现由照本宣科向解疑释惑的转换。当前，世界政治多极化和经济全球化的进程加快，西方敌对势力极力通过多种途径对我国进行意识形态领域的渗透。国内，随着改革开放进一步深入和信息技术的迅猛发展，人们的行为习惯、思维方式和价值观念都发生重大变化。这些复杂、多变的趋势和形势，对高校思政课教师提出了新的较高要求。从思政课教学的实际情况来看，高校思想政治理论课教材尽管是全国统编且不断修订，但还是在一定程度上滞后于社会的急剧发展，造成教学内容与社会现实之间的落差。高校部分思政课教师由于自身理论功底不足，在课堂上照本宣科，面对现实中理论热点和难点问题，不能给学生一个有说服力的答案，导致思政课解疑释惑性不强。因此，思政课教师迫切需要改变单纯的课程执行者角色，不断增强课程参与意识、效果意识，努力做课程的设计者和开发者，实现由遵从型向创造型教师转换。

同时，对于当前国际形势的发展我们可以看到世界经济危机影响不可低估。美国次贷危机引发金融危机，到现在的经济衰退，来势之猛、涉及面之广、影响之深远，大概很少有人会预料到。“二战”以来最大的事件就是苏联解体、东欧剧变，这导致世界格局发生了重大变化。这次金融危机应该说是“二战”以来最严重的一次金融危机。到现在，我们还看不出来它是否会导致世界格局再次发生大的变化，但是我相信它的影响不可低估。首先，从宏观来讲，全球性的经济衰退不可避免；第二，国际金融体系会进而演变；第三，这个事件会对大国政治关系产生影响；第四，多极化的趋势会进一步加快发展。这些问题都值得我们认真地分析研究，尤其是我们中国。中国从这次金融危机里面应该学到什么？应该总结什么经验教训？我觉得这个很重要。因为我们中国是在走符合自己国情的发展道路，我们应该研究怎么样进一步完善我们的金融体系和我们的货币体制，然后在经济全球化的过程中，更有效地保护我们的利益。今天要把我们的外交、外贸、政治等方方面面的考虑和当前的危机处理联系到一块儿，使我们的损失降到

最低点。如处理得当，这次经济危机对中国可谓是一次难得的机遇，第一，可以逐步改变过去十多年来形成的经济增长模式；第二，吸收更多的国际金融界或企业界的高级管理人才进入我国的相应领域；第三，寻找机会，兼并处于经济危机中的国际名牌企业；第四，积极参与国际经济金融新秩序的制定过程，争取更多话语权。

当今世界大国关系主旋律是协调、良性互动。尽管美国的全球安全战略目前没有变化，但它政治上失策、经济上失控使它不得不放弃单边主义，更注意寻求大国间的合作支持。欧盟的战略地位有所上升，国际参与力度进一步增强；俄罗斯进一步抗衡西方的战略挤压，特别是北约东扩。俄格冲突表明俄不会牺牲战略底线，但不寻求同西方的对抗，不会回复到冷战时期。日本寻求大国地位的战略意图并没有改变，但也十分注意处理好同邻国的关系。一些新兴经济体在国际政治经济舞台上的作用和影响日益增强，西方大国在处理国际热点时寻求与它们的合作与协调。[3]大国关系力量对比的这些变化会牵动全球经济政治格局的演变，不少国家已提出要建立新的地区经济体或货币体系。新的地缘战略正在酝酿调整之中。在国际关系中的中国因素越来越重要。经过三十年来的改革开放，中国在各个领域中所发生的变化特别引人注目。综合国力上升，国际影响上升，我们与世界的互动日益增强，相互影响和作用不断扩大、深化。一方面国际社会要求中国承担更多的责任和义务；另一方面，对中国的疑虑和排斥也在增加，它们不清楚崛起后的中国会怎么样。这一矛盾会伴随我们发展壮大的全过程，关键在于我们如何妥善应对。经济发展了，海外利益拓展了，国际地位上升了，但中国又是一个发展中的社会主义国家，和西方的意识形态差异客观存在，和周边国家的领海纠纷存在，和其他发展中国家的摩擦矛盾也出现了。这就需要我们有针对性地去调整我们的相应策略和工作，这种调整要有战略高度。我们要对自己的综合国力和影响力要有个客观的评价，不能没有信心，也不能自我膨胀。

与此同时，在网络技术日益发达的新时代，国家安全不再仅仅局限于传统意义上的政治安全和国防安全，意识形态安全作为一种不可忽视的“软实力”，已然获得与“硬实力”相提并论的重要地位。网络这一新兴舆论阵地则成为意识形态斗争和较量的主战场，各种思潮在其中交流、交融、交锋。作为高校思政教师而言，我们需要不断努力地宣传马克思主义特别是中国特色社会主义，这是我们高校思政教师的本职工作。在维护意识形态安全的斗争中，高校思政课教师更应积极参与，有明确的态度和立场，敢于亮剑、勇于发声，积极争取和维护高校思想政治理论课尤其是"形势与政策"课的话语权。

四、"形势与政策"课程的必要性理解

作为思政课尤其是"形势与政策"的课教师，必须要积极关注网络意识形态热点，强化"形势与政策"的教学效果。目前高校思想政治理论课要求采用马克思主义理论研究和建设工程专家精心编写的国家统一教材，但是"形势与政策"的教材使用在各个高校尚未完全统一，有少数教材编写时间已久，早已跟不上日新月异的新形势却仍在使用。这就导致在实际教学运用中，令有些教师在教材的使用上产生了偏差：或简单地照本宣科，教学内容枯燥干涩；或缺少对社会现实的关照，根本不在意外面发生了什么，教学内容陈年老调。学生的思想是极其活跃的，他们关心国家大事，关心网络热点，对网络中广为流传的观点有自己的独立思考，但有时对黑白颠倒、是非不分的事情也存在思想困惑，迫切希望得到教师的指导。例如：有人宣称"钓鱼岛没有GDP，中日为此冲突不合算"，如果不把这个问题分析清楚，中日钓鱼岛之争就成为莫名其妙的事情；网络上关于"中国国民党是抗战的中流砥柱，中国共产党抗战贡献没有国民党大，因为牺牲的将领比人家少很多"的观点一度盛行，学生对此也有些模糊认识；三年自然灾害时期"饿死三千万"的谣言一度甚嚣尘上，国内首部系统驳斥此谣言的专著已出版，很多网友却因不了解而继续相信错误观点。[4]诸如此类的言论还有很多，混淆了学生们的思想认识，严重抵消了思想政治理论课的教学效果。我们常说"要教育学生感动，更要教育学生行动"。但是，如果教师自己"两耳不闻窗外事，一心只教圣贤书"，又如何引导学生正确认识窗外的世界，如何维护"形势与政策"课的话语权？

同时，当前的意识形态斗争形势也是尖锐复杂、不容乐观。而且更有部分教师对意识形态斗争的游移，损害了高校思政课教师队伍的整体形象。极少数教师为取悦学生，居然问学生想听正统的还是非正统的政治理论内容；更有甚者甚

至在课堂上公开发表反党反社会主义的言论，散播西方宪政民主、普世价值、新自由主义等错误思潮。作为高校教师而言，高校的讲坛不是我们的私人领域，以其昏昏，如何使人昭昭？在意识形态斗争中，有的教师虽然观点正确，但选择明哲保身，不敢旗帜鲜明地亮出自己的政治态度和政治立场，不敢旗帜鲜明地高举马克思主义旗帜，不敢旗帜鲜明地抵制错误观点和言论，甘当好好先生[5]，有意无意地与马克思主义者拉开距离，似乎坚持马克思主义、坚持党的领导、坚持社会主义成了理亏、害羞、耻于明说的事情。对错误思想的姑息就是纵容，对正确思想的冷淡就是放弃。高校思政课教师作为马克思主义的研究者和宣传者，必须坚决与党中央保持一致，为正确舆论氛围"铺路搭桥"，为受到围攻的同志"仗义执言"，对错误言论"鞭挞讨伐"，对糊涂认识"当头棒喝"。在咄咄逼人的意识形态渗透和政治渗透攻势面前，高校思政课教师应树立团结、忠诚、坚贞的马克思主义战士形象，通过进行"形势与政策"课程的教育，积极推进社会主义核心价值观进课堂、进教材、进头脑，创新高校宣传思想工作的话语体系[6]，善用师生熟悉、接地气的形式与风格宣讲理论、传递思想，在捍卫高校思政课的话语权的同时，引导和培养学生坚定理想信念，确立社会主义的世界观、人生观、价值观，最终成为国家的栋梁，成为中国特色社会主义事业的合格接班人。

（河北农业大学　任　霏　闻　竞）

参考文献

[1] 梁长坤，闻竞. 高校当代世界经济与政治课程教学模式的构建[J]. 军事交通学院学报，2011，13(6)：50.

[2] 马敏. 中国近现代史纲要[M]. 北京：高等教育出版社，2013：2.

[3] 梁继峰. 改革开放以来大学生政治观在纵向维度上的变化轨迹研究[J]. 思想政治教育研究，2009，25(6)：89—90.

[4] 裴正轩. 大学生"形势与政策"课教育教学之初探[J]. 巢湖学院学报，2009(4)：121—123.

[5] 陈兴东. 论"形势与政策"课的主体性教育模式[J]. 教育与职业，2009(23)：99—101.

[6] 陈士福，任冲. 功能与原则："形势与政策"课教学的几点思考 [J]. 中国成人教育，2009(17)：139—140.

谈高校"形势与政策"课话语体系的构建

在全球化的今天，世界范围内各种思想文化交流交融交锋更加频繁，高校意识形态日益复杂化，思想政治理论教育面临新的话语冲击与挑战。"形势与政策"课作为高校思想政治理论课的重要组成部分，"是对学生进行形势与政策教育的主渠道、主阵地，是每个学生的必修课程，在大学生思想政治教育中担负着重要使命，具有不可替代的重要作用"。[1]"形势与政策"课的开设对大学生认清当今国内外形势，教育和引导大学生全面准确地理解党的路线、方针和政策，提升自身思想政治素质和道德修养，增强当代大学生的理想信念和现实责任感等方面具有积极意义。但是，当前高校"形势与政策"课话语体系仍存在诸多问题，不利于其进一步发展。为保证和提高"形势与政策"教育的针对性与实效性，必须努力构建"形势与政策"课话语体系，重点在学科话语体系、教材话语体系和教学话语体系等方面进行完善。本文拟从这三个方面进行初步讨论，以求抛砖引玉之效。

一、"形势与政策"课话语体系及其特点

"话语体系"(narrative)一词源于西方社会后现代思潮对社会现代性重构的讨论。"话语体系"属于社会思想文化范畴，承载着特定的思想价值观念，是社会核心价值体系的重要体现。"形势与政策"课话语体系就是中国特色社会主义核心价值观体系的具体体现，主要包括学科话语体系、教材话语体系和教学话语体

系三个方面。从现状看，它与其他四门思政基础课相比①，具有以下三个明显的特点：

1. 从学科特点看，多学科交叉。“形势与政策”课内容包罗万象，涉及政治、经济、文化、军事、教育、外交、司法等多个领域，要求教师具备政治学、经济学、社会学、历史学、军事学、党史党建、国际关系、外交学、法学等相关学科的知识，拥有运用多学科、多领域知识进行综合分析问题的能力。

2. 从教学特点看，政治性突出。“形势与政策”课是一门实践中的马克思主义理论课，通过教师讲授、学生分组讨论、社会实践等形式多样的教学模式，对学生进行深刻的中国特色社会主义核心价值观教育，帮助大学生树立正确的世界观、人生观、价值观，正确认识国内外形势，深刻理解党的路线、方针和政策，树立坚定为建设中国特色社会主义而奋斗的政治方向。

3. 从内容特点看，时效性鲜明。“形势与政策”课的教学内容可大致分为三部分：马克思主义形势观、政策观是最稳定的部分；国内、国际政治经济形势是相对稳定的部分；热点问题是不稳定的部分。但就相对稳定的部分来说，每年具体内容也会有变化。不稳定部分更是根据当年发生的国内外重大热点问题来讲授，有突发性、变化快、吸引人的特点。所以，每年、每个学期的上课内容都有所不同，充分体现了鲜明的时效特征。

二、“形势与政策”课话语体系的构建

当前，“形势与政策”课在学科话语体系、教材话语体系和教学话语体系方面还存在一系列问题，学科意识缺乏、教材配备不到位、教学方法单一落后等现象严重影响了教学的实效性，“形势与政策”课话语体系的构建已成为时代发展的必然要求。

（一）当前高校“形势与政策”课话语体系存在的问题

自 1987 年国家教委决定在大学生思想政治教育课程中设置“形势与政策”

① 指“马克思主义基本原理”、“毛泽东思想和中国特色社会主义理论体系概论”、“中国近现代史纲要”和“思想道德修养与法律基础”四门思政课。

必修课以来，“形势与政策”课在高校思想政治教育中发挥了重要作用，对于帮助学生认清国内外形势、坚持“三个自信”、树立和弘扬社会主义核心价值观等方面产生了良好效果，对于维护高校意识形态安全也有着积极意义。与此同时，在全球化和“互联网+”时代影响下，青年学生的思想和认识也随之发生很大的变化，以“形势与政策”课为主体的高校“形势与政策”教育面临新的挑战。

第一，学科意识缺乏，严重影响课程化建设。

2005 年 2 月，中共中央宣传部、教育部《关于进一步加强和改进高等学校思想政治理论课的意见》(教社政[2005]5 号)中明确规定思想政治理论课的学科地位，指出“思想政治理论课教育教学所依托的学科是我国特有的一门政治性、科学性和实践性很强的学科”。同年 12 月，国务院学位委员会调整增设马克思主义理论一级学科及其之下设立五个二级学科，为思想政治理论课课程建设提供了有力的学科支撑。“形势与政策”课作为高校思想政治理论课的重要组成部分，理应建立起完备的课程体系，但是，由于没有统一的教学大纲，内容变动较快，教材体系不完备，教学的随意性较大，导致高校在“形势与政策”课程建设上缺乏学科意识。另外在具体操作中，课程贯穿学生的整个大学学习期间，时间跨度大、学生数量多、单次课时间短，这种“长流水、不断线”的特点严重制约了“形势与政策”课的学科化建设和规范化发展。

第二，教材体系不完备，教学内容缺乏规范。

“形势与政策”课作为对大学生进行思想政治教育的一门必修课，有其特定的教育目的和任务，教育部每年两次颁布“形势与政策”课教育教学要点。但是各高校在实际教学过程中，常出现教学内容失范，教学随意性大的问题。另一方面，由于该课程政治性强但内容丰富，政策相对稳定但形势不断变化，体现出明显的动态性，很难编纂出一部适应性极强的教材。再加上课程跨度大、时间长，导致课程系统性和连续性差，核心线索与内在逻辑不能很好地体现，与其他四门思政基础课的理论衔接不够密切，难以体现学科系统性的特点。

第三，教学方法单一、落后，无法满足学生需求。

“形势与政策”课丰富多变的内容体系有利于教师充分发挥学生的能动性，运用学生喜闻乐见的教学方式，在互动中提高大学生分析和理解问题的能力。但目前绝大部分高校都是采取大课堂、专题报告等形式，教师上课仍然采用较为传统的单向灌输式教学，学生参与课堂的机会少，只能被动接受，使课堂氛围呆板沉闷。甚至有的高校教师采取念报纸、读文件、照本宣科的方式，缺乏师生间的沟通、交流与讨论，缺乏社会调查及社会实践，这更增加了学生的厌学情绪。教师单纯的说教和“满堂灌”使学生的主体性得不到尊重，无法调动学生学习积极性，难以达到预期的教学效果。

（二）“形势与政策”课话语体系构建的路径

基于“形势与政策”课话语体系存在以上三方面的不足，我们必须有针对性地在学科体系、教材体系和教学体系方面加强建设和创新。

第一，树立学科意识，加强学科话语创新。

学科意识是把学科作为教育教学的基础和依托，并按照学术分类研究学科中的相关问题的意识。[2]学科意识要求重视一门学科的科学性，不仅要注意研究学科的科学内涵，还要研究学科内部各组成部分之间的关系，更要从研究对象、基本范畴、构成内容、作用意义等方面把握其科学体系。在“形势与政策”课的课程建设中树立学科意识，就是要把马克思主义理论一级学科作为“形势与政策”教育教学的基础和依托，确立以学科建设支撑和促进课程建设的发展思路。

怎样才能发挥马克思主义理论学科在高校意识形态中的引领作用？武汉大学校长李晓红说，应该全面提升学科建设质量，不断增强马克思主义理论的解释力、吸引力、影响力。[3]在当前的“形势与政策”课学科建设上，学科意识仍然十分缺乏。从 1986 年中宣部、国家教委发出《关于对高等学校学生深入进行形势与政策教育的通知》到 2005 年中宣部、教育部印发《关于进一步加强高等学校学生形势与政策教育的通知》的 13 号文件，“形势与政策”课在课程设置、教学管理、师资配备、教学内容、教学资源等方面得到了一定的发展。但是，当前“形势与政策”课与其他四门思政基础课相比，在学科建设、内容体系、师资队伍、重视程度等方面仍存较大差距。2005 年国务院学位委员会下发了《关于调整增设马克思主义理论一级学科及其所属二级学科的通知》，四门思政基础课有了自己直接对应于马克思主义理论一级学科下设立的六个二级学科，“形势与政策”课却不在其调整的范围之内。这就导致“形势与政策”课没有自己直接对应的二级学科，也就导致该课程缺乏规范性，如没有统一的教学大纲。目前多是各高校自己制定教学大纲，没有统一的教学内容。尽管教育部每年都会给出“形势与政策”课教育教学要点，但由学校自由变动的部分所占比例很大，没有统一的考核模式。闭卷考试、撰写论文，根据出勤情况等方式考核各有利弊。这使各高校在实际教学过程中，教学内容缺乏规范，对该课程的教学随意性很大，学时设置和内容安排千差万别。

众所周知，“形势与政策”课讲授的主要是大学生普遍关心的社会现实问题和焦点难点问题，要讲清楚这些问题，必须将之放到学科知识体系的大背景下，通过其内在的逻辑联系，结合实际问题，才能从理论高度把握问题实质，把问题讲深讲透。缺乏学科意识，缺乏学科建设提供的支撑，是不可能的。所以，要想让教师上好“形势与政策”课，必须首先树立学科意识，确立以学科建设支撑和促进课程建设的理念，加强“形势与政策”课的学科建设。因此，我们应以中央宣传部、教育部“构建以马克思主义理论学科为引领，相关学科为补充，有效支撑思想政治理论课建设的学科体系”为契机[4]，将“形势与政策”课作为马克思主义一级学科下面的二级学科来建设，从而为“形势与政策”课提供教学、研究、师资培养等方面的学科支撑。为此，必须加快“形势与政策”课的课程化建设，重点规范教学大纲、课程内容、教材教法等，以解决当前“形势与政策”课教学过程中随意性与断续性的问题。

在学科建设中，还要加强学科话语的创新。全球化和大数据时代使国外各种社会思潮蜂拥而入，给人们的思想和价值观念带来很大冲击，社会思潮话语进入大学生的日常生活之中，影响和改变着大学生的思想和世界观。传统思想政治教育研究话语在社会多样性思潮话语中面临严峻挑战。所以，“形势与政策”课学科话语体系的建构，要跟上社会发展的步伐，适应大学生的思想和情感需求，在形式上要从创新语汇、创新概念和创新理论体系等方面入手；在内容上要从掌握社会生活的话语主导权入手，这既需要有一系列直接表达社会根本利益的政治话语，更需要有科学、规范的学术话语，一则它可以为政治话语的合理性提供学理支撑，二则它通过转化为教学话语、日常话语从而为政治话语的传播提供合法性依据。[5]

第二，整合学科资源，加强话语内容创新。

由于“形势与政策”课多学科交叉的特点，在教学实践中，应规范课程化建设，整合多学科教学资源，编写相对稳定的教材，拓展多学科教师专业结构，加强教学话语内容的创新。

首先，针对“形势与政策”课课程化建设不足的现状，应重点规范教学大纲、课程内容、教材体系。课程化是学科化的必由之路，课程建设必然推动学科建设。课程化建设应结合“形势与政策”课的特点，将课程内容进行模块化设置，以利于教学和编写教材。如课程可分为：常规模块（党和国家的各项基本政策——国策论；国内、国际政治经济形势——国情论）、动态模块（当前的热点问题与突发事件——国是论）、实践模块（学生社会实践——实践论）等[6]，使各个模块贯穿于中国特色社会主义核心价值观教育这一主线，提升学生认知的系统性和教育实效性。2015年7月，中央宣传部、教育部关于《普通高校思想政治理论课建设体系创新计划》（教社科[2015]2号）提出，要“构建面向教师和学生不同对象，辐射本专科生、研究生各个层次，涵盖纸质和数字化等多种载体，体现思想性、科学性、可读性相统一的立体化教材体系”。根据这一创新计划和课程建设的需要，“形势与政策”课应立足世情、国情、党情和民情，以马克思主义形势观、政策观为指导，以当前社会热点问题为切入点，编写适应教学需要、相对稳定的方法论教材。

其次，拓展多学科教师专业结构，加大师资培训力度，形成一支具有复合型知识结构的教师队伍。目前，全国各高校承担“形势与政策”课的教师大多是兼职教师，真正的专职教师很少。兼职教师中，还分为两种，一种是由承担四门思政基础课的专业教师来兼职“形势与政策”课的教学任务；另一种是由辅导员来兼职“形势与政策”课。应该说，由承担四门思政基础课的教师来兼职“形势与政策”课的教学任务是目前较好的选择，因为这些教师来自不同的教研室，具有多学科的教学优势。由于“形势与政策”课鲜明的交叉性学科特点，不同的专题体现出不同的专业特色，必须有多学科的教师才能胜任。而由辅导员来承担“形势与政策”课的教学，则多少会影响“形势与政策”课的教学效果。因为辅导员作为大学生的“父母官”，平时工作纷杂而繁忙，从日常生活中的请假、住宿到学习、考核考评、奖学金、勤工俭学、学生入党、学生会、毕业申请等工作都需要投入巨大精力，根本没有足够的时间来准备信息量巨大的“形势与政策”课。实际上，即使由多个学科教师授课的，就整体而言，教师知识结构仍难以满足“形势”教学内容多样性的需求和“政策”教学深入浅出的需要。因此，目前最为紧迫的，是加大对

“形势与政策”课的学科资源投入，建立专业的“形势与政策”课教师队伍，并结合不同专业教师的优势，进行集体备课，取长补短，提升教师的教学水平。

最后，还要加强“形势与政策”课话语内容的创新。根据马克思主义的认识论观点，思想观念是内生的、反映本质内容要求的，而话语则是外在的、体现表达形式要求的。话语看似纯粹是思想的表达形式，其实是经过选择的历史内容，不同的话语体系体现着不同的价值观和利益关系。因此，话语内容的创新要更加贴近大学生的生活世界，反映社会的现实，适合大学生的发展需要和价值追求。[7]从目前情况看，教师授课所采用的教学话语相对滞后，有时太过拘泥于教材，在话语内容上远离了当下世界与现实生活，使话语内容缺乏时代气息和生动感。这就无形中与学生话语产生距离，使学生不能很好地接受，或很难在课堂上与教师话语达成一致意见或形成一定的共鸣。这在一定程度上会影响到教学的效果，也影响学生对国家主流意识形态的理解与认同。因此，教师应根据“形势与政策”课教学目标和任务，围绕说什么更有吸引力、怎么说更有针对性和实效性等，推进“形势与政策”课话语创新。

第三，探索教学方法，加强话语方式创新。

当代大学生作为市场经济大潮中成长起来的新一代青年，具有强烈的自由、平等和独立的意识。因此，在“形势与政策”课教学方式上，教师应改变多年来形成的居高临下强硬灌输的传统做法，与学生采用平等、自由、开放的对话方式，“弱化”教师的主导地位。这种“对话”方式主张教师与学生通过理性沟通和平等对话来探讨所有的理论和现实问题。“在话语中，我们期望着意义之战，我们期望着争辩、论证、反驳，而不是和谐的异口同声，也就是说，参与对话的双方是一种结构性的关系，他们之间既是平等的，同时又是对抗的、相互辩驳的。”[8]这样使师生之间形成一种双向互动、互相交流的动态过程。在具体操作中，教师提出问题后，可以让学生以情景剧、微电影、视频、快板、朗诵、课件解说等喜闻乐见的展现形式参与课堂讨论，从而加强学生在课程学习中的主动性和积极性。目前各地高校都在努力探索适应“形势与政策”课发展的教学方式，并取得很多成功的经验。如上海大学社科学院开发的基于问题逻辑的思政课“项链模式”，上海交通大学采取的“1+4”教学共同体模式等都取得了很好的教学效果。

2015 年 7 月中央宣传部、教育部关于《普通高校思想政治理论课建设体系创新计划》(教社科[2015]2 号)中,提出“改革教学方法,创新教学艺术,形成第一课堂与第二课堂、理论教学与实践教学、课堂教学与网络教学相互支撑,理念手段先进、方式方法多样、组织管理高效的思想政治理论课教学体系”。因此,在课堂教学以外积极开设第二课堂,让学生根据自己的兴趣选择性参与,不仅可以适当解决学生思想中面临的问题与困惑,还可以提高教学的针对性与实效性。在这方面有些高校已做了有益尝试,如燕山大学为了增强包括“形势与政策”课在内的思想政治理论课的教学效果,积极开创了“红色旋律”特色教学活动。经过近三年的积极探索和实践,该项活动构建起了立体格局,以讲坛为核心,包括读书会、影院、报刊、网络等为学生提供校内实践资源,在本科教学中实施“读一本好书,参加一次讲坛,观看一部经典电影,进行一次公益活动”的思想政治理论课“四个一”工程,探索了一条融理论教学、情感体验与实践参与为一体的思想政治理论课教学的新模式[9],不失为一个很好的例子。

三、结　　语

总之,随着近年国家对高校意识形态工作的愈益重视,和鉴于“形势与政策”课对大学生的思想和价值观塑造的重要性,未来必将成为国家加强高校大学生意识形态教育的主阵地。各高校应抓住这一有利契机,坚持从课程体系到学科体系发展的路径,在学科话语体系、教材话语体系和教学话语体系等方面努力构建“形势与政策”课的话语体系,形成适应时代发展要求、满足高校师生需要、相对独立完善的“形势与政策”课话语体系,引导大学生承担时代重任,不负党和国家重托,为中华民族复兴,实现中国梦贡献智慧和力量。

(上海大学　孙士庆)

参考文献

[1] 中宣部、教育部关于进一步加强高等学校学生形势与政策教育的通知(教社政[2004]13 号)。

[2] 李铁英. 关于高校“形势与政策”课程对应二级学科设立问题的思考[J]. 东北农业大学

学报(社会科学版),2014(6).
[3] 加强和改进新形势下高校宣传思想工作,赢得青年学生,铸就伟大复兴[N].人民日报,2015-02-12.
[4] 中央宣传部、教育部关于印发普通高校思想政治理论课建设体系创新计划的通知.教社科[2015]2号。
[5] 吴海江.论高校思想政治理论课话语体系的创新[J].思想理论教育,2014(1).
[6] 李小鲁.学科化视角下高校“形势与政策”课建设的理念与路径[J].思想理论教育导刊,2011(11).
[7] 吴海江.论高校思想政治理论课话语体系的创新[J].思想理论教育,2014(1).
[8] 韩志明.从“独白”走向“对话”——网络时代行政话语模式的转向[J].东南学术,2012(5).
[9] 王新华.立足校内资源,创建思政课实践教学新模式——燕山大学“红色旋律”教学改革项目[J].教学研究,2013,36(4).

高校网络舆情视阈下的大学生“形势与政策”教育教学策略

网络舆情是网络社会的衍生物。在如今的E时代，随着网络舆情研究的深化，对高校思想政治教育来说是不可回避的现实课题。“形势与政策”教育教学是大学生政治理论教育的重要组成部分，是高校思想政治教育的主渠道。两者有着密切的联系。高校网络舆情一方面为高校的“形势与政策”教育教学工作提供了难得的实践素材；同时高校网络舆情的出现，也为“形势与政策”教育教学的开展提出了若干挑战。因此，高度重视高校网络舆情的发展，进一步强化“形势与政策”教育教学的网络舆情引导，研究“形势与政策”教育教学新途径，构建网上高校舆论新阵地，从而创新高校网络舆情的引导方法，提高“形势与政策”教育教学的时效性。

一、高校网络舆情的特点分析

网络舆情是指由于各种事件的刺激而产生的并经由互联网传播的人们对于该事件的所有认知、态度、情感和行为倾向的集合[1]。所谓高校网络舆情是指以在校大学生通过网络论坛、QQ、博客等网络平台，对自己所关注的社会现象、大学生的学习、生活、学生活动、人际交往、情感等问题自由发表评论和意见，而这些意见往往带有一定的情绪化和非理性化的倾向的总和。

然而，并非所有的评论和意见都能达到网络舆情的程度，评论和意见借助网络虚拟空间，引起一定量网民的共同关注，造成较大的社会影响，才能构成网络舆情。

高校网络舆情主要形成于校园新闻网、学生网站、论坛(BBS)和 BLOG(博客)等载体,一般以发生在学生身上和周围的事件或问题为客体。高校网络舆情的形成过程大致可以解释为:

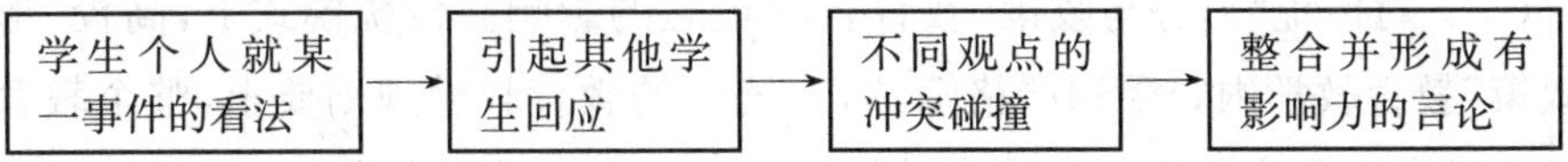

(一) 高校网络舆情的特点

高校网络舆情具有表达方式自由快捷、舆情内容信息多元、舆情影响迅捷广泛性等特点。首先,高校网络舆情的主体是一群思想活跃的青年学生,由于网络空间的隐蔽性和自由性,在网络中,大学生们可以就关心的国内国际时事热点问题,直接地充分地表达出来,这些表达往往带有极强的个人色彩。同时由于缺少规则限制和有效监督,高校网络环境就很容易成为一些大学生表达不满和提出意见的空间。其次,高校网络舆情关注的内容既有家事,也有国事,更有天下事;学生参与舆情的目的也不尽相同,有的为了交流意见、有的为了求助解答、有的为了发泄情绪等。网络开放和自由的特点直接决定了网络舆情的形成非常迅速快捷[2],大学生是最喜欢使用网络表达思想情感的群体,很多事情都喜欢通过网络表达出来。

(二) 高校网络舆情和“形势与政策”教育教学的关联性

《中共中央宣传部、教育部关于进一步加强高等学校学生形势与政策教育的通知》指出,高校“形势与政策”课教育教学,要研究学生关注的热点、难点问题,密切关注国内外大事,及时准确把握动态,不断增强教育教学的敏锐性和时效性。而网络舆情所关注的焦点问题,也多是社会热点、难点问题,及国内外大事。因此,网络舆情和形势政策课之间有较强的相关性。同时高校的“形势与政策”教育教学是及时传达、贯彻、落实党和国家在国内外重大时事上的政策、立场、态度的主要途径,带有很强的针对性、导向性和时效性。同时正确有效地引导大学生网络舆情,对于有利于国家发展、经济建设以及学校政策改革的事件上应大力弘扬和宣传,旗帜鲜明地引起大学生关注的共鸣,加强对大学生网络舆情的研判与正面引导。两者有异曲同工之处。

二、高校网络舆情对大学生“形势与政策”教育教学的挑战

（一）对传统“形势与政策”教育教学理念的影响。传统模式下，高校“形势与政策”教育教学内容受到严格筛选，有统一的教育教学规划要求，整个教育活动乃至教学全程序都可以受到有效的控制。然而由于网络信息的传播运作没有“议程设置”、“把关人”等程序，分散的舆论[3]，一些不良信息文化，特别是充斥着各种“暴力”或低俗信息和各种流言、谣言、谎言信息的蔓延，对大学生本身的价值判断产生严重干扰。

（二）对“形势与政策”教育教学方式方法的挑战。传统的“形势与政策”课程教学虽然不断地进行改革，但相比网络的发展速度依然无法比拟。教育内容比较枯燥，教学形式也相对单一，导致教学的效果一般。而网络上，时刻都在更新的海量网络信息，这种时效性衍生出了无法逾越的巨大优势。同时网络虚拟性和匿名性的特点，很好地契合了当下大学生的心理特点。这使得大学生行为的自主性和隐蔽性空前提高，这些对传统“形势与政策”教育教学灌输式的教育方法产生了极大挑战[4]。

（三）对“形势与政策”教育教学环境的挑战。面对着互联网庞大的信息环境、开放式的互动模式、快捷的信息传播扩散速度以及双向互动的信息交流方式，极大的挑战了目前高校“形势与政策”教育教学环境。在近些年来，随着教学改革的深入，“形势与政策”教育教学改革也在积极地进行，尤其是对教育教学环境的改革试验，如积极投入“形势与政策”教育教学网络课程建设、建立资源共享平台、微信平台等。然而就我省目前研究状况看，一方面对高校“形势与政策”教育教学资源的开发利用还很滞后，相对于互联网的信息更新速度和形式的新颖性还远远滞后。另一方面，网上高校“形势与政策”教育教学阵地力量薄弱，“形势与政策”教育教学影响力大大落后于相应的网络舆情。

三、高校网络舆情视阈下的大学生“形势与政策”教育教学策略

高校网络舆情作为一面双刃剑，既有消极负面的影响，又有积极正面的影

响。“形势与政策”教育教学应充分利用网络舆情积极的一面，引导大学生树立正确的价值观和人生观，摒弃网络舆情的负面影响，通过网络舆情听取学生对“形势与政策”教育教学管理的意见和建议，改进教学和管理工作。

（一）健全校园舆情预警机制，创建网络舆情权威信息发布平台，完善“形势与政策”教育教学网络平台建设。确立学校党委对网络舆情管理的主体地位，由校党委牵头成立网络舆情管理机构，建立一支由党委宣传部、思想政治理论教育部门、学生管理工作部门、精通网络技术、政治意识强的网络舆情监测队伍。同时加强高校“形势与政策”教育教学网络服务平台的建设，正面引导，树立良好的网络舆情方向。同时以校园新闻网网站为依托，创建升华微博发布平台，创新宣传方式，特别要加强宣传阵地建设如校园新闻网网站、校内报刊杂志、广播电视台、手机报、微信平台等，这些媒介在大学生群体中参与度广，获得较大的认同感，能够在服务大学生的文化生活中掌握主流话语权，提升主流思想在大学生中的渗透力[5]。在重点打造学校官方微博的同时，建设好官方微博中关于“形势与政策”相关内容的信息建设，积极针对不同受众获取信息的特点，网上网下联动，促进教师与学生、学生与学生之间的网上互动交流，及时把握学生动态，加强舆论教育引导。

（二）优化“形势与政策”教育教学工作“红客队伍”的舆论引导。要培养一支既具有较高的政治理论水平、熟悉“形势与政策”教育教学内容和规律，又能有效掌握网络技术、熟悉网络文化特点，在网络上进行“形势与政策”教育教学工作的队伍[6]。这就要求高校“形势与政策”教育教学工作者首先必须具备自身网络信息的技术能力，善于借用网络各种媒介，创造良好的网络舆情氛围。如组建“形势与政策”教育教学工作的网络“红客队伍”，把握网络舆情主旋律，掌握网络舆论导向，了解网络舆论动态，实现网络舆情监测。同时我们还可以逐渐培养一批学生“舆情领袖”加入“形势与政策”教育教学工作“红客队伍”中，这些学生将在网络互动交流中积极主动回应偏激观点，并从正面角度发表自己的观点和看法，引导大家进行理性的网上讨论，从而消除网络负面信息的影响。

（三）利用网络深入开展高校“形势与政策”教育教学工作，实现网上网下的联手教育。充分利用高校网络空间和网络舆论，动之以情、晓之以理，从而形成网上正面舆情，网下贴心教育，全方位地开展高校的“形势与政策”教育教学工作，引导大学生树立积极的社会主义核心价值观。网络的利用给高校的“形势与政策”教育教学工作提供了多种有效的手段，“形势与政策”教育工作者在掌握了大量的校园网络舆情后，可以在实际教学工作中，将学生中关注的热点、难点和争议事件，有针对性地组织到课堂讲授和学生讨论之中。如针对高校贫困生问题，我们可以利用网络切实帮助他们解决在就业、理财、人际交往等方面实际存在的问题和困难，宣讲国家政策，为他们及时送去关怀和温暖。针对当前国际国内社会的一些热点论题，如大国关系走向问题，我们可以在网上开展系列讨论活动，倾听学生心声，只有这样，才能切实增强“形势与政策”教育教学工作的针对性、说服力和感染力。

（四）在网络舆情环境中，创新高校“形势与政策”教育教学内容和方法，对大学生网络舆情进行积极引导。

1. 网络舆情中，创新高校“形势与政策”教育教学内容和方法同时，还应该加强自律教育，通过网络道德和法治教育对网络舆情进行积极引导；推行信仰教育，这是最有效实现价值观教育的一种教育，是培养学生道德素养和自律意识最好的切入点，对清洁网络环境、引导网络舆情、维护社会和谐稳定能起到事半功倍的效果；培养社会责任意识，对自己所承担的社会职责、任务和使命的自觉意识以及对自身社会权利与义务的自觉认识；加强心理健康教育等。

2. 构建“形势与政策”课开放式教育教学模式的新理念，即在师资队伍、教材建设、教学环节和评价机制等方面实现开放，变知识教育为能力培养、行为养成，充分发挥学生的主体性作用，提高“形势与政策”课教学的有效性。如教学师资队伍“开放式”建设。明确“形势与政策”课的专任教师和兼职教师的岗位数量和岗位职责，并遵循公平、公开、公正的原则，面向所有专任教师及辅导员，举行公开试讲比赛。建立并完善师资队伍的发展机制。构建“开放式”“形势与政策”课教材体系。如构建合乎逻辑的网络教材体系，可考虑设置四大板块，即教学核心区、时事热点区、背景材料区、教学互动区，设立网上答疑系统，搭建网上沟通平台。创设“形势与政策”课“开放式”教学模式。我们可以打破传统的教学空间限制，如专栏、广播、电视和校园网络进行立体化教育，在手段上，充分借助录音、录像、电视、网络等构建传统与现代融互补立体网络教学空间。教学考评的开放：评价的主体应该多样化，可以有教师评价、自我评价、同学评价、家长评价、社会评价；教师还可以通过笔试测验、口头表达、作业、小论文写作、活动表现等形式对学生学习过程进行观察、评估和监督，促进学生有效地学习。

（沈阳航空航天大学　田　克）

参考文献

［1］曾润喜，徐晓林.网络舆情对群体性突发事件的影响与作用[J].情报杂志，2011(12).

［2］潘清泉，韦慧民.试论高校网络舆情的特征、影响及有效利用[J].学校党建与思想教育，2012(10)：82.

［3］周瑛.新时期加强高校网络舆情引导的几点思考[J].思想教育研究，2011(11)：42.

［4］梁鹏，谢东宝.网络强势背景下高校网络舆情特征及其应对[J].中国青年研究，2012(3).

［5］李海峰.大学生网络舆情新特征要求创新高校思想政治教育[J].文化教育产业，2012(10)：258.

［6］教育部关于加强高等学校思想政治教育进网络工作的若干意见(教社政[2000]10号).

“形势与政策”课教学如何做到“三贴近”[①]

一、“三贴近”概念界定

“三贴近”是我们为了研究和表述的方便，定义的一个概念。“三贴近”既是原则，又是方法，简单地说，就是指“贴近实际、贴近生活、贴近学生”。就是说，要使我们的“形势与政策”教学无论从内容还是方法上都要尽可能地贴近实际、贴近生活和贴近学生。贴近实际就是要使“形势与政策”教学在我们党的大政方针指引下，贴近我们时下所处的政治、经济、文化、社会生活，贴近我们的国内国际实际情况，做到我们的教学有的放矢；贴近生活，就是要使我们的教学在内容选择上，尽量多考虑选取与现实生活贴近的内容，避免“高、大、空”；贴近学生，就是要让我们的教学反应学生的需要，激发学生的学习兴趣，不仅增长学生的知识，而且增强学生分析、判断形势与处理相应问题的能力。我们课题组的本课题的研究目的就是要通过“三贴近”原则和方法，改进我们的教学，提高教学质量，增强教学效果，使之真正发挥好高职大学生思想政治教育的一个重要主渠道作用。

二、“三贴近”实施面临的难题

（一）争取领导重视难

不少高职院校领导都认为必修的思政课程，加上每学期学工处牵头的党课

① 本文是2012年湖北省人文社科研究专项课题（课题编号2012w012）的阶段性成果。

和团课以及辅导员日常管理中的教育，思政课占用的课时太多了。况且，当今信息传播渠道广，不少领导也认为学生完全可以通过广播、电视、网络等渠道主动获取有关"形势与政策"的信息，再开设"形势与政策"课已是多余。因此，16节的短课时"形势与政策"课程往往被有些高职学校压缩，课时开设不足，教学效果可想而知，不可避免难以保证。

（二）教学内容选取难

"形势与政策"课课时少，而涉及的内容却很多，在如此繁多的内容中要精挑细选，一要有基本原理，二要有国内外政治经济形势，三要有关系到国家和学生个人切身利益的热点问题，仅仅要达到这三个基本要求，且每个要求要讲深讲透，就必将大大超过目前的规定课时。因此，在内容选取上，思政课老师都感到非常头痛。

（三）"形势与政策"解析分寸把握难

"形势与政策"课程虽然只开两个学期，每个学期只开8学时，但它绝不是一门好上的课。思政课教师当中有相当一部分老师都有这种感受：已完毕的国际国内重大事件，不愿讲，因为结果已明了。就好比是一场盛大的足球赛，结果已经知道了，再有耐心的球迷也不愿看了。所以，老师讲起来味同嚼蜡，学生也耳朵起了茧子，很不乐意听。对正在发生的事件，又不敢讲，怕把握不准，容易出错。比如，在讲中日钓鱼岛之争时，很多老师对争端的来龙去脉并没有完全讲透，对可能的结果不敢拿出自己的观点，人云亦云，不能吸引学生兴趣。造成这种情况的根本原因是对形势解析的分寸难于把握。[1]

（四）形成普遍认可的固化教学模式难

"形势与政策"课由于其自身的特殊性，内容多、杂、涉及面广、缺乏系统性，因此难以形成一个统一的固化的教学模式。虽然笼统而言，就是多媒体辅助教学模式，但老师要根据教学内容的不同，学生的基础和课堂的状况，运用熟练的教学艺术，灵活的教学方式方法，将课前准备的课件内容活化，激发学生学习兴趣，优化教学效果。教学过程中有很多不确定的因素，需要老师不断调整教学计划。所以，这门课程的教学模式难以固化，即使是模仿也很困难。

（五）激发学生学习兴趣，增强教学效果难

高职学生总体来讲，基础比较差，而且学习方法和能力欠缺，对思政课学习兴趣不浓。"形势与政策"的内容不仅在我们思政课课堂上讲，党课团课在讲，辅导员主持的主题班会也在讲，像国际国内热点问题，互联网上更是铺天盖地的报道评论，很多东西老师还没讲，学生都已经知道了，可能你讲的还没有网上评论的令学生信服。因此，要激发学生兴趣难，教学效果难以保证。但也不能不讲，学生课前知道是好事不是坏事，关键是要进一步引导他们学会分析问题解决问题，提高分析形势、正确处理热点事件的能力，涉及国家政策，学会理解国家政策出台的必要性、重要性和科学性。

三、如何做到"三贴近"

（一）如何做到贴近实际

我国正处于全面建成小康社会和"十二五"规划发展的重要时期，同时也是社会矛盾较为明显的大变革、大发展和大跨越时期，呈现出了不同的思想文化和价值诉求，社会现象和社会热点也不断发生着变化。"形势与政策"教学要贴近实际已成为在新形势下大学生"形势与政策"教育必须表达的现实诉求。新形势下"形势与政策"教学要围绕以下四个贴近来进行：

1. 贴近国内外经济和政治形势实际

在经济全球化蓬勃发展的今天，国内经济与国际经济的联系日渐紧密，国内经济形势与国际经济形势已经无法割裂。由于大学生关心的专业发展和未来就业等问题都与宏观经济有着紧密联系，因此讲解国内外宏观经济形势十分必要。2008年底以来，在这一轮由美国次贷危机引起的全球金融危机背景下，可以结合经济增长的周期性理论和马克思的经济危机理论，对经济波动的规律和未来前景进行分析，使学生对金融危机的性质有更深刻的认识，对国家和个人未来发展充满信心。近年来，国际政治形势变化多端，处于敏感时期，地区冲突时有发生，像叙利亚问题，中菲、中日、中美关系问题比较错综复杂。因此，对当今世界国际政治冲突的热点问题进行分析也是十分必要的。[2]

2. 贴近我国外交战略与国际环境实际

中国崛起不可阻挡，但是中国崛起必然引起世界格局的重新调整，会出现许多我们过去没有遇到过的新问题和新情况。这些问题值得长期关注和研究，也是学生十分关心和需要了解的。中国在处理与周边国家、第三世界国家和世界大国关系的基本立场和采取的政策，如中菲仁爱岛、中日钓鱼岛问题，我们的基本立场和采取的政策，体现了中国构建和谐世界的理念和培育中国和平发展环境的努力。这些讲解使学生对中国外交战略有更充分的认识和理解，摆正自己在对待国际关系上的态度与行为。

3. 贴近我们党和国家路线、方针、政策

我们的“形势与政策”教学要密切联系党和国家路线、方针、政策，包括中央会议和全国/两会精神等。如十八大提出的美丽中国梦、新型城市化建设、生态文明建设等都应该根据中央精神和政策要求进行重点讲解。

4. 贴近高等职业院校实际

随着高等职业教育办学的深入发展，其重点已由粗放型发展转向内涵建设。高等职业院校按照“育人为本、德育为先”的要求，努力为国家输送操作型、技艺型、高素质的技能人才。

总之，“形势与政策”课程教学以基本理论、基本形势和热点问题为基本教育内容，与时俱进地对大学生进行教育，必须贴近实际、与实际相结合，才能把握好和体现出在自身内容体系、教育对象和教育方式上的特点和规律，才能真正吸引学生、抓住学生、调动学生，使“形势与政策”课程教学有实效。

（二）如何做到贴近生活

1. 联系现实生活，精选教学内容

与其他课程相比，“形势与政策”课更为直接地体现着教学内容的现实性，它反映的是社会发展的宏大变化，紧密联系现实生活，紧密联系当时形势，具有很强的针对性、政策性、时效性，而且当代大学生比较务实，他们不喜欢听大道理，也不喜欢听脱离生活实际的空洞内容，如果空讲理论，不联系社会的生活实际，就达不到教书育人、转变学生思想的目的。所以，“形势与政策”课讲授的概念、原理、观点，只有结合社会经济、政治、文化生活，紧密结合改革开放实际并加以说明和论证，才会使理论具有鲜活的生命力，也才能被学生所接受。

“形势与政策”课程的热点问题主要可以分为三类：一是需要我们关注的一些国家大事。比如，从文化传承看国家软实力建设、台海局势分析、建立创新型国家、从中东北非局势看国家的稳定富强、未来中国的可持续发展之路等。二是吸引大学生关注的社会焦点。比如,如何看通胀下的经济形势、从毒胶囊事件看我国食品安全保障体系的构建、如何看待和认识国际金融危机的形成、影响与应对,如何看待我国4万亿元投资扩大内需,以及土地流转、食品药品安全、网络民意、从微博发展看网络规范等。三是与大学生切身利益直接相关的热门话题。比如,如何看待大学生就业形势、从大学生村官看就业择业等。这些问题,不仅在大学生中有很高的关注度,而且有很强的时效性、针对性,极易引起共鸣。

总之,"形势与政策"课教学通过选择贴近社会生活的内容,把大学生带到真实可感的时代生活中去接受教育,引导他们对社会问题的关注与思考,也开阔了学生视野,帮助学生树立起责任意识和积极的生活态度。

2. 贴近学生生活,创新教学模式

要增强"形势与政策"课的吸引力和感染力,强化教学效果,必须贴近学生生活,创新教学模式。

(1) 改变教学方式,实现灵活多样。

第一,系统讲授与专题讲座相结合。要抓好"形势与政策"教育的系统讲授,设立专题,把问题讲深讲透,帮助学生全面认识和正确理解党的基本路线、重大方针和政策。同时,结合实际,组织举办专题讲座,定期聘请校外领导或专家对国内外发生的突发事件、重大事件、重大节日或纪念日及时跟进讲解,理论与实际相结合,趁热打铁,提高学生运用马克思主义形势观、政策观分析问题与解决问题的能力。第二,理论讲解与课堂讨论相结合。"形势与政策"课教师在进行理论讲解时,要善于引领学生关注生活,在具体知识的呈现中充分做到把基本观点、原理融入鲜活的题材中,把理论观点的阐述寓于社会生活的主题之中,切实提高学生学习的效果。同时,要采用多维互动式教学模式,组织学生围绕其关心的热点、难点问题进行讨论,吸引绝大多数学生参与教学活动。讨论方式有小组讨论、师生对话、看录像短片畅谈观点等。第三,课堂教学与解决实际问题相结合。引导学生正确认识形势,正确理解政策,不能离开学生利益的满足,要把教育同解决实际问题结合起来,学校可以结合学分制,对学生听课、讨论、写报告等进行累计积分,并使之成为这门课程学习成绩的一部分。

(2) 改变教学手段,由传统向现代。

"形势与政策"课教师的教学手段要生活化、现代化,变抽象为直观。可以充分利用现代信息网络技术手段和影视音像资料,建立素材库、制作精良的多媒体教学课件,把文字、声音、动画效果融为一体,营造立体的、动态的、活泼的教学氛围,给课堂教学注入浓烈的生活气息,增强教学效果。在"形势与政策"教育中还可以广泛利用电视教学,同时也可以创建"形势与政策"教育的主体网站和栏目,根据学校和学生的实际设置动静结合的频道,设置大量的贴近学生生活、拓展学生视野、活跃学生思维的栏目,开通由高水平教师主讲的网上专家论坛,设立专家网络邮箱,适时引导学生在线交流,开展在线答疑,建立网络教学考核评估系统等,满足学生对知识广延性、开放性的需求,使教学更加完整、连续、形象、生动、有效。[3]

(3) 适应社会需求,加强实践教学。

现代社会要求教育必须走向社会、走向生活,这样才能培养出适应社会发展的人才。这就意味着教育向生活回归。因此,要把"形势与政策"教育与社会实践相结合,既搞好课堂教育,又注重引导大学生深入社会、了解社会、服务社会。把"形势与政策"课教学内容与学生专业学习、服务社会、勤工助学、择业就业、创新创业紧密结合,要求学生参加寒暑期两次社会实践活动,撰写和提交调查报告,成绩计入课程学分。调查的主题要结合学生的实际情况,农村的学生可以在寒假对回乡过年的农民工进行调查,也可对新农村建设、农村社保、农民收入、农村食品安全等多方面进行调查;城市的学生可以对城市居民贫富差距情况、老年人生活状况等方面进行调查。

社会是大学生"形势与政策"教育教学的第二课堂。第一课堂与第二课堂相结合,既能增强"形势与政策"课教学的说服力和感染力,又能达到学以致用,实现由学校课堂向现实生活的延伸,对进一步帮助学生在社会这所大学校中认清形势发展趋势,深刻理解党和国家的方针政策,并内化为奋发向上的强大动力起到积极促进的作用。

总之,由于"形势与政策"课本身具有开放性、时代性、前瞻性和社会性特点,与时代和社会息息相关,与个人成长息息相关,"形势与政策"课的组织和教学应该是开放的、发展的,教学内容应该是贴近生活、与生活现状和谐对接的,教学过程应该是使学生融进教学环境，接触生活、接触社会的过程。

（三）如何做到贴近学生

为了更好地开展“形势与政策”课教学，确保教学效果，与学生直接互动的授课教师是关键。学生作为课程的受众处于相对被动地位，因此，为使“形势与政策”课教学更贴近学生，教师是首要重大问题。应从教师队伍建设、专业素质培养、授课方式改革三个维度来优化“形势与政策”课教学，使其更贴近学生，更为学生所认可与接纳。

1. 加强教师队伍建设

目前，由于高校“形势与政策”课专任教师人员匮乏，所以教师来源五花八门。一部分高校“形势与政策”教学由思想政治理论老师承担，另一部分高校则由行政领导和辅导员兼职授课，这类人员普遍存在教学经验不足、知识结构不合理等诸多问题。而“形势与政策”课程本身作为理论性、学术性、政治性与时效性极强的公共政治理论课，对教师的政治理论素质、知识结构、教学水平、学术素养及道德修养都有非常高的要求。采用兼职教师授课，很难满足课程建设和教学质量的要求，而且容易在学生中造成对该课重要性的误解。所以高校必须建立起“形势与政策”课程教师专业化机制，对授课人员进行严格把关。着手建立人员选拔、培训、岗前考核一体的专业授课人员选拔机制。从管理层面的高度昭示对“形势与政策”课程的重视，从而为学生重视课程起到示范引导作用。

2. 提高教师专业素质

任课教师的专业素质是教好学生、保证教学质量的重要前提。由于“形势与政策”课程自身的跨学科性及极强的理论性，对教师专业素质水平以及知识结构提出了挑战，所以为了更好地完成“形势与政策”教学，教师应不断提高自身专业素质水平。

（1）教师知识结构的调整。“形势与政策”课程内容是以党中央的思路为基准来解析当前国内国外形势及社会热点，这就要求任课教师不仅要有过硬的政治理论功底，还要有丰富的跨学科知识。“形势与政策”课程教师要必须且敢于触碰这些在学生中有较大影响的热点、难点问题，用正确的观点、翔实的材料对大学生开展积极而有效的思想引导。这不仅可以有效地提高教学实效性，也是这门课程的魅力所在。

（2）教师教学辅助手段的运用。随着计算机的普及应用，显示教师基本功的传统的板书教学模式逐渐减少，取而代之的是日益普及的多媒体教学。对于时刻离不开互联网的90后大学生来讲，板书的授课方式吸引力不足。这就要求教师能够熟练运用多媒体教学技巧，制作精美的课件以保证教学效果的提升。"形势与政策"课程由于其自身强烈的时效性，更有必要在课堂中引入相关视频、音频资料，这对任课教师的多媒体操作水平提出了更高要求。

（3）教师教学仪态的保持。美国心理学家布鲁克斯说：教师对本学科的酷爱所表现出来的富有感染力的激情，在很大程度上已经通过体态语言显示出来，专心致志、津津乐道的教师的体态总是微微前倾，面部表情神采飞扬，语气热烈而富有激情。作为一门思想政治理论课，"形势与政策"课是严肃的，所以，要求任课教师在进行课程讲授时要以饱满的精神状态，清爽的形象出现在课堂上。给学生一个良好印象，并由此而给予学生对于课程学习的积极信号。[4]

3. 丰富教师教学方式

思想政治理论课在学生的心目中似乎有着固定的教学模式，那就是"满堂灌"，课堂就是老师的"一言堂"，所有的大道理都是不容反驳和质疑的。这对于思维活跃的90后大学生来说是不能适应，甚至反感的。从应试教育中解脱出来的大学生渴望自由思维，强行灌输的教学方式只能适得其反。对于厌恶说教的90后大学生，"形势与政策"课的教学应更注重学生的参与性。俗话说：兴趣是最好的老师。不要害怕学生说出自己的想法，而是要引导学生敢说、爱说、能说。一名合格的"形势与政策"课教师要做的正是将学生偏移于主流价值观的思维引导归位，循循善诱，诲人无形。多采用启发式、参与式、问题式教学，激发学生的兴趣，使教学更加完整、连续、生动、有效，提高学生客观认知问题、研究问题和解决问题的能力。

（武汉城市职业学院 王 萍 吴 晓）

参考文献

[1] 郭卫. 浅谈高校《形势与政策》教学存在的问题及对策研究[J]. 科教导刊，2011(5).
[2] 教育部社政司. 中宣部教育部关于进一步加强高等学校学生"形势与政策"教育的通知

[R]. 教社政[2004]13 号.

[3] 孙洪艳. 高校“形势与政策”课程教学模式探究[J]. 成人教育，2009(11).

[4] 苑爽，李庆霞. 实践教学是提高“形势与政策”课教学功效有效途径[J]. 理论界，2009(9).

“形势与政策”课教学话语转换的困境与对策

近年来，在中央和地方各级宣传、教育部门的关心支持下，“形势与政策”课建设受到了高校的普遍重视，在师资建设、课时安排等方面都有了较大改观，教学效果也有了一定程度的提升。但就目前“形势与政策”课建设的实际情况看，与中央文件精神、高校教育教学的基本要求、时代发展与大学生成长成才的需要相比，还存在不小差距。这与当前“形势与政策”课教学话语转换滞后不无关系。

一、“形势与政策”教学中话语转换的必要性

（一）话语转换是新形势下教育教学改革的必然要求

20世纪90年代以来，随着网络技术的发展与应用，学生获取信息与形势政策解释的渠道更加多样化，高校“形势与政策”教育的时效性不再明显[1]，“形势与政策”课教师在时事话语方面的“垄断”地位渐失。社会思潮借助网络等现代传媒，以其与社会现实的密切相关性，以及新颖、生动的表现形式和广泛、深入的影响力等特征[2]深刻影响着“90后”大学生。这样，一方面在世俗化、感性化社会思潮的持续渗透下，传统“灌输式”形势政策教学方法很难激起大学生的学习兴趣。另一方面，在碎片化、多元化社会思潮的冲击面前，由于大学生的人生阅历较浅和认知上的不成熟，使他们较难形成客观、正确的判断，容易过分夸大社会现实热点问题的负面因素，进而形成错误的形势观和政策观。因而，在多元社会思潮背景下，“形势与政策”课教师在教学过程中，如何整合纷繁复杂的海量形

势信息，将晦涩难懂的党和国家的政策文件语言向学生容易接受的教学话语转换，构建符合当代大学生学习、生活和情感需求的“形势与政策”话语体系，就成为当前教育教学的当务之急。

（二）话语转换是提升“形势与政策”课教学有效性的必要前提

就“形势与政策”课教学内容的特殊性来看，话语转换亦是提升“形势与政策”课教学有效性的必要前提。虽然教育部相关部门每年下发两期《“形势与政策”教育教学要点》，并组织编写制作了《时事报告（大学生版）》和《时事》VCD等资料，对“形势与政策”课程内容的相对稳定性提供了较好的保障，但由于这些参考资料缺乏“时效性”、“系统性”、“针对性”、“操作性”[3]，很难与“形势与政策”发展的动态性相适应。教学要点往往是对既有方针、政策和重大时事的归纳概括，多以标题式、要点式的抽象性语言来组织，无法顾及要点编写之后出现的新情况，往往具有一定的滞后性和抽象性。如果教师完全按照“教学要点”的话语体系来组织教学，将很难达到实际的教学效果。

二、当前“形势与政策”课教学面临的话语转换困境

（一）课程本身的话语权缺乏机制和体制上的保障

“教社政[2004]13号文件”对“形势与政策”课作为思想政治理论课的重要组成部分的必修课地位作了进一步明确，并强调要重点加强该课程的规范化、制度化建设。如对教学计划的编制、教学组织的建立、学时的保障、学分的考核要求等都做了明确规定。但在高校实际的教学管理和教育教学过程中，却并没有得到全面有效的落实，“形势与政策”课程缺乏应有的话语权。如不少高校并没有把“形势与政策”课作为一门课程落实在学校总体教学计划和教学安排中，有些学校虽然在教学计划和教学安排中有所体现，但又缺乏操作层面的具体措施，课程设置和教学安排的随意性和变动性较大。还有一些高校，“形势与政策”课教育与学校其他专业课程教育的关系被形象地喻之为“编外兵”与“正规军”关系。[4]

（二）教学实践中的形式创新不等于话语创新

虽然不少高校“形势与政策”课教师已意识到教学话语转换的重要性，但往

往在教学实践中把形式创新简单地等同于话语创新。应该承认，多数"形势与政策"课教师在备课上下了不少功夫，他们搜集了大量生动的案例、视频，多媒体课件也做得十分丰富美观，教学语言也很生动形象，在教学形式的革新方面真可谓使出了浑身解数，但不少学生却还是提不起精神，他们好像已经处于一种形式化的审美疲劳中，对老师的努力视若无睹。这些新型教学方法的引入，使得课堂教学信息量大增，形式更具多样化，在一段时间内确实对学生产生了吸引力。但这也使得教师过分依赖于多媒体或案例教学，教师根据课程内容进行随机发挥和发散思维的灵活性失去了维度，使课堂教学真的变成了照本宣科，教师自己独立思考问题的能力却在这种形式创新中被完全消解了，形式与手段上的创新反而走向了改革预设目标的反面。[5]实际上，说到底，这些教学革新只是形式上的革新，整个教学的模式没有真正改变，课堂教学仍然是以教师为主体的教学模式，"传递-接受"的教学理论和"刺激-反应"的学习理论仍然是其支撑。[6]因为"形势与政策"课每学期开设时间少，一般为16学时，有的学校甚至更少，而每一专题或讲座的知识含量丰富、政策性又强。在这种传统教学模式下，教师是教学过程的唯一主体，决定着教学的内容和教学的形式，以讲授和灌输为主要教学方法，学生成为被动的知识接受者。教师在教学形式上进行的诸多创新依然未能有效整合海量的碎片化信息，学生汲取不到这些信息背后深层次的理论养分，教师与学生之间没有形成深入有效的话语互动，久而久之，学生难免觉得课堂教学苍白与乏味。

（三）教师缺乏应对话语转换的能力

从"形势与政策"课的教学内容来看，其涵盖哲学、历史、政治、经济、军事、文化等多个学科，涉及面广，综合性强，体现出多学科交叉渗透、互相融合的特性，现实与历史问题兼有，宏观与微观问题并重，担负着党和国家法律法规和政策决策的宣传教育功能，这对任课教师的话语转换能力提出了较高的要求，要求教师具有高度的政治敏感性、专业知识的多学科性和不断进取的创新意识。但从目前高校"形势与政策"课教师队伍建设的现状来看，与"教社政[2004]13号文件"师资建设方面的要求还存在较大差距。

首先，教师专业化水平不高，具有的知识和能力很难胜任"形势与政策"课教学工作。长期以来，由于高校"形势与政策"教育的非学科化发展，使该课程的任课教师多是由其他相近学科教师兼职担任，或临时请其他非专业人员担任。而且，从事“形势与政策”课教学的教师年龄偏轻，职称偏低。任课教师中普遍存在知识结构单一、教学经验缺乏等问题。每个学期当教育部下发纲领性教学要点时，需要教师把要点转化为具体的教学选题，这是一个相当复杂而又困难的过程，需要有丰富的积累和敏锐的判断。而这样的教师队伍明显缺乏对“形势与政策”某一板块的长期关注和深入研究，苦于资料的搜集和消化，难于观点的梳理与论证。结果，部分任课教师在选择教学专题的时候，往往选择简单的或自己比较擅长的，对于专业性强、难度较大的专题基本不予考虑。即便一些教师迫于各方面的压力，承担了高难度的专题讲授，但他们的分析与结论却经不起常识性的推敲。

其次，教师专职化程度不高，临时性与流动性较大，使得“形势与政策”课教师队伍很难稳定下来。按照“教社政[2004]13号文件”要求，“形势与政策”教师的队伍结构应该是专职为主、兼职为辅、专兼职结合。但目前不少高校的“形势与政策”课专职教师队伍始终没有建立起来，教学任务主要是靠辅导员、班主任、政工干部和其他思想政治理论课教师兼职完成，一遇到其他任务或课程冲突，便会临时换人。由于“形势与政策”课的教学难度大、变化快、备课耗时多，在绝大多数任课教师看来，“形势与政策”课是高投入、低产出，最不划算的一门课。因此，尽管“形势与政策”课很重要，学生们也很需要，但一般教师并不乐意担任这门课的教学工作。有的即使不得已成为专职“形势与政策”课教师，也是身在曹营心在汉，总在想办法调往其他学科。这就使得“形势与政策”课师资队伍建设面临重重困难，教学效果也很难达到理想状态。

（四）传统教学话语体系无法满足学生的生活和情感需要

“形势与政策”教学以党和国家当前的方针、路线、政策和国内外政治、经济等的发展形势为主要内容，热点问题多，政治性、原则性强。绝大多数教师在教学过程中能够很好把握正确的政治方向、站稳政治立场，但在教学话语的创新与转换方面却时常患得患失。因此，在当前的“形势与政策”课教学实践中，教师多偏重于传达、贯彻方面的功能，强调在党和国家路线、方针、政策宣传方面的传声筒作用，但对大学生自身成长成才的内在直接需要重视不够，对路线、方针、政策和重大热点问题的人文意识解读不够，致使学生在对“形势与政策”课的理解中感受不到党和国家的路线、方针和政策背后所体现出的深层次的人文关怀，满足不了学生的生活和情感需要。

同时，教师教学所用话语刻板、僵硬，缺乏针对性、启发性和感染性，忽视了学生之间的个性差异，影响了学生学习主动性的发挥。因为不同的学生由于家庭背景和成长环境不同，对于同一事物的认识和评价，对不同的思想观念、社会思潮的态度也会有所不同。学生对不同事物和社会现象认识的差异性是教师首先应予以关注的问题。但是当前多数高校单一化的“形势与政策”课教学模式，缺乏对具体问题的具体分析，不能满足学生对“形势与政策”学习的多样化需求。这就使不少学生对“形势与政策”课重要性的认识不清。调查发现，70%以上的大学生渴望了解国内外形势与有关政策，他们希望通过“形势与政策”课了解和掌握国内外大事。[7]这说明，青年大学生对时事有浓厚的兴趣，希望对形势发展与政策变化有更进一步的了解和判断。但如果这些兴趣和愿望，得不到正确有效的引导，往往会向着空泛化、抽象化的方向发展，出现话语权旁落，导致价值困惑和判断失真。

三、形势与政策课教学面临的话语转换的对策思考

（一）从体制机制上增强“形势与政策”课在课程体系中的话语权

“形势政策课”教师要深刻领会中央宣传部和教育部的相关文件精神，积极向学校主管领导和课程管理部门反映情况，积极协同相关部门落实中央文件精神，加强“形势与政策”课程的领导机制和工作机制建设。邀请学校主要领导每学期至少参与一堂“形势与政策”课的教学工作，使领导和部门协同提升“形势与政策”课在学校课程体系中的话语权。同时，每个高校都要根据实际情况建立一支高素质的专兼职教师队伍。尤其是要有稳定的专职教师队伍，长期负责课程建设和各种专题报告的协调工作，保障“形势与政策”课的规范化、制度化发展。

（二）教师应提高理论分析能力和思想引导能力，增强话语转换的实效性

作为一门思想政治理论课，政治性和理论性是“形势与政策”课的重要特征。它要求教师必须具备深刻的政治洞察力、宏观的理论视野和综合分析能力。“形势与政策”课教师要善于对党和国家的大政方针、国内外形势发展的热点问题进

行深度的理论讲解与生动的事实分析，引导学生以正确的政治立场来客观、理性地分析社会热点问题，激发学生的政治热情，强化学生的社会担当意识。

因此，要增强"形势与政策"课教学话语转换的实效性。首先，"形势与政策"课教师必须加强理论和政策学习，具备扎实的理论知识和过硬的政治素质。如果教师缺乏扎实的马克思主义理论修养，便很难做到高屋建瓴地分析和处理政策、文件等教学内容，讲课就很难做到融会贯通，也就不可能使教学话语具有更强的说服力和感召力。[8]

其次，"形势与政策"课教师要善于独立思考，引导学生理性分析问题。教师必须具备独立思考能力，不能人云亦云，要能够使教学要点语言、政策语言、社会热点事件争议语言转换为有效的课堂教学语言，激发出学生的理性思考能力，切中学生的情感共鸣点。例如，在讲到我国"一带一路"与亚投行战略时，一方面要让学生了解这一国家战略的来龙去脉，是统筹国内国际两个大局作出的重大战略决策，既助力中国经济可持续发展，又是新时期中国周边战略的重要依托，是跟美国战略东移的一次对冲；另一方面也要让学生明白亚投行的倡议虽然在全世界引起广泛响应，赢得诸多信任票，但不宜过度夸大亚投行现象的全球影响力，因为它并未撼动美国的全球金融霸权地位，金融依然是我国经济发展的传统短板，中国经济的崛起只有金融的崛起才可能持续，以制造业崛起于世界的中国，在饱受金融落后之苦后，必须在这一轨道上加速追赶，亚投行展示了我国大国金融崛起的抱负。又如，谈到当前欧洲愈演愈烈的难民潮问题时，一方面要让学生了解难民潮"难"点何在，大量难民将对欧洲社会、文化习俗造成强烈冲击，对深陷主权债务危机、经济尚未完全复苏的欧盟国家是雪上加霜；另一方面也要让学生明白欧洲难民危机的深层根源在于美国等一些西方国家对西亚北非局势的蛮横干涉造成大量的人道主义灾难，借此还可以引导学生对当前台海关系进行思考：如果台湾政客继续当"美日防卫第一岛链的看门狗"，被西方发达国家操弄和大陆互相对抗，最后造成战祸倒霉的是全体人民。

此外，教师还必须学会利用网络平台提高"形势与政策"课程内容话语权。现在的大学生对网络平台都非常熟悉，如果教师不能够与他们共享网络平台、运用网络语言进行对话交流，便很难提高"形势与政策"课的教学效果。因此，教师要不断提高自己利用网络平台搜集资料、学习了解网络语言的能力。

（三）掌握网络话语权，加强对网络舆情的引导

网络话语兼具解构既有话语体系和建构新话语体系的双重功能。"形势与政策"课教学过程中，教师要善于利用网络课程平台来转换传统话语体系建构新话语体系。博客、BBS论坛、贴吧、QQ、微信、飞信等网络即时交流平台，为话语体系的解构与重建提供了平台。因此，"形势与政策"教育一定要注意不断拓展教育途径和方式，特别是重视网络平台的应用，通过网络这一重要途径来增强话语权。

"形势与政策"课应围绕某些社会热点事件的变化，针对大学生的社会政治态度及其意见表达的多变性、随意性与无导性，进行思维方法的传授与行为实践的指导，使大学生在面对网络舆论时，能够立足于正确的政治立场，采取理性的应对态度，保持独立思考的认知原则，客观公正地得出正确结论，形成正确认识。[9]首先，要把握网络舆情热点，争取"先声"夺人。"形势与政策"课教师可以针对某些可能对学生产生负面影响的舆情，及时通过网络平台发表正面、理性的"先声"性评论，甚至还可以邀请专家发表权威性评论，公开支持"先声"，以达到"先声"夺人、先入为主的效果，以此来疏导学生情绪，引导学生网民全面了解新闻事件及其来龙去脉，并推动学生网络舆情向健康、积极的方向发展。[10]其次，开展网上辅助教学，放大正面舆论。教师可以创建形势与政策课程网站，通过充分调动网络优势资源，开展网上多彩活动、开辟网上学习园地、完善网络各种功能等途径，唱响网上主旋律，扩大"形势与政策"教育的影响力和覆盖面。再次，培养校园网络"意见领袖"，形成网上强势舆情。要高度重视对校园网络领军人物的培养和引导，一方面，关注现有网上"活跃分子"，把这些"活跃分子"争取过来为我所用；另一方面，注意从学生中挑选思想觉悟和政治素养较高的学生干部或学生党员进行培养。由这些网络领军人物主动在网上发言，及时、准确地发布党和国家的有关政策及权威信息，用正确观点引导学生网络舆情。

（四）教学话语体系应尽量贴近学生的学习生活

在"形势与政策"课教学活动中，教师首先要充分重视与学生的平等交流和沟通，积极引导他们发挥自主性和创造性；其次，教师要有参与大学校园文化生活的意识，了解学生在校园现实空间和网络虚拟空间中的学习、生活、交往和娱乐方式以及他们的思想、心理和行为特征，学会运用学生常用或认同的话语与学

生进行有效的沟通交流，不断探索理论话语、“教学要点”话语、政策话语与学生话语之间的差异与联系，有效实现“形势与政策”教学话语体系的转换。

（上海中医药大学　杨丽霞）

参考文献

[1] 李斌雄，王祝福，赵甲明. 新中国成立以来高校学生形势与政策教育述评[J]. 马克思主义研究，2009(2).

[2] 邱柏生，左超. 从社会思潮的影响特征看如何增强思想政治教育的吸引力[J]. 思想理论教育，2010(17).

[3] 郭瑞科. 高校形势与政策教育教学要点的局限性及对策研究[J]. 高等函授学报（哲学社会科学版），2011(8).

[4] 王丽君. 规范化与科学化之融合：大学生形势与政策教育的发展趋向[J]. 河北工业大学学报（社科版），2010(4).

[5] 李铁华. 思想政治理论课教学中主体性因素的激发[A]. 上海市民办高校思想政治理论课建设协作组. 民办高校思想政治理论课建设的实践与创新[C]. 上海：上海交通大学出版社，2009：21.

[6] 苑申成. 大学生形势与政策教育科学化探析[J]. 思想理论教育，2011(2上).

[7] 杨丽霞. 高等医学院校形势与政策课的教学实践与思考[R]. 2011年度上海中医药大学德育创新研究项目.

[8] 顾晓英. 高校“形势与政策”课教学话语转换研究[J]. 现代教育管理，2009(2).

[9] 杨丽霞. 网络环境下高校形势与政策课的舆情引导[J]. 中医教育，2013(2).

[10] 敬菊华，张珂. 高校网络舆论的特点及其引导[J]. 中国青年研究，2007(10).

关于“形势与政策”课
话语体系的思考

随着中国的进一步深化改革，随着世界经济一体化趋势增强，随着中国走向世界，世界也在走向中国。在这一大的历史趋势条件下，科学技术的发展，特别是互联网技术的发展，多元文化也随之如潮水般涌入，并已经开始威胁到我们的主流意识形态、价值观的建构与发展。特别是历史虚无主义、新自由主义等社会思潮已经在不同的领域、不同的方位，对我国的意识形态、对人民的价值观产生了极其不良的影响。“形势与政策”课是以主流意识形态向大学生传播党的路线、方针、政策，传播国内外发生的重点事件的主渠道，是从正面引导广大青年学生正确看待、分析、理解这些重大事件的主阵地，这个主阵地以什么样的话语体系来代表党、国家以及教育的主旋律、正能量的发声是一个十分现实的问题。那么，我们认为应该坚持如下几个原则。

一、用马克思主义基本理论和马克思主义中国化的最新成果占领“形势与政策”课阵地

“形势与政策”课相对于其他思想政治理论课来说，其理论性相对较弱。其教学内容往往是以刚刚发生或正在发生的国内、国际大事为切入点，这些内容虽然具有重大的政治、经济意义，却又与每个人的现实生活息息相关。所以“形势与政策”课对于学生来说，比抽象理论居多的思想政治理论课更具有吸引力。但是相对简单的、贴近生活的教学内容，并不代表授课教师可以采用相对简单的授课语言，它作为思想政治理论课的重要环节，其话语体系也应保持严肃性、主旋

律、正能量，即要以马克思列宁主义、毛泽东思想和中国特色社会主义理论体系为指导，保证其话语体系的主流意识形态性。

"形势与政策"课作为思想政治理论课中与现实结合最紧密的学科，也最能体现出马克思主义与时俱进的理论品格。它以国内外最新的大事为切入点，用马克思主义基本理论解读现实世界中的政治、经济事件，使学生通过对现实事件的解读，懂得如何使用马克思主义的基本原理看待世界、分析问题，懂得如何将马克思主义基本原理作为基本的世界观与方法论，懂得如何用马克思主义中国化的成果为导向，看待政治、经济、文化事件的发展过程与内在矛盾，进而达到正确地认识、分析和理解重大事件的目的，提升学生认识世界、认识政治、认识国家关系的能力，所以"形势与政策"课要以更高的进步速度走在对时代和世界发展认识的最前沿，这就要求它要以马克思主义基本原理和马克思主义中国化的最新成果为理论指导和方法论指导，让最新的理论成果占领"形势与政策"课的阵地，以马克思主义与马克思主义中国化的最新成果为视角，看待正在发生的国内与国际大事，使最新的马克思主义理论成果成为学生认识事物、分析问题、认识世界、分析重大事件的最有力武器。

"形势与政策"课在强调理论成果的鲜明特征，即与时俱进性的同时，还应注重理论成果的科学应用，注重将马克思主义理论成果与马克思主义中国化成果作为课堂授课的主导声音，让其占据主导地位。一切国际、国内的形势与党和国家的政策都要用马克思主义科学理论进行解读，让"形势与政策"课的课堂与授课内容在接近现实生活的前提下，有科学的理论进行指导，完成理论与实际的完美结合。

二、必须坚持用国家主流意识形态为指导

"形势与政策"课是主流意识形态的宣传阵地，在意识形态斗争异常激烈的今天，面对诸多不良社会思潮的影响与冲击，我国的主流意识形态受到了前所未有的挑战，随之而来的是对青年学生的重大影响。在这一严峻形势下，"形势与政策"课教师更应树立起阵地意识，将"形势与政策"课堂作为传播我国主流意识形态、抵御外来不良意识形态的重要阵地，传播主流思想，守好意识形态阵地。严峻的形势与现实的需要要求"形势与政策"课主讲教师必须站在国家的高度、

以共产党人高度的责任感与使命感来客观阐述国家的大政方针，介绍国家外交方针与战略，客观准确地分析国际关系与重大事件。“形势与政策”课最终目的就是向学生讲明白政治问题，面对政治问题，思政课教师要有高度的政治敏锐性与政治责任感，面对国际、国内重大的政治事件，讲清问题的关键是站对立场，站在国家的立场、执政党的立场、人民的立场、民族的立场，以主流意识形态为指针才能以正确的政治思路向学生传授正确的思想。

复杂多变的国内国际局势，错综复杂的政治事件，为高校思政课教师，特别是“形势与政策”课教师提出了更高的要求，如何以正确的立场、恰当的评论、深刻的解读面对政治事件成为“形势与政策”课教师面临的巨大挑战。这就要求“形势与政策”课教师要不断关注国际国内的重大事件，不断关注党和政府的最新发声，以及不断学习马克思主义基本原理与马克思主义中国化最新成果的理论知识，不断提升自身对政治事件的辨别、解读能力。但是面对思政课教师水平参差不齐、各高校科研水平悬殊的情况，党和国家的相关部门应加强顶层设计，通过各种培训、教学指导等途径提升思政课教师正确看待问题的能力。如相关教育部门、国家新闻发言部门等，在大事件发生之后，应及时整理并发布相关大事件的解读口径与解读角度，以供高校思政课教师参考，来提升教师水平并保证对重大问题认识、解读和传播的正确性（类似高校思想政治理论课教学活页）。最终在提升思想课教师业务水平的同时，保证国内外大事件解读的科学性与一致性，保证主流意识形态的阵地性和影响力的提升。

三、重大问题话语体系必须与党中央、国家宪法保持高度一致

在目前的高校思想政治理论课体系中，“形势与政策”课具有相对较少的学时，课程安排相对持续的周期性以及授课时间相对集中。这些特点体现出“形势与政策”课定时地、持续地为学生解读国际国内大事、宣传党和国家的路线、方针、政策的课程功能。针对这一课程功能，“形势与政策”课教师首先要及时全面了解和掌握党的路线、方针、政策，及时了解和掌握国内外发生的重大事件的始末以及发展过程，及时掌握党和国家对重大事件的判断和分析，这样才能保证其话语体系与党中央、国家宪法保持高度一致，在“形势与政策”课上担当起重大事

件的“国家发言人”。例如针对钓鱼岛、南海等问题的出现以及随之而来的后续问题的进展，外交部等相关部门都会根据事件进展，不断发表声明，阐明我国的立场。这一立场正是“形势与政策”课教师的授课指针。其次，“形势与政策”课教师要树立法制意识，不断学习法律知识，在宪法与法律的框架内，对“形势与政策”课的内容进行讲解。同时“形势与政策”课教师更应坚守职业操守，明确责任、不辱使命。例如，2014 年末的“辽报事件”，将大学教师，特别是思想政治理论课教师推到了风口浪尖，支持者与反对者进行了激烈的讨论，虽然绝大多数理论课教师有着坚定的政治信仰与过硬的政治素质，但是也应以此为鉴，不断提高理论与教学水平，完善“形势与政策”课话语体系，净化课堂用语，用正确的立场、正确的政治导向、正确的法治观念坚守思想政治理论课阵地。

四、构建立足学生、接近学子思想脉络的话语体系

长期以来，思想政治理论课以纯说理为主，逐渐形成了“一言堂”的主导趋势，特别是思想政治理论课一些理论性较强的学科已将“一言堂”与“满堂灌”作为了普遍的授课方式，并已形成了一定的话语体系。但是，“形势与政策”课的话语体系要根据授课内容作出重要调整。有专家指出：“要研究话语体系的创新，注意将文件语言、书面表述转化为学生易于接受的学术话语、通俗话语，达到润物细无声的教学效果。”[1]所以，“形势与政策”课教师要以教授对象自身状况、生活需求、生活环境为出发点，选择更适合学生的案例来完成教学内容，使用学生更乐于接受的话语体系，活跃课堂，力争在谈笑风生中实现教育目标。更加接近学生的话语体系和为学生所接受的话语体系必将是通俗的、具有时代气息的，而非传统的、晦涩难懂的，也必将不是低俗的、与“形势与政策”课教学目标相悖的。

如何构建立足学生特征的话语体系，如何构建与时俱进的话语体系，我国历代领导人的话语风格给予我们了重要启示。毛泽东主席在《实践论》中说明参加变革实践的意义时，就是从“梨子”的举例出发，“你要知道梨子的滋味，你就得变革梨子，亲口吃一吃”[2]。而习近平主席的讲话风格与当今时代更加贴近，首先其话语凝练，简短易懂，比如其在参观“复兴之路”展览时用言简意赅的三句诗词概括了中华民族的昨天、今天、明天，“昨天是‘雄关漫道真如铁’，今天是‘人间正

道是沧桑'，明天是'长风破浪会有时'"；其次其语言口语化突出，更加接近人民群众，例如他用"缺钙""软骨病"来比喻党员干部的理想信念缺失；最后，他的话语也注重举例说明，将复杂的问题简单化，让问题更易懂，例如，他曾列举秦王朝、唐王朝由兴盛到衰败的例子，来说明中国历史上腐败导致的王朝衰落、人民痛苦的事实等。从领导人的话语体系中，我们也看到了共产党人的优秀品质与作风，他们坚持群众的观点，接近人民、立足人民、植根人民。高校"形势与政策"课也应学习领导人贴近生活、贴近人民的话语风格与气派，构建贴近学生、贴近学生生活的具有生命力与影响力的话语体系。

与此同时，"形势与政策"课作为思想政治理论课中实践性最强的学科，在借用思想政治理论课已形成的话语体系的同时，更应注意其实践性话语体系的建立，实践性的话语体系是教育者对受教育者进行教育的高层次手段之一，更易被受教育者所接受。"形势与政策"课从社会现实与社会问题出发，这些国际国内大事往往是已经发生，并已引起学生注意的事件，随着网络技术的不断发展，信息传播速度的提升，以及自媒体时代的到来，在"形势与政策"课堂之前，对于这些政治大事，学生们已经有了自己的见解与认识，这种占据其头脑的认识可能来自官方主流媒体的声音，也可能来自某些所谓的网络"大V"，在复杂的认识来源面前，"形势与政策"课还应担负起答疑释惑的责任。"一言堂"应向"各抒己见"与"畅所欲言"转变，在学生的实践与探讨中，"形势与政策"课教师从中找到学生认识政治问题的某些偏颇，给予答疑并纠正，并正确引导他们的认识走上符合社会主义主流价值观与主流意识形态的正轨。这就要求高校思想政治理论课教师不断提升自身修养，在强化马克思主义理论与马克思主义中国化理论学习的同时，加强对社会热点的分析学习能力，以及不断完善将社会热点与理论问题相结合的能力，能够及时正确地为学生解答其在现实问题上的困惑、纠正可能已经形成的认识上的错误。守好"形势与政策"课阵地，提升思想政治理论课的理论自信，把握住主流意识形态的主动传播权。

五、话语体系要体现民族性、时代性和世界性

"形势与政策"课作为思想政治理论课之一，许多教学内容不仅具有时代感，

同时还具有民族性。“形势与政策”课上解决的问题，都是具有历史渊源的，看清现在就必须从历史的源头开始学习。从历史源头探寻现实问题的渊源，自然离不开民族性。通过对现实问题的解读，通过对历史渊源的探寻，来实现对党和国家的路线、方针、政策的理解，正是增强民族自尊心、自信心与自豪感，提升民族素养、爱国情怀的重要契机。

“当马克思在《科伦日报》的评论中提出‘真正的哲学是自己时代精神的精华’时，他实际上已经提出了哲学的任务，甚至也是自己理论的任务，就是回答时代性问题，并在实践中解决时代性问题。”[3]“形势与政策”课作为思想政治理论课中最能体现马克思主义与时俱进品质的学科，其话语体系必将具有时代性，用时代强音表达中国声音是“形势与政策”课最重要的目标。马克思主义的基本理论已基本成熟，但是随着时代的发展，世界的政治、经济、文化都在发生着前人所不能预料的变化与发展，这就要求“形势与政策”课教师面对新问题时，既可以在成熟理论中找到与之相适应的理论依据，又运用新话语解释新问题，即通过具有时代意义的、时代气息的话语体系，用马克思主义中国化的最新理论成果实现对时代问题的最新解读。

与此同时，“形势与政策”课的授课内容决定了其对世界的关注，一个开放的世界、一个经济一体化的世界正在展现在每个人面前，面对开放的世界，“形势与政策”课担负着巨大的历史使命，怎样让学生更好地了解世界、让学生用正确的视角与观点看待世界、怎样让中国为世界所接受、怎样让世界之风吹进课堂成了“形势与政策”课亟待解决的重要课题。上述一系列问题都要求“形势与政策”课教师具有国际化视野，用既符合我国主流意识形态、又符合世界性语言要求的话语体系解释国际国内大事件，让学生看待重大政治、经济事件的视野在符合马克思主义意识形态要求的前提下更加国际化。这不仅是时代的重大需要，同时也是当前教育所面临的现实需要。特别是在教育逐渐全球化的今天，随着中国的不断发展，越来越多的留学生到中国求学，感受中国文化的博大精深。当留学生走进“形势与政策”课堂的时候，“形势与政策”课又将具有更加重要的意义，怎样通过“形势与政策”课让留学生感受到中国的发展、感受中国历史发展的脉络、感受党的路线方针政策的英明，怎样通过“形势与政策”课传播中国文化与中国思想并为他们所接受，成为“形势与政策”课面临的重大课题。这一重大课题就要求“形势与政策”课提升其话语体系的国际化水平，让留学生听得懂、听得进去，达到认同并接受。良好话语体系的建立，更加有利于外国留学生成为未来中国文化、方针、政策对外宣传的使者，拓宽了中国声音的发声渠道，使中国声音实现国际化的表达。

“形势与政策”课作为大学生在课堂上了解世界、了解中国、了解中国共产党的窗口一直发挥着重要的作用。面对世情、国情、党情的不断变化，“形势与政策”课在不断更新教学内容的同时，话语体系作为提升“形势与政策”课教学效果的软实力，其构建任务也迫在眉睫，思想政治理论课教师要不断强化“阵地意识”“守土有责意识”，牢牢把握意识形态话语权，牢牢把握阵地权，利用好“形势与政策”课这一有效途径，提升思想政治教育的实效性。

（渤海大学　张春梅　陈　佳）

参考文献

[1] 李卫红. 在高校思想政治理论课2013年新修订教材和教学大纲示范培训班上的讲话[J]. 思想理论教育导刊，2013(9)：4-6.
[2] 毛泽东选集(第1卷)[M]. 北京：人民出版社，1991：287.
[3] 赵凯荣. 时代性与历史性的辩证统一——马克思主义时代化的基本问题[J]. 人民论坛，2011(14)：11-13.

高校"形势与政策"课程教学：定位与视角

"我们所处的是一个风云变幻的时代，面对的是一个日新月异的世界"。[1]"形势与政策"课程的独特价值在于展现与解析这种时代潮流和世界大势的发展变化、背后因素及应对策略。社会课题和热点问题形成专题的教学定位，社会的发展进步和矛盾问题的分析视角，有助于培养当代大学生的全球视野、现代观念、爱国热忱和担当精神。

一、"形势与政策"课程的教学定位

定位不是要固化教学内容，而是要避免漫无边际。对教学工作者而言，"形势与政策"课程没有永远的教材，需要以不停歇的视线，去审视当前全球与中国面临的主要发展状况与社会问题。纷纭而现、铺天盖地而来的天下大事、热点问题和重大新闻所传达的共享知识如何讲述？笔者认为在选择教学内容时，要面对课程本身的实际情况，恰当选取角度、提升理论高度、注意把握尺度、注重挖掘深度。

（一）恰当选取角度形成教学内容

教学内容的确定是"形势与政策"课程规范发展的重中之重，只有选准角度形成课程内容才能对学生讲清形势，讲明政策。初看起来，"形势与政策"课程的教学内容似乎无所不在，又无所在，这使教学工作者认为它是一门较难描述的课程："形势"与"政策"皆处于变动之中，难以形成教学体系；是许多专业的综合，专业化是限制其发展的开始；只能注重以课堂为中心的知识传授，而无法深入探索理论自觉等。“形势与政策”不是有形的存在，加之社会现实及政策的复杂多变，以及其无穷无尽与势不可挡的开放特性，教学工作者一定会不停地追问，其教学内容在哪里？

1. 几种倾向性观点

(1) 将教学内容锁定于与国家有密切关系的福利政策，包括社会保障、医疗卫生、教育、住房以及个人福利服务。在一些国家，交通、环境、粮食等亦被列为社会政策。这种做法不能体现“形势与政策”课程的设立宗旨。

(2) 以事件为中心，时间上在当下解读，空间上具有国际视野，这种时事评论(时局分析)固然能为学生呈现时事现状及其发展态势，却无法展现“形势”与“政策”的缘由脉络、错综复杂和变化莫测，只能看到事件表象，却看不到比较深层的历史动因。

(3) 就基础文本而言，从全球角度看，内容存在于每一年度的《世界发展报告与展望》，从中国角度看，内容存在于每一年度的国务院《政府工作报告》，从中选取热点的、连续性的、前瞻性的问题。这种做法最贴近“形势与政策”课程设置的初衷。

(4) 相关《公共政策》教材对“形势”与“政策”根据不同的标准进行了很多分类和描述。形势多种多样交互作用，政策是一个复杂体系，分为很多层次，范围广泛。这种方式侧重的是政策制定过程，与本文的“形势与政策”不存在重叠。

(5) 有学者认为，“形势与政策”的理论内容应是《当代世界政治与经济》的缩略版。这种观点认为，“形势与政策”去除了《当代世界政治与经济》的过时内容，避免两者的同一、同构，两者的差异即是“形势与政策”的存在理由和理论阵地。这种理论体系与知识形态却缺乏“形势与政策”内容的当下性、综合性、补足性、变动性和未来性。“形势与政策”课程的内容是当下世界与中国政治、经济、外交和文化等维度构成的社会生活中的核心问题，不是边缘的边缘，而是前沿的前沿。本文认为，“形势”应为世界或一国的政治、经济、军事、文化等领域的发展趋势和特征的本质概括；“政策”是指世界主要大国的对内与对外的发展战略和具体实践。党和国家的大政方针蕴含其中，在邓小平理论、毛泽东思想和“三个代表”重要思想课程中也有讲授。

2. 社会课题和热点问题的教学定位

(1) 由社会课题形成专题

每一时代都有许多迫切需要解决的矛盾与问题,有相对容易解决的,也有长期无法摆脱的。社会矛盾的解决发生障碍便产生社会问题。在特定的历史时期或时代,往往是社会最主要的矛盾或问题,成为人们共同关注的焦点。每一社会的矛盾与问题首先表现为利益,人们从社会实际生活中感觉到了什么是最突出的问题,即最关心、最直接、最现实的利益问题,正是利益的对立统一推动着社会关系的深化和社会实践的变革,该问题就是这一时代的社会主要课题。不论其以隐蔽的潜在形式出现还是以社会危机的尖锐形式出现,都与社会的前途和人们的命运密切相关。

“形势与政策”的内容应随着形势变化围绕着重要的社会课题酝酿产生。尽管其内容在不同历史时期、不同国家、不同环境下有不同的发展状况与表现,但一定是近一段时期内党和国家的工作中心。以时代和实践提出的重大理论和现实问题搭建沟通“形势”与“政策”的桥梁,需要以俯瞰的眼光(自上而下的政策)和接地气的思量(自下而上的民意),观天下观时变,根据社会各领域发展的客观趋势,撰写专题形成“形势与政策”的主要内容。

(2) 由热点问题形成专题

世界变化的速度正在加快,影响地区乃至世界的不可预测事件随时可能发生。形势的发展变化是必然性与偶然性的统一,有时形势(尤其是国际形势)受偶然性因素影响而发生突然性变化,这种变化引发的、产生一定程度影响的问题,称之为热点问题。“有些热点问题瞬息万变、复杂难解,甚至在一段时间内‘无解’,呈现出多样性、传染性、联动性、突发性特点。一国与他国、国际与国内、传统与非传统等问题和挑战相互交织,牵一发而动全身。一国的问题往往很容易溢出国界,波及周边乃至世界。”[2]

“发生在遥远地区的种种事件,比任何时候都更直接、更迅速地对我们产生影响,反过来,我们所作的种种决定,其结果往往也是全球性的。”[3]世界范围内各种关系在不断地转化,此地发生的桩桩事件可能正朝着引发它们的相距遥远的关系的彼此相反方向发展。地域性变革与跨越时空的社会联系的横向延伸所产生的影响,既有可能削弱与民族国家相关的民族情感的某些方面,也有可能增强更为地方化的民族主义情绪。怎样看待问题，关系到怎样看待世界的性质与发展，怎样看待世界的多样性及理解世界的多样性。社会发展的过程中有过答案的地方又会遇到新问题，结合实际和未来发展，为长期存在的有新的表现形式的老问题寻找新答案，为新问题、新情况、新任务寻找好答案，直面重大理论和实践问题、不回避热点难点问题。

(3) 当前“形势与政策”的主要专题

“形势与政策”针对变化着的全球现实，必然多面、宏大同时包罗许多具体问题，其独特魅力正是在于变化的世界赋予其的无限的想象、填充和建构的空间。当前，教学形式有从注重构造理论体系走向重视理论和事实分析的倾向，专注具体问题的分析转向便于教学更多融入社会生活的各个层面。以社会课题和热点问题形成专题，作为框定“形势与政策”的理论坐标轴，需要不断地更新、再更新其知识内容，重构、再重构其解释体系。“形势与政策”课程的教学内容超越理论体系的建构而直面社会问题，应以国际和国内发展的根本性、战略性、前瞻性和长远性的重大社会问题体现出来(重大的国家战略)，同时包括对社会新现象、新问题和新趋势的分析和理解。

我们所注重的问题是当前世界以及中国面临的现实挑战，以多点在全球呈现出新变化，核心在于大国之间的地缘政治与经济贸易上的博弈(冲突与合作)、调整和协调以及中国政府的政策主张与措施，将重塑诸多国家的战略环境，关乎国家的兴衰成败与民族的生死存亡，一次超级大国的全面冲突有可能毁灭掉整个人类。由大国关系形成的世界格局，国际政治经济军事格局(全球形势)；中国国内政治生活的主题，经济的状况与主要问题(中国形势)；诸领域构成的“大形势”下的“大策略”(政策)，为“形势与政策”课程的教学定位。具体而言，教学内容包含格局与问题两个方面，两者具有相通性与同构性。在当下的全球、地区以及中国的宏观形势之下的主要问题包括：从传统安全问题看，主要是军事战争与冲突，全球秩序重塑进一步展开，世界军事改革步入深水区。主要包括南海问题、钓鱼岛问题、朝核问题、伊核问题、叙利亚危机、乌克兰困局等地区热点问题。这些问题背后都有美国的因素，因而读懂了美国也就读懂了一半的世界，美国的全球战略(亚太、欧洲和中东再平衡战略)也就成为贯穿这些问题的主线，中美俄欧日大国的博弈在当下倾向于以和平手段谋取战略优势，“当代大国关系正从一种利益相悖或相同的简单敌友关系向互利与利益竞争并存的关系深刻演变"[4]；从非传统安全看，主要是金融危机问题、网络安全问题、核扩散问题、气候变化问题、能源问题、水资源问题、粮食安全问题等，这些全球性问题和挑战必须"通过开展有效的全球治理，人类才能共渡难关，因而相互尊重、合作共赢、全面合作在一定的历史时期可能成为大国关系的主要方面"[5]；从经济前沿看，随着美国推进 TTP 和 TTIP，打造以西方主导的新一代经贸规则，重塑世界贸易版图，对世界经济已产生影响，"进入 21 世纪之后，国际经济体系逐步步入了包括技术-经济范式版图、增长版图，乃至霸权版图在内的全面重构进程，这样一种深刻的长周期、大板块调整，必然使得体系中的每个国家，尤其是那些相对脆弱的发展中新兴经济体受到极大的影响和冲击"[6]，相应金砖银行、亚洲基础设施与投资银行成立，世界经济领域的较量可能越演越烈；国内经济新常态、自贸区战略、一带一路、谋局 2020 区域经济新体系、供给侧改革等成为重大的国家经济发展战略；从文化领域看，西方国家加紧对中国的"政治转基因"和"文化新冷战"。以及在上述问题之下的次生问题，诸如核战争的可能性、生态灾难等其他显现与潜在的全球性灾难等。体现为地缘政治、经济贸易、军事领域和文化价值观念的较量以及人类共同面临的新挑战新问题。

"一种全球政治和经济力量分布方面的更基本的转变也正在发生"(布热津斯基)，将发生在全世界以及世界影响下的中国(一个世界)的诸多问题和事件规划在一种理论图式之中，一个关注全球和中国主要问题的"形势与政策"的课程体系可能被创造出来。这个当下世界与中国变革的理论与实践云图，宏观上勾勒当下世界的轮廓(形)，在它所处的全新而纷乱的情势之中概括并辨明其特性及执力者(势)，及针对问题、事件和现象的相应办法(政策)，致力于稳定、安全而美好的人类世界的生活状态、秩序和前景。

我们今天生活于其中的世界，是一个危机重重、充满不确定性的世界。在某种意义上，世界是"单一"的，但是却被不平等的权力严重地撕裂开来。全球性和紧迫性促使各国之间的沟通不断扩大，全球意识和共同行动日渐提上日程。国家竞争地位的变化和竞争方式的改变使世界充满变数，诸多不确定性因素将塑造世界与中国的未来，我们个体的命运也将不可避免地与全球和中国的未来联系在一起。世界作为一个整体而存在，用更能包容全球化关系的理念描绘全球与中国的景象，揭示复杂与变化不定的大趋势，根据重大问题的现实变化，寻求相应的全球发展策略、中国发展策略以及两者之间的相互关联。重要的事件可能会改变全球的发展方向，对塑造事件及机遇的因素和过程充分理解，从纷繁复杂的事件表象中把准时代脉搏，把握社会发展的内在规律。

（二）要有理论高度并重视实践性

1. 理论性：政治性、思想性和理论性是"形势与政策"课程的理论高度。教学内容必须是在马列主义、毛泽东思想、邓小平理论、"三个代表"重要思想和科学发展观的指导下，体现当今世界和当代中国的时代特征和时代精神。把中国的发展同世界的发展、把国际形势的发展变化和中国的社会主义现代化建设实践联系起来，从世界体系与国际格局的高度来观察和回答具有全局性、长远性和潜在性的重大问题。

2. 实践性：针对形势变化而生的政策，是从社会生活的现实中总结出来的。"改革开放在认识和实践上的每一次突破和发展，改革开放中每一个新生事物的产生和发展，改革开放每一个方面经验的创造和积累，无不来自亿万人民的实践和智慧。"[7]政策的实施往往从试点开始，总结出样本或模式逐步推广，实例表明政策的运用和证实政策的实践效能。将其置于一定的人文社会背景和社会实践生活中加以解析，考察其涵涉的前提性范畴和背景性因素，揭示其生成和存在的社会基础，掌握其制定和实施的社会条件，研究决定和影响其的社会利益诉求。

（三）注意把握尺度产生良性影响

"形势"与"政策"和每个人息息相关，每个人都生活在一定的社会形势之下，得到政策阳光照耀的人是那么温暖。然而，我们必须生活于其中的现实是，"社会是复杂的，事物是变化的，任何一项政策都不可能尽善尽美、万无一失，它既可能导致人们希望看到的结果，也可能出现人们不愿看到的现象；既可能有意料之中的事，也有始料不及的事；既可能有易于发现的显现功能，也可能有难以察觉的潜在作用"[8]，特别是政策可能有其权限及民意尴尬，可能会遭遇合理性和有效性质疑。作为思想政治教育的前沿阵地，"形势与政策"承担着国家意识形态教育的重要使命。马克思辩证唯物主义和历史唯物主义的立场、观点和方法必须始终贯穿于思想政治教育工作者的头脑中。秉持正确的政治倾向性，把握好政治大方向，引领大学生提高分析、判断形势的能力，增强对党和国家方针政策的理解，认真传达党中央的精神，明辨是非自觉抵制各种错误思潮。

二、“形势与政策”课程的分析视角

国际、国内的形势有有利的一面也有不利的一面，需辩证地认识形势理解政策。切入“形势与政策”可从多个侧面，正反两个基本的方法论视角考察“形势与政策”，这同一过程的两个向度不是相互对立的，而是内在统一的。

（一）正向视角：从解读当下社会的发展进步及其原因把握“形势与政策”

发展与变化是所有时代的特征，我们正置身于一个新潮巨变的时代，价值观念在重估，各方力量在重构，社会生活在重塑。形势是社会各领域事物的现状和发展态势的综合反映，政策是国家、政党等组织机构为实现一定目标而确定的行为准则。社会发展弥合着“形势”与“政策”之间的张力，形势催生政策，政策蕴含形势，两者具有内生统一性，成为既分离又融通的整体。形势反映出社会变化，政策被理解为改革社会；形势是在描述我们生活的世界，政策是要改善我们生活的世界。“形势与政策”关注变化中的世界的各个层面，表达当代世界的最新信息，跳动这个特定时代的脉搏，倾注对人类命运的关切。其理论是发展的理论或者说是发展遇到的问题及其破解，是不断生成的社会现实，是不停地变动的一切社会状况、重大社会变革过程和社会的内在多样化的进步过程，主要受政治与经济两种影响的合力推动。其内容是正在形成中的新型知识，是对在变化中发展的过程的关注，表现着发展的阶段与状况，涵括我们所生活的这个开放、多元与信息化的时代为什么要这样地发展以及要怎样地发展的问题。

“发展作为渴望、作为对现状的模糊的抽象的否定，作为对于某种到来之物的含混的想象等等而活在许多人的心目之中。”[9]社会的发展变化在各领域发生，一个领域的发展变化可以作为其他领域发展变化的线索。各种形势并存、继起、冲撞和消长，构成一定社会中变化发展的宏观图景。“形势与政策”的内容是时代、世界和社会轨迹转变及种种变化的表现、把握和总结，直指社会发展现实，揭示社会发展规律，指明社会发展方向。

（二）反向视角：从解读当今社会的矛盾问题及其原因把握“形势与政策”

每个时代总有属于自己的问题，“问题就是时代的声音，问题就是时代的口号”(马克思语)，不同的问题反映了不同时代的性质和发展要求。社会的发展可能是问题层出不穷的过程，由出现新的社会矛盾到找到解决它的方法，是社会发展中的调整与进步，是推动社会发展的强有力动力。社会的发展也是一个内在的充满矛盾的过程，一个被具体矛盾推动的具体过程，表现为矛盾冲突与对策解决。“形势与政策”具有时代问题及其解答两个方面，时代的发展难题表征时代精神，切中时代现实，关乎时代责任。

“社会问题的客观存在及其主观认定被普遍认为是政策过程的起点”[10]，“问题形态与社会科学中的政策研究相匹配，政策研究的目的是通过有效的政策方案使不正常的状态恢复到正常状态”。[11]正如习总书记所言，“改革是由问题倒逼而产生，又在不断地解决问题中得以深化”。[12]从目标取向来看，国家和执政党的基本国策和具体政策是要解决发展过程中遇到的问题，解决或减弱各种各样的社会矛盾，满足社会稳定发展的需要。尽管全球以及中国所共同面对的问题越来越复杂、越来越尖锐、越来越不易于改变，我们相信我们国家和执政党的政策一定会将其撼动，满足国家和人民利益的需要，并对社会实践、社会发展、社会进程产生实质性的深远影响。

总之，“形势与政策”关注的不是书本上既定的结论，而是活生生的整个世界。世界时刻在变化，国家政策不断地调整。“形势与政策”课程取向在于揭示发展进程中的瓶颈因素和问题所在，反映制度与政策的利弊，关注国家与政府应对挑战的智慧和成果，展示新一代中央领导集体的治国理念和执政方略。教学工作者对世界事态和前途具有强烈的责任感，须站在时代的理论前沿阵地上，跟踪各种社会新变及矛盾，寻找问题的症结与答案，把握发展脉络并预测走势，解读在国际国内社会遇到各种各样问题时政府是如何对症下药的，以及各国领导人“眼中的形势”与“胸中的策略”。

（吉林大学　杨　阅　赵海月）

参考文献

[1] 习近平. 在莫斯科国际关系学院的讲演[N]. 人民日报，2013-3-24.
[2] 乐玉成. 对国际变局与中国外交的若干思考[J]. 新华文摘，2012(21)：21.

[3] 韩振江. 齐泽克意识形态理论研究[M]. 北京：人民出版社，2004(4)：23.
[4] 洪成程. 当前大国关系调整的新态势新特点新趋势[J]. 北京：时事报告杂志社，2014(8)：190.
[5] 洪成程. 当前大国关系调整的新态势新特点新趋势[J]. 北京：时事报告杂志社，2014(8)：190.
[6] 陆寒寅，刘军梅. 新兴经济体当前动荡的原因及中国的应对[J]. 复旦学报，2014(6)：56.
[7] 习近平. 在十八届中央政治局第二次集体学习时的讲话[R]. 党的群众路线教育实践活动学习文件选编，2012-12-31：65.
[8] 谢明. 公共政策导论[M]. 北京：中国人民大学出版社，2004(4)：19.
[9] [匈] 捷尔吉·卢卡奇. 卢卡奇文选[M]. 李鹏程，编. 北京：中国人民大学出版社，2008(8)：1.
[10] 谢明. 公共政策导论[M]. 北京：中国人民大学出版社，2004(4)：19.
[11] 张兆曙，姚媛. 社会研究中的问题与从问题出发的社会研究[J]. 新华文摘，2013(20)：19.
[12] 习近平. 在十八届中央政治局第二次集体学习时的讲话[R]. 党的群众路线教育实践活动学习文件选编，2012-12-31：65.

提升“形势与政策”课育人效果途径探析

“形势与政策”课作为以马克思主义基本理论为指导的一门思想政治教育课，融汇了政治学、经济学、政策学、社会学等相关知识，紧密结合并服务于中国特色社会主义建设的伟大实践。这门课的教学目的是引导当代大学生正确理解与把握党和国家的重要政策和方针，让当代大学生能运用辩证唯物主义和历史唯物主义的世界观和方法论，科学理性地观察、分析和认识国际国内形势；弘扬以爱国主义为核心的民族精神和以改革创新为核心的时代精神。“形势与政策”课作为融思想性、时事性、知识性和教育性于一体的应用性学科，在大学思想政治教育教学中担负着不可替代的功能，是高校思想政治理论课的重要组成部分。但“形势与政策”课在许多高校的实际教学效果却不尽人意，为了切实提高“形势与政策”课教学实效，应该从以下几个方面做起。

一、科学制定“形势与政策”课教育教学的主题和内容

（一）教育内容要坚持政治性与人文性相统一

坚持寓德于知——传授科学知识与思想教育相统一。“形势与政策”课不但政治导向性极强，其知识教育性也很强，教学内容涵盖人文社会、自然科学等众多领域，融思想政治教育和人文素质教育于一体。人文素质教育将人类优秀的文化成果，通过知识传授、环境熏陶等教育方法，使其内化为受教育者的气质、修养和人格。曾国藩曾说：唯读书可以改变人的气质。思想政治教育在“形势与政策”课中居于首要地位这一点毋庸置疑，但其中的人文素质教育也不可或缺。

因为没有人文素质教育的思想政治教育是干瘪的、枯燥和乏味的,单纯的说教与灌输已经完全不适应当代大学生的课堂要求。另外,思想政治教育的目标必须通过人文素质教育才能得以真正实现,才能把政治思想教育讲活、讲透,让学生愿意听、愿意信。

依据著名教育家、中国科学院院士杨叔子教授的论述,人文素质教育应包括以弘扬爱国主义精神为主要内容的我国历史和民族文化教育、以集体主义为核心的价值观和道德观教育、以社会主义为核心的公民教育、以马克思主义哲学为主要内容的世界观和方法论教育,以及以陶冶高尚情操为主要目的的文学、艺术教育[1]。因此,在实际教学中不能简单地就事论事,要针对国际国内热点、焦点、难点问题,利用马克思辩证唯物主义和历史唯物主义的观点进行深入分析、答疑释惑,把课堂变为最新知识的传输平台和点燃学生思维的火炬,从而培养他们独立分析问题、判断是非曲直的能力。这就对任课教师提出了较高的要求,老师在备课和授课的过程中,要搜集和利用更多更新颖的材料和信息,使学生真正地感受到新信息、新知识、新科技的魅力。但作为思想政治教育课程的“形势与政策”课,在充分传授知识、分析国际国内形势后,务必将落脚点归结到培养大学生树立正确的人生观、价值观、世界观,正确认识党和国家的路线方针政策上。

（二）教学内容要坚持时效性与针对性的统一

党的十八大和十八届三中、四中全会后的中国正处在一个改革与发展、机遇与挑战并存的伟大时代。世界多极化和经济全球化在曲折中发展,主权、民族、文化和宗教冲突不断,综合国力竞争日益激烈;各种文化思潮相互激荡,文化渗透与反渗透斗争不断加剧,西方敌对势力对我国实施西化、分化的政治图谋更加隐蔽;我国周边形势争端复杂化、尖锐化;我国改革开放全面深化,社会经济利益关系日益复杂化和多样化。如何引导当代大学生正确认识和把握国内国际局势,正确认识我国国情和中国特色社会主义建设的客观规律,正确认识肩负的历史使命,增强“三个自信”,是每一个思想政治教育者必须认真思考的重大而紧迫的课题。

“形势与政策”课是以帮助学生认清国际国内外形势、把握党和国家的基本路线、方针和政策为主要教学目的,但它又不同于政策学。它以客观分析和理解国际国内形势为抓手,来阐示党和国家的有关方针政策。因此,“形势与政策”课应紧扣教育部每学期下达的教学要点，紧密结合当前国际国内已经发生和正在发生的重要事件，把握当代大学生的思想热点和兴奋点，坚持教学内容的科学性、时效性和针对性，使当代大学生通过对国际国内形势的科学分析和认识，形成马克思主义的形势观和政策观。同时要对当代大学生着重开展党的基本理论、路线、纲领和经验教育；进行党和国家重大方针政策、活动和改革措施教育；进行当前国际形势、发展趋势、重大事件及我国政府的原则立场教育，引导学生正确把握国内外形势的大局，开展爱国主义教育。

二、根据教学主题和内容选定合适的主讲人

（一）要根据不同的教学内容选择合适的主讲教师

"形势与政策"课的主题和内容一旦选定，就必须选择合适的教师人选。主讲教师要结合自己专业特长、研究方向和兴趣，选择相应的专题内容进行研究，开辟讲座专题。每位教师讲座内容相对固定，做到发挥教师特长与专题科研相结合。比如，讲我国周边安全形势的时候，就必须选择对国际关系有一定研究或者国际政治专业毕业的老师，否则很容易流于泛泛而谈，甚至误导学生，贻害无穷。讲城镇化要选择对社会学、经济学有一定研究的老师，否则教学效果就没有保证。

（二）要建设稳定精干的"形势与政策"课教师队伍

选择"形势与政策"课主讲教师时，不要拘泥于思想政治教育部的专任教师，可以从学校内部所有的专任教师、行政人员、专职政治辅导员等群体之中选择适合教学内容的教职工担任主讲，甚至可以从校外聘请专家、学者、企业家等来校授课。不但要扩大"形势与政策"课专职教师队伍，也要吸纳和扩大兼职教师队伍。学校党政主要领导、各系部党总支书记、副书记都可以积极承担一定的教学任务，成为兼职教师的主力军，与专职教师一起，形成相对稳定的师资队伍。负责"形势与政策"课的教研室主任要随时将新形势、新政策信息传递给相关教师，保持知识的时效性；组织教师积极参加各类相关讲座，拓展知识面；每年至少组织一次社会实践活动，贴近实际，开阔眼界；积极开展集体备课制度。

三、主讲教师要紧扣主题，提升课堂教学感染力

（一）要紧扣主题，以情动人，以理服人

老师在上课时要饱含激情，感染学生。比如讲爱国主义专题时，教师不仅要让学生真切地感受到中华民族历代仁人志士、先烈伟人对民族、祖国的深厚感情，也要讲述平凡人物对祖国母亲的血肉之情。在实际授课时既要激情饱满讲述苏武牧羊、岳飞抗金、钱学森归国等经典爱国故事，也要讲发生在身边的小人物的凡人小事。当然，仅仅说教什么是爱国主义是远远不够的，可以辅以深情的爱国歌曲（比如张明敏的《我的中国心》）、诗歌（比如余光中的《乡愁》）、视频（比如《建国 60 周年大阅兵》）等，这样才能感染学生，激发他们的爱国之情和报国之志，让学生懂得爱国不仅体现在情感和口头上，更要表现在具体行动上。老师在上课时要尊重事实，以理服人。比如讲中日钓鱼岛之争时，每个人都知道我国对钓鱼岛具有无可争议的主权，但拥有主权的历史依据、国际法依据是什么，绝大多数大学生却不清楚或不完全清楚。这就要求主讲老师讲清这段很多人不甚清楚的近现代史知识，要用大量的历史文献资料证明钓鱼岛自古以来就是我国的神圣领土，用《开罗宣言》、《波茨坦公告》等作为国际法依据来佐证，用大陆架原则来旁证钓鱼岛就是我们的神圣国土。这样，不仅使大学生们深刻认识了钓鱼岛争端的来由，也学习了相关历史知识，更有助于培育大学生的爱国主义精神。

（二）充分调动学生的积极性，发挥学生的主体能动性

美国著名实用主义教育家杜威有两个非常有名的教育理念：“教育即生活”、“学校即社会”。他的这种教育理念从教学方法论的视角分析，可衍生这样两层含义：一是主张在课程教学中以探究、讨论的方法代替强制性灌输。杜威认为，学生在适应环境的过程中会遇到各种思想困惑和道德疑难，解决问题不能靠灌输，而要靠学生的智能，通过探究和讨论来解决[2]。因而教师要把单纯讲授知识的大学课堂变成大学生开展学习活动的乐园，引导学生积极自愿地投入教学活动的全过程，从而潜移默化成其优秀品德并获得知识；二是建议在大学课堂教学之外，组织学生开展自主思考探索与实践训练。杜威认为，只有通过自主思考与实践训练，学生才能真正发现个人的能力倾向，才能更直接地介入现实社会生

活，发现值得进一步探究的各种问题的实践方式。杜威提出的上述教学原则和方法，对这门与社会现实联系紧密的高校“形势与政策”课程教学具有重要启示。循此视角，就可以找到课堂教学与实践教学功能的结合点：以师与生、生与生之间的探究、讨论和合作学习为链接，将课堂当作从理论到实践训练的平台。

在传统的思想政治教育教学模式下，尤其是在上“形势与政策”课这种“大课”时，上课的学生较多，师生间的互动较少。试验心理学家赫瑞特拉所做的“知识持久记忆”实验表明：人们一般能记住听到内容的20%、看到内容的30%、交流过程中自己所说内容的70%[3]。因此，开展互动式教学、鼓励学生参与课堂教学活动是提高“形势与政策”课教学效果的有效途径。教学活动是教师为主导、学生为主体的双向互动的教学活动，需要教师与学生的协作配合和共同参与，师生间相互促进，教学相长。在大学思想政治教育课堂上，最常见的师生互动形式是教师提出问题、学生回答问题。这种一问一答的教学模式固然能打破教师唱“独角戏”的情况，但毕竟学生参与的广度是有限的。因为当教师提出问题后，一般是让学生自由作答，积极回答问题的要么是那些思维比较活跃、成绩较好的普通学生，要么是学生干部。而其他大多数学生已习惯于对教师的提问选择沉默，他们不愿思考，或者不敢公开地发表自己的观点。久而久之，在课堂上回答教师问题的总是相对固定的那几个同学，学生的主体作用没有得到真正体现，大多数学生的积极性没有被调动起来。我们可以把每个教室的学生分成若干学习小组，教师提出一个问题或观点后，让小组学生自由讨论。当教师要学生们发表观点时，每个小组可派最能代表本小组的同学阐述该小组的讨论结果。当老师提问时，除了让那些勇于发表自己看法的学生回答问题外，教师还要主动点名让那些平时较少参与问答的学生回答问题。那些有想法但没有勇气表达出来的学生，在得到教师的鼓励后，会更加积极主动地参与教学活动，从而培养他们的发言积极性和自信心。

四、改革课堂管理方法，科学评定学生成绩

大学老师有这样一个基本共识：课堂教学质量和效果不仅仅取决于教师的教学水平和知识深浅，还取决于有效的课堂管理[4]。科学而有效的课堂管理，不

仅有助于维护良好的课堂教学秩序，而且有利于激励学生潜能的发挥，引导学生积极参与教学活动，提高教学效率。所以，做好课堂管理不仅可以保证课堂教学顺利进行，而且可以有效提高课堂教学质量。

（一）把学生的出勤率作为成绩评定依据之一

保证学生的出勤率，对提高教学质量和效果有重要作用。教师对小学、中学期间学生的管理很严格，那是迫于中考和高考的压力，因此中小学学生极少有逃课现象。进入大学后，学生的学习、生活方式和中学相比发生重大变化，学习方面由“教师严格监管”转变为较为自主的学习，生活方面由家长“一切包办”的方式转变为较自由的生活方式。这种“自主和自由”的负面效应是大面积旷课、逃课现象的出现。所以，加强任课教师对学生的课堂管理，保证大学生的出勤率是十分必要的。当然，这里所说的严格管理并非是中学时期那样教师对学生的“保姆式”管理。关于大学生的出勤率是否应当作为评定学生该科最终学习成绩的指标，各个高校的管理制度还不尽相同。我们应该看到，“形势与政策”课与其他考试课情况不同，它一般没有考试这个环节，大多数高校最后的结课要求只是交一篇结课论文。如果最后成绩仅仅凭一纸论文而定，显然不尽合理。因此，平时学生的课堂表现完全应该作为最后成绩评定的依据之一。在实际教学实践中，虽然有些任课教师规定了出勤率占该学科最后成绩的百分比，也在自己的课堂上宣布了该规定，但依然有学生旷课、逃课，其主要原因是教师对所定制度的执行力度不够，几乎没有真正因为旷课而被取消成绩合格的学生。针对这样的情况，建立一套完善的网络点名管理制度是十分必要的。在课堂教学中，任课教师可以根据学生的上课名单，随机地对学生进行点名并把旷课的学生作上记号，该系统还可以对学生请假情况进行记录，以防止学生为了逃避被记旷课而“请假”。该网络系统在学期末还能帮助教师统计学生的出勤状况以及请假情况，为最后的计算成绩提供便利。

（二）把学生参与教学的积极性作为成绩评定的重要依据

虽然利用网络管理保证了学生的出勤率，但上课打瞌睡、玩手机、看闲书、做其他作业的学生不在少数。讲台上教师滔滔不绝、讲台下学生昏昏欲睡的现象屡见不鲜。因此，教师要善于运用启发式教学和案例教学等灵活的教学方法，开展专题研讨、观点辩论、模拟教学等活动，激发和组织学生对国内国际典型事例进行分析、讨论和发言,提倡启发式、参与式和研究式教学,全面调动大学生的学习参与积极性,从而有效提高学生分析和解决实际问题的能力。

另外,在课堂教学中对于积极参与教学活动的学生,在成绩评定时一定要予以加分,以此来鼓励更多的学生积极参与教学互动环节。老师在上第一课时就要对所有学生申明:积极参与教学互动的学生不但能获得老师的口头表扬,在结课评定成绩时也一定会获得加分。更重要的一点是,老师一定要说到做到,让积极的学生收益,消极的学生受到鞭策。

(华北水利水电大学　张　梅)

参考文献

[1] 杨叔子. 杨叔子文化素质教育文集[M]. 武汉:华中科技大学出版社,2009.
[2] [美] 约翰·杜威. 杜威五大讲演[M]. 胡适,译. 合肥:安徽教育出版社,2005.
[3] 范士娟. 发挥教师主导作用,提高高校教学质量[J]. 华东交通大学学报,2005(12).
[4] 何云剑,何红华. 大学课堂管理初探[J]. 教育与职业,2007(30).

如何进行“形势与政策”教育教学的话语体系建设

2013年8月19日，习近平总书记在全国宣传思想工作会议上明确提出：“要精心做好对外宣传工作，创新对外宣传方式，着力打造融通中外的新概念新范畴新表述，讲好中国故事，传播好中国声音。”[1]刘云山也在会上强调，要“以强烈责任感和担当精神把党管宣传、党管意识形态的要求落到实处。宣传思想文化战线要以改革创新的精神推进工作，增强主动性、掌握话语权”[2]。这些经典讲话同样也适用于构建高校“形势与政策”教育教学的话语体系建设（简称“话语体系建设”）。话语体系建设的有效途径是创新、借用和转化。话语体系要创新发展，必须注意融通中外，借鉴、转化中国传统文化和国外文化中的有益成果。话语体系建设是一项长期工作，是一项系统工程，必须通过多学科、跨领域的协同研究，同向发力、同时用力，形成话语体系建设的联动合力。我们要充分认识加强话语体系建设的重要性及其艰巨性，扎扎实实地做好这方面的基础工作，正确处理好课堂讲授与学理研究的关系，正确处理好师资队伍专兼结合的关系，正确处理好教学与科研的关系，把高校“形势与政策”教育教学的话语体系建设推向新的阶段。

一、站稳马克思主义世界观和方法论立场，是“形势与政策”教育教学话语体系建设的重中之重

搞好话语体系建设，最重要的是要站稳立场，坚持以“两个巩固”（“宣传思想工作就是要巩固马克思主义在意识形态领域的指导地位，巩固全党全国人民团

结奋斗的共同思想基础”)[3]为根本原则。从中国特色社会主义实践入手,紧紧抓住中国特色社会主义发展历程中的关键问题、突出问题和前沿问题,在认识与实践的有机互动中,不断总结中国经验,向学生概括地讲出具有深刻解释力的新概念、新范畴、新理论,取得原创性的新成果,为中国特色社会主义伟大事业提供理论支持和服务,并在实践中不断发展和完善。

二、牢牢把握意识形态话语权,是“形势与政策”教育教学话语体系建设的关键所在

伴随着经济全球化进程,西方的意识形态和价值观念通过好莱坞大片、SAT考试、宗教节日等多种文化途径来企图替代其他国家和民族文化话语权地位,而这些“文化代码”无不代表着西方话语体系和意识形态,并潜移默化地影响着大学生的价值观念。作为主阵地之一的高校思想政治理论课,目前还是存在着个别教学内容针对性不强、教学形式单一等问题,制约了实际教学效果。为此我们要有效加强意识形态的文化包装,打造“文化代码”,努力将社会主义核心价值观转化为大学生社会群体意识;同时创新移动互联平台下思想政治工作的话语方式,真正掌握社会主义主流意识形态的话语权。

北邮的“形势与政策”课,历史很早,1987年根据中央和教委指示精神,我们开设了“形势与政策”课,当时是以大课堂为主;2005年开始正规化,我们秋天开课,教育处正式列入课表,规定了学时学分;每学期学校下发教育部教学指导要点,至此已经具备一门课程的基本形态。2016年是整十一年第23个学期,一路走来,谈笑有鸿儒,往来无白丁。我们在平静中庄严,在庄严中平添神圣。各部门各学院的优秀教师群英荟萃,使北邮的“形势与政策”课,有效地引导了社会热点,回应了学生关切。

当前我国正处于发展关键期、改革攻坚期、矛盾凸显期,人民群众期盼的高端期,我们使命重大,肩上的担子更重了。因为,构建话语体系建设必须致力于回答时代课题,这就需要:一,高校“形势与政策”教育教学研究要有一种开放的眼光,要有一种世界的格局,要有一个国际的视野,切不可关起门来自说自话。二,打造高校“形势与政策”教育教学的话语体系建设必须立足时代前沿,顺应时

代潮流，紧扣时代脉搏，把握时代特征，体现时代要求，回答时代课题，应对时代挑战。三，强化问题意识。研究社会主义经济建设、政治建设、文化建设、社会建设、生态文明建设等，特别是善于用中国的理论研究和话语体系解读中国实践、中国道路，不断概括出理论联系实际的、科学的、开放融通的新概念、新范畴、新表述，形成自己讲起来有底气，别人听起来也服气的学术话语体系。四，突出中国视角。在学习借鉴人类文明成果的基础上，打造具有中国特色、中国风格、中国气派的话语体系，讲好中国故事，阐释好中国特色。五，体现学术话语。必须明确这里讲的中国话语体系是高校"形势与政策"教育教学的话语体系建设的学术话语体系，以新概念、新范畴、新表述为具体体现和重要支撑。这就给高校"形势与政策"教育教学提出了很高的要求，应当说是很有难度的，我们必须保持清醒的认识。

三、贯穿中国特色社会主义伟大实践，是打造高校"形势与政策"教育教学的话语体系的基础、动力和来源

在改革开放实践中，我们坚持解放思想和实事求是的统一，大力发扬求真务实的精神，自觉把思想认识从那些不合时宜的观念、做法和体制的束缚中解放出来，从对马克思主义错误的和教条式的理解中解放出来，从主观主义和形而上学的桎梏中解放出来，以实践基础上的理论创新回答了一系列重大理论和实际问题，为改革开放提供了体现时代性、把握规律性、富于创造性的理论指导，开辟了马克思主义的新境界。

无论我们从理论深度，还是从学理研究上都深深感到，这门课所承担的重要功能决定了形势与政策教育的可接受性必须得到充分关注，这样才能更好地提高"形势与政策"教育教学效果。

四、夯实拓宽课程基础，是打造高校"形势与政策"教育教学的话语体系的基本要求

北京邮电大学教学的建设思路是："1 四 4 三"模式引领教学；"五性"特色彰

显教学魅力;"12字"目标引领努力方向。

1. "1四4三"模式引领教学

我们强化建设特色,完备"四化":"1四"——课程设置正规化(2学分5个学期,每个学期0.4学分,三次主讲课)、教学管理制度化(有教师的准入制、淘汰制和激励制)、师资队伍专业化(经济、政治、外交三个专题三个组)、教学科研同步化(目前这支队伍中拥有社科基金、省部级、校级、横向课题百余项)。

"4三"——"三结合"、"三注重"、"三凸显"、"三避免"。我们优化内容设计,加强"三结合":理论分析与案例分析相结合,价值导向与个人发展相结合,政策宣传与热点关注相结合(宣传部专门设有"邮苑之声"网站"形势与政策"弹出窗口、开通博客、微博、微信群)。我们不断创新方法手段,营造了"三注重":注重营造互动氛围,调动学生积极性;注重利用现代手段,增强课堂吸引力;注重实践感悟,提升价值认同。强化队伍素质,烘托了"三凸显":凸显集体智慧,多角度全方位解读形势与政策;凸显教学准入,从源头把好教学质量关;凸显多样化培训,打造专业型教学队伍(教育部、北京市哲学社会科学一个月培训所有教师全部被轮训1—3遍)。完善考核评估,强调"三避免":避免纯粹知识性考核;避免学生被动应试性以及无差异性考核(对大一学生重知识传递;对大二学生讲授重方法传递;要求大三学生创新,对知识能触类旁通),避免理论脱离实际的考核。

2. "五性"特色彰显教学魅力

形势政策教育作为高校德育不可或缺的重要组成部分,有着很强的"五性"特色:"政策性、导向性和时效性",同时又富有"生动性和鲜活性"的内在魅力,所以,这"五性"特色足以彰显我们的教学魅力。

3. "12字"目标引领努力方向

我们的努力目标就是:把"形势与政策"课建设成为备受北邮大学生热切关注与期盼的课程,成为大学生真心喜爱、终身受益、毕生难忘的精彩课程,力求从"精彩一堂课"向"精品课"冲击,最后实现咱们思想政治理论工作者的尊严。

4. 特色项目:走在全国高校《形势与政策》课教学改革先列

(1) 率先列为必修课——于2005年4月下发《北京邮电大学本科学生"形势与政策"教育教学实施方案》,2005年秋季即在本科生大一至大三中开设此课。

（2）率先改革与创新——课程设置正规化、教学管理制度化、师资队伍专业化、教学科研同步化。

首先在教学管理模式上，严把教学入口关，实行淘汰制；提出“专题讲座”和“集体备课”新思路，每学期统一课件、统一讲稿、统一备课；根据教师专长分组备课，集中交流和定期培训；管理主体明确，党委宣传部为具体教学和科研管理机构，负责排课、选题、备课和培训等具体环节；马院、各学院和学工部为协调配合部门。2005 年下半年至今已先后成功开设了构建社会主义和谐社会、增强民族团结，维护社会稳定等 70 余个专题，30 000 学时，20 余万人次学生受益。

其次构建完善的教学体系，实行雁阵管理模式。该课程的首席专家为校党委书记、副书记，他们始终披挂上阵，率先垂范。还有三类教师：一类是马院专职教师，学科背景有哲学、政治、经济、历史等诸多领域；另一类是各个学院负责学生工作的书记副书记；第三类是有硕士学位以上的年轻辅导员，他们的学科背景也多以文科为主。专兼结合，专业化突出，配合默契，团队设置特色明显：从专家到学者，从校领导参与、垂范到每一名教师兢兢业业。

再次力主科研，为教学作最有力的支撑。专家组成员成果丰富，其他教师也有一些相关成果发表，累积今天已承担了社科基金、省部级等科研项目百余项。依托这些成果，我们每学期的专题选择和备课等问题很多就迎刃而解。2009 年秋季，我们组织编写了主导性鲜明、时代感突出、创新性明显的《形势与政策教学读本》通用教材；同时，理论研究及时在线课堂，“廉政建设”、“平安奥运”、“科学发展观”、“走进世博会”以及“《中国制造 2025》”、“从网络大国到网络强国”、“G20 的发展改革及 2016 杭州峰会”、“当前台海局势”等都率先走进“形势与政策”课堂，受到广泛好评。

（3）率先组织轮训——每年明确 2—3 名教师作为“形势与政策”课的专职骨干教师，为其提供进修、考察、课题研究的机会，不断提高教学和理论水平。每学期都选派 1—2 名骨干教师参加教育部社科司组织的“形势与政策”课专题培训；2015 年一次就选派了 10 名骨干教师参加全国普通高校“形势与政策”课骨干教师培训班、全国普通高校“思想政治理论”课骨干教师培训班、“北京高校哲学社会科学教学科研骨干研修班”等为期一个月的培训。

（4）教学改革成果率先得到应用与推广

1）课堂教学特别注意抓住学生感兴趣的话题，师生互动，既有单向灌输又有双向交流，采用教师提问，学生作答，学生有问，教师解疑的形式，活跃课堂气氛，达到较好的教育效果；

2）强调多媒体教学，制作课件，要求有文字投影、也有动画，使教育教学更具有直观性、艺术性；

3）组织学生上网实践。浏览学校思政网站"邮苑之声"开辟的"形势与政策"网页，选择一个新闻热点进行书面评论；利用我校"北邮人"论坛，直接和学生对话，释疑解惑；

4）精心策划讨论课，采取"精彩一课"教学设计，精心组织课堂教学，进一步提高学生学习本课程的兴趣；

5）请校外形势与政策研究专家、学者来校作报告，开讲座，拓宽学生观察社会的视角；

6）加强和改进考核方法，平时考核和期末考核相结合，书面考核和口试相结合，知识答卷和论文写作相结合；

7）建立资料库。根据教育部的教学要求和要点，定期订购形势教育音像资料，按教学计划组织学生观看。全面收集和编印上级部门和相关渠道来源的信息资料，保证授课时效性；

8）分年级施教。对低年级学生我们着重培养学生掌握马列主义、毛泽东思想、邓小平理论中关于形势和政策的分析、判断的方法，培养学生科学的认识观和方法论。对高年级学生重点放在指导学生运用马克思主义的形势政策观独立地分析思考"热点"问题，形成对形势的正确认识和对政策的正确理解。

总之，从学生的完成作业情况、每次课结束后的热烈掌声和课后的评价反馈情况来看，达到了教学要求和目的，得到了学生的充分认可。课程组织到位、任课教师政治素质过硬、理论功底扎实、有高度的责任感，期望任课教师在授课过程中讲求知识性，把握好课程的方向，紧抓时事脉搏，准确把握国家政策方向，围绕国内国际重点热点问题，结合学校实际，从大学生思想实际出发，做好对学生的政治引导工作，使广大学生能够深刻理解和领会党的最新理论成果、充分认识当前国内国际政治经济形势，为将来承担起中华民族的伟大复兴这一历史重任打下良好的思想基石和理论根基!

经过十年的不懈努力,我们终于把“形势与政策”课建设成为备受北邮大学生热切关注与期盼的课程,并荣获北京市教工委颁发的2009年首都大学生思想政治教育工作实效奖优秀奖!

五、走出“不对称认知”等话语体系建设的一些误区,是“形势与政策”教育教学的话语体系建设健康发展的必需

“形势与政策”是马克思主义学科完善的桥梁,没有学科的依托是不复存在的;“形势与政策”是社会主义大学的显性特征。开好开足开出质量是时代的要求。目前开设存在的问题:政策层面上,虽有明确要求和目标要求,但缺乏整体硬性要求,而无硬性要求,就缺乏工作推动;学科层面上,因课程的灵活多变,所以课程的学理性建设显得略有困难,课程在学术性上的深入也面临困境;全面的教学检察督导还需进一步到位;全新的教学设施配备重在落实。建议多调研、检查和交流提高水平,将课程尽量分成常规模块、重点模块、突发模块以及实践模块四大模块,树典型带动师资队伍。希望更加规范化,亟待理顺五大关系:教学部门与职能管理部门的关系;课堂教学与举办报告会、实践教学的关系;教师队伍建设与骨干培养的关系;中心任务与其他相关任务的关系;高学时与低学分配置的关系。因此,还要在标准化建设上下功夫,相关部门要搭建新的平台,完善工作机制。

加大全媒体运用。大面积占领网络,提升正面声音,强化形势政策教育的吸引力、感染力和教化力,体现自己的文化自觉、自信、自强,在不同的语义环境和不同文化历史的对比中,准确地向世界阐释中华文化。对来自西方的、带有偏见和误解的话语,要进行有理、有力、有节的分析阐释,同时充分考虑受众心理,避免对对方文化进行贬低。走出没有理解话语传播的本质,忽视了话语本身的界限的误区。走出狭隘理解“新话语体系”的误区,积极培养能够对世界讲好“中国故事”、发出“中国声音”的骨干教师,克服人才瓶颈;坚持问题导向,对一些长期存在未解决困惑的问题,有计划地进行研究,最终给出科学准确、合乎逻辑、有说服力的回答;建立话语体系的统一性和权威性,从维护与增强世界和谐的高度责

任感出发，对特定问题应该用什么语句、什么叙述结构进行表达展开专门研究，并将权威结果广泛推介；对媒体及社会各界的对外话语表达进行规范，采用西方世界易于理解的中国话语体系来阐释问题。要清醒我们的受众，要充分应用高科技手段，从而推进“形势与政策”课程立体化建设，使其真正成为对大学生“触及灵魂”的教化，“润心育德”的工程。

（北京邮电大学　周　晔）

参考文献

[1] 习近平 819 讲话.
[2] 习近平 819 讲话.
[3] 习近平 819 讲话.

建构“形势与政策”教育话语的三个体系

话语理论一经引入“形势与政策”教育的研究领域当中，一个多元话语的世界随即就呈现出来了。从话语的表现形式来看，“形势与政策”教育领域当中有官方话语、学术话语、教学话语、大众话语等；从话语产生的时间来看，大体可分为历史话语和当下话语；从话语产生的地域来看，有中国话语和西方话语。建构“形势与政策”教育的话语体系，即是要处理好多元话语之间的关系，使得各种话语在这个体系中和谐共存，并能够为“形势与政策”教育发挥出正向的积极作用。纷繁复杂的“形势与政策”教育话语体系的建构，可以拆解为以下三个方面来进行：话语转换体系、话语交流体系和话语共生体系。

一、“形势与政策”教育话语转换体系

（一）话语的形式转换：教学话语的生成

1. 官方话语转换为教学话语

“形势与政策”教育的教学内容是国内、国际形势与国家政策，对于这些内容，中央领导和国家相关权威部门往往有明确的、特定的说法，并且形成了一套较为完整、规范的官方话语，其表现形式为：领导人讲话（有的被编成著作出版）、国家权威部门发言人的讲话、中央文件、党代会、中央全会、两会等重大会议发布的公告、报告、形成的文件、决议等。作为高校思想政治教育体系重要组成部分的“形势与政策”教育，带有鲜明的意识形态色彩，在讲解这些内容的时候当然要和官方的精神、立场以及宣传口径保持高度的一致，把官方意识形态传输给

受教育者并最大限度地使其接受并产生认同。然而,这并不意味着,"形势与政策"教育应该原封不动地使用官方话语,事实上,简单地照搬、机械地复制这个领域中的官方话语是无法达到理想的教育效果和意识形态传播效果的。官方话语的目的是为了向外界表明执政者的观点、领导者的思路,代表国家层面发表对国际重大事件的看法,准确性、权威性是其显著特点,然而官方话语与普通大众所熟悉的话语表达方式之间差异性较大,因此,包括青年学生在内的普通大众大多不能依靠自己的能力深入透彻地理解官方话语。这就使得对官方话语在坚持其意识形态导向的前提下进行某种程度地转换,使之成为能够在"形势与政策"教育中产生实质性效果的教学话语尤为必要。

对官方话语进行解释、分析和评价是这种转换最常用的基本方式。官方话语为了追求严格的准确性,以及要在相对短小的篇幅内对全局的复杂问题高度全面概括,因而常常使用"春秋笔法"、"微言大义",因而常常需要对官方话语进行通俗化的解释才能让其所指涉的意义系统清晰明了地呈现出来,为大众所接受。如果说这种解释还只是简单地传递意识形态,只是一种较为浅层次的话语转换的话,那么对官方话语的分析和评价则能够使得这种转换更上一个新的层次。一方面,分析和评价使得教学话语的主体性活跃起来,不再是对官方话语的亦步亦趋的传导,从而使得教学话语和官方话语之间保持了一定的张力;另一方面,也应注意到,分析和评价在唤醒教学话语主体性的同时也很有可能使其脱离意识形态设定的框架,甚至走向反面,从而背离意识形态教育的初衷。对于此问题,应该深入辩证地看待。大体而言,前者能够使得教学话语更具活力,从而能够增强教学效果,同时也就意味着意识形态能够更加深入人心,故而可以说表面上的差异性背后是内在的高度一致性,因此是应该积极倡导的,而后者则在原则上迷失了方向,是一种消极的可能性,故应极力避免。

2. 学术话语转换为教学话语

"形势与政策"教育所涉及的国际、国内形势和国家政策等内容领域,在各个学科领域中具有大量的学术研究成果,我国有专门的学者对国家政策等理论问题进行深入研究,媒体也经常播放、刊登相关专家、学者对国际、国内热点问题的分析、评论。上述内容构成了一套丰富驳杂的学术话语。"形势与政策"教育的教育者一般都对学术话语具有亲近感,这是由现在的高校人才录用和考核机制决定了的。高校从事教育一线工作的教师一般均为受过严格学术训练的高学历人才，而且高校均对教师有学术研究的考核要求。因此，高校“形势与政策”教育者往往也都是学术话语的生产者，对于其他学科的学术话语的叙述方式也很容易产生共鸣和认同。有些较为通俗的学术话语，比如学者在媒体上对相关问题的评论和分析甚至可以直接引入教学当中，成为教学话语的一部分。然而，在多数情况下，学术话语更适合作为生成教学话语的资源而非直接成为教学话语本身，即学术话语也需要经过适当的转换才能生成教学话语。首先是结构形式的转换。学术话语是在学术研究规则的规范和约束下形成的特殊话语形式，学术研究往往倡导选题小、钻研深，因而学术论文大多是对某一细节问题的深入剖析，带有“微观性”的特点。而“形势与政策”教育则是要帮助受教育者从宏观上把握国际、国内的“形势与政策”，因而更多的是给被教育者讲清楚一系列具体的宏观问题，这些问题相较学术论文的选题而言更具宏观性和整体性，这就使得按照教学要求，把若干分散的、细节的学术话语整合成具备整体性的“宏大叙事”尤显重要。此外，对于学术话语还要进行表达方式上的转换。学术话语大多是理论研究或是对日常问题的理论性分析、归纳和概括，常常把日常经验上升到理论和学术的高度，其设定的对象也往往是学科领域中的专家学者，而教学话语的接受对象却是对学术话语并不熟悉的青年学生，因而教学话语必须对学术话语进行逆向还原：学术话语是把实际抽象成理论，而教学话语应该把理论还原到实际当中去，分析现实生活当中的具体案例，讲清楚其中的道理。当然，在这个转换的过程中，应该保留学术话语的分析问题、解决问题的思路，引导学生的思维向学术话语的深刻性靠近。

（二）话语的历时性转换：当下话语的生成

所谓“历时性”转换的第一层含义即是指对历史上的同类话语进行系统性的梳理，把其中的成功经验引入到当下话语的建设当中。高校的“形势与政策”教育虽然是近十余年来才开设的，但这并不意味着“形势与政策”教育话语建设无任何历史经验可循。事实上，我党自诞生以来，先后经历了革命斗争、经济建设、改革开放、全面深化改革等不同的时期，其中重视意识形态领域话语体系的建设是一以贯之的，这当中结合形势，讲解政策一直是我党进行党内教育和争取意识形态话语权的重要形式。

在这个过程中，我党也积累了大量的"形势与政策"教育的话语经验，留下了许多宝贵的"形势与政策"教育的经典文本。比如毛泽东同志的著作《论持久战》、《目前形势和我们的任务》等都是这方面的典型代表：都是在国家、民族命运生死攸关或出现重大转折之际对当时的形势作出精辟分析，并阐述我党的政策。建构"形势与政策"教育的当下话语，首先应该从这些经典文本当中汲取宝贵的资源和经验。虽然如今已经时过境迁，今天的形势已不是当年的形势，今日的政策也并非当初的政策，但当年的话语为何能够取得凝聚人心、团结各方力量从而为中国革命和建设事业提供巨大支持的显著效果，这一点仍值得我们深入探究。其中较为重要的一点或许正在于当时的话语准确地契合了大众的文化心理结构，因而在大众心目中产生了共鸣和认同。已经有研究者指出，我党的第一代领导人在革命斗争时期的话语建设过程中，充分考虑到了中国传统文化的元素，如何让中国文化传统土壤中生活的中国大众能够接受。任何一种话语的建设，都必须考虑如何能够让其言说对象理解这一最基本的问题，当下的"形势与政策"教育话语也必须面对这一问题。而中国人对话语的理解和接受是有其文化背景的，对符合其文化心理和思维习惯的特定的表达方式是容易理解和接受的，而对另一些不符合其文化思维方式的表达方式则不易接受。我们在向历时的话语资源中寻找经验的时候并不是去照搬历时话语的内容和观点，而应更多地关注并总结学习这种符合中国人的文化心理的表达方式：叙事结构、语言文字的组织等。和流行文化不同，文化心理是一种长久而深沉的历史积淀，具有相对的稳定性，因而对历时坐标轴上的成功话语的表达方式的借鉴仍有助于当下话语获得同样文化传统中生活的大众的认同。

"历时性"转换还应该注意当下性，从"当下"语境的现实需求出发，对历时的话语经验进行细致的辨析，进行加工和改造，而非全盘照搬。因为当下的语境已经发生了变化，故不宜盲目照搬历史的成功经验。我党在已经取得政权进入社会主义建设阶段之后，并没有马上转换话语体系，建构出一套适应新时期的"建设话语"，仍然沿用革命话语体系来指导社会主义建设，结果造成了"用革命思维去思考革命后的事情，用革命思维搞建设"。一直到改革开放以后，才逐步建立起了一套适应经济建设的"建设话语"，有效地推动了改革开放和经济建设。如今，我国已经进入到全面深化改革阶段，"形势与政策"教育话语应该牢牢把握住这一新的时代主题，建构出一套能够适应新时代主题的话语体系，才能够通过话语推动而不是阻碍时代主题的建设和发展。

总之，转换既不是直接的照搬现成的经验，必须进行某种程度的改变，否则就成了照抄教条；同时也并非完全的抛弃，要进行一定程度的继承，否则就成了全盘否定。

（三）话语的共时性转换：中国话语的生成

语言学意义上的“共时性”是相对于的“历时性”而言的，专注于同一时间段内的语言系统的内部联系，话语的共时性即是指在同一间段内的不同话语构成的整体结构。和“历时性”关注纵向的时间延续不同，“共时性”更多地关注横向的不同话语之间的差异和联系。对于“形势与政策”教育而言，话语的共时性转换的基本含义即是指对当下多种话语之间的转换。

讲述“形势与政策”的不仅仅只有中国国内的话语，西方话语也一直在讲述“形势与政策”，由于各种复杂的原因，对于当今世界形势的叙述在很多时候还是西方话语占主导，尽管近年来中国也在国际上提出了一些主导型的词汇和概念，但毋庸讳言，在该领域中有许多重要的命题和词汇还是由西方话语首先提出来的，比如近年来讲述世界形势的高频词汇：“反恐”、“生态”、“全球治理”等。对于西方话语，我们一方面不能一味抵制和拒绝，因为有时一旦拒绝使用西方话语提出的一些词汇之后，我们就会失去和世界对话并介入当下世界重大问题的机会，无法在世界上发出中国声音，但同时我们也要注意到，西方话语的目的是为了维护西方世界的利益的，在很多时候由于利益的冲突，西方话语会有意设置一些隐蔽的陷阱，如果我们完全照搬使用西方话语，则会落入其圈套。比如西方提出的“生态经济”，看似合情合理、天衣无缝，然其实质却是西方国家把低利润、高污染的低端制造业转移到发展中国家之后再用来打压发展中国家的工具。“全球治理”则隐含着削弱其他国家主权的意图。“形势与政策”教育在面对这些西方话语主导的领域时，应该根据我国的根本利益，对西方话语进行适当的转换。可以从“形势与政策”教育经常需要讲述的一些核心词汇和概念入手，对西方话语进行梳理、分类，整理，然后一一进行辨析，在辨析的基础之上形成能够代表我国人民根本利益的中国话语。

二、“形势与政策”教育话语交流体系

话语的本质在于对话和交流，一种话语只有在同其他话语的交流中才能成为它自身，并获得不断丰富发展的可能。一旦没有了对话和交流，话语也将失去存在的根基。“形势与政策”教育话语的生成、建设和发展也必须有一个完善的多种话语交流体系。

（一）不同学科话语的交流：对话与联合

“形势与政策”教育在高校当中开展所遇到的一个突出难题是高校的学科精细分工和“形势与政策”教育内容的宏大性和整体性之间的差异。学科化体制将知识体系肢解并分隔在各自狭小的纵向领域，在使得知识专注于一个方向的纵深发展从而提高知识更新和发展的效率的同时却阻碍了知识的跨界和横向联合，而这种被阻碍的横向联合恰恰是知识获得应用性所必需的。在回应社会现实问题时，缺乏横向联合的单一学科化知识常常显得束手无策。“形势与政策”教育所讲述的内容均为国际国内的重大问题，这些问题往往不是从属于某一个学科，而是横跨了政治、经济、文化、历史、法律、军事等多个学科，要讲清楚一个“形势与政策”的讲课主题，常常需要调动多个学科的知识。这种跨学科的对话和交流对于“形势与政策”教育话语建设而言是必需的，否则“形势与政策”教育话语就会失之片面、流于肤浅。当然同时也必须注意到，这种多学科的交流并非是要求“形势与政策”教育的教育者同时精通各个学科，在所有学科均有极深的造诣，这是不现实的，而应该积极探索实现这种多学科的对话与交流的正确途径。应为问题导向。把教学内容归结为讲清楚若干问题的问题导向式的教学方法或许是一种可以尝试的途径。面对教学内容中需要讲解的问题，教育主体必须主动寻求解决之道，在这个目的的引导下去各个学科内寻找资源，在这个过程中，不同学科的知识就会跨界联合，从而形成对当下现实问题的有力回应。此外，教学组织形式的革新或许也能以另一种方式促成不同学科话语的对话与联合，比如“项链模式”将不同学科的教育者串联进“形势与政策”教育当中，将其各自学科内的话语引入到“形势与政策”教育当中，从而实现不同学科话语之间的联合与交流。

（二）不同类型话语的交流：冲突与调适

不同类型的话语在特定场合相遇，常会因各自的观点不同和思维方式的差异而产生冲突。在"形势与政策"教育领域中，政治话语被传输给青年学生时，常常会和青年话语产生冲突。这种冲突产生的原因常常被认为是两者在表达方式上的巨大差异。青年话语的主体因其成长环境造成了其话语方式受网络流行语言的影响，具有明显的个性化、自主化、多元化、世俗化等特点，这与规范、正统的政治话语表达方式是格格不入的。教育的效果和话语的交流都因此而受到影响。近年来产生的"图解××会议"、"领导人卡通形象"等或许正可被视作政治话语改变表达方式以促进其与青年话语更好地交流的一种尝试。在"形势与政策"教育领域中，政治话语与青年话语冲突中更应引起高度关注的倾向还不是话语表达方式的差异，而是由于核心观点的分歧导致的青年话语对政治话语的整体性怀疑和排斥。有意宣扬西方意识形态、贬损中国的西方话语通过网络新媒体等新兴传播方式已经使得部分青年学生产生了对西方的盲目崇拜和对中国的愤世嫉俗，他们先入为主地带有这样的既定思维模式进入到"形势与政策"教育当中，很容易产生对政治话语的抵触情绪。然而"形势与政策"教育也恰恰为化解这种冲突提供了一个场合，在这个场合中，可以通过教学话语和青年话语的交流，化解政治话语和青年话语的冲突。这种交流不一定仅仅指师生问答、互动，而是指在教学话语中可以对西方话语展开分析和批判，只要这种分析和批判有充分的理据，能够对青年学生产生说服力，那么自然就会获得青年话语主体的认可，从而纠正青年话语主体中的既有思维定势，使得其从原来的排斥政治话语转向为能够接受政治话语，这样一来各种话语之间的对话和交流就自然得以形成。"形势与政策"教育应被视为是一个多元话语交流的场合，在这个场合中，交流不仅仅发生在政治话语和青年话语之间，还包括学术话语和教学话语。这几种话语良性交流的理想结果是各自都能吸收其他话语的长处、克服自己的缺陷：青年话语在教学话语和学术话语的引导下摆脱网络时代的碎片化、平面化的思维方式，政治话语也打破了以往高高在上不接地气的尴尬，学术话语也摆脱了象牙塔困境。

（三）本土与西方话语的交流：斗争与发展

一直以来，西方话语掌握着对世界的话语霸权，在"形势与政策"所涉及的领域中也不例外，无论是对国际、国内形势的叙述，还是对中国的国家政策的评论，西方话语的身影都清晰可见，这无疑会对我国的意识形态安全造成严重的影响，应对意识形态安全领域中的威胁和挑战自是"形势与政策"教育题中应有之义，然而应对此威胁的最好办法并非是将西方话语彻底清除，事实上在如今的全球化、信息化语境之中，已无可能将任何一种话语彻底拒之门外。而同西方话语进行交流，并在交流的过程当中对那些攻击我国意识形态安全的话语进行交锋，在对其进行分析、批判的同时生成具有说服力的中国话语，或许是可行之法。随着时代的发展，西方话语的生产、制作、传播等一系列流程也不断地暴露出来，其"虚假性"的一面已经渐渐广为人知，不断地被揭露出来。在意识形态斗争的领域中分析、批判西方话语、揭露西方话语的虚假性这个过程同时也时中国话语生成的过程，批判西方话语的话语本身便可成为中国话语的组成部分，对西方话语批判得越细致，所生成的中国话语就越丰富，对西方话语批判得越深入，所生成的中国话语也就越深刻。对西方话语的斗争可以促进中国话语的发展。

三、"形势与政策"教育话语共生体系

话语共生是指多元话语能够在一个统一体系当中共同存在、生长、发展。对话语共生产生威胁的是话语霸权，在一个共同体系当中的多种话语的强弱程度是不一样的，强势话语往往会拥有在这个体系中的霸权，从而对其他相对弱势的话语产生挤压，弱势话语的生长空间就被压缩，这种状态不是一种理想的共生状态，因而常常遭受诟病。因此话语共生往往就和反抗话语霸权联系在一起，打破强势话语对弱势话语的压制就成了追求话语共生最主要的努力方向。

但是对于此问题需要辩证地来看待。有时掌握了话语霸权的强势话语会在另外的场合以弱势话语的面貌出现，然后以"话语共生"为幌子，要求增强所谓弱势话语的影响力和生存空间，从而间接达到巩固其霸权的目的。在国内的话语体系当中，官方话语被认为是强势话语，而学术话语和民间话语被视作相对弱势的话语。部分具有强烈的知识分子意识、追求学术自由的学者常常会认为官方话语过于强大，对学术话语和民间话语产生压制，并有削弱官方话语对知识分子话语和民间话语的控制的诉求。然而我们必须注意到，我国的学术话语和民间

话语早已不再单纯，西方话语已经混迹其中，并在许多领域形成了主导，有些以学术话语和民间话语的形式出现的话语形态其精神内核却是"西方话语"，在这种情况之下，如果我们片面地削弱官方话语、增强学术话语和民间话语的空间，非但不能形成真正的话语共生，恰恰相反，会使得西方话语霸权更加强大。因而，必须加强同隐藏于弱势话语当中的西方话语的斗争，打破其隐蔽的霸权结构，才能真正促进话语共生。

在"形势与政策"教育的具体实施过程中也存在着这种隐蔽的深层话语霸权结构。从表面上看起来，教师的教学话语和接受教育的青年学生的大众话语之间，前者是强势话语，后者是弱势话语。近年来不少研究者呼吁要打破教师的话语霸权，倡导在教学过程中的师生互动、教师学习大众流行话语的表达方式等，当原本应该理性深邃的教学话语在这种氛围的推动下变得平庸、肤浅以适应大众的话语习惯时，不仅话语霸权的主客体关系发生了根本性的逆转，而且原本应该在教学中传递给学生的理性思辨的能力也不复存在，而这不复存在的能力本来正是可以穿透表象、打破深层霸权垄断的利器。

从某种意义上说，只要多元话语共同存在，就一定是话语共生，但正如有研究者指出的那样，话语共生有"良性共生"和"非良性共生"之别。对于这两者的判别，一般是看强势话语是如何确立其强势地位的，利用行政权力压制其他话语确立强势地位固然是非良性共生，但运用欺骗及其他更为隐蔽的手段引诱大众认同从而获得其强势地位也是非良性共生。如果我们注意到不同的话语类型背后都对应着特定的利益主体，不同话语交锋的本质通常都是不同利益主体之间的博弈，那么，如何判定话语体系是否为良性共生，或许可以看是否是代表了最广大人民主体利益的话语占据了强势地位。我国的国家主导意识形态话语一方面要有自信，只要坚持代表人民主体的利益，那么其话语一定能得到人民的认同。但同时也要注意通过斗争破除虚假的话语通过各种手段进行的歪曲和误导，但这主要不能靠行政手段和武器的批判，更多的是要运用批判的武器，同各种话语进行交流、论辩，在这个过程中呈现自己的真实性和敌对话语的虚假性、操纵性。唯其如此，才能真正形成代表人民主体利益话语占主导的良性共生状态。

最后需要说明的是，"形势与政策"教育的话语转换体系、交流体系和共生体系是话语建构过程中互相联系、不可分割的有机统一整体。转换体系可以促进交流体系的发展，交流体系是转换体系的前提和基础；共生体系既是充分交流、转换之后的一种境界，同时也是交流和转换的源泉和保障。总之，这三个体系互为前提和基础，共同发展，共同促进，共同推动“形势与政策”教育话语体系的建构。

（上海大学　刘子杰）

参考文献

[1] 陈锡喜，温美平. 毛泽东与马克思主义话语体系的中国化转化[J]. 毛泽东邓小平理论研究，2010(8).
[2] 唐爱军. 马克思主义中国化与话语体系转换——从“革命”到“建设”的话语体系转换[N]. 学习时报，2014-07-14.
[3] 王明春. 青年话语变迁与思想政治教育话语冲突及调适[J]. 中国青年研究，2011(4).
[4] 邱仁富. 思想政治教育话语理论体系的建构[J]. 思想理论教育，2009(13).

关于高校“形势与政策”课话语体系构建的若干思考

众所周知，大学生的成长成才与高校思想政治教育工作密切相关。其中，思想政治理论课发挥着不可替代的重要作用。“形势与政策”课作为高校思想政治理论课的重要组成部分，应当构建独特的话语体系，从而有效传播党和国家的路线、方针、政策，有力解释改革开放以来中国的快速发展，使大学生感受时代脉搏，明晰国内外局势，不断提高分析把握“形势与政策”的能力，最终实现帮助大学生树立正确世界观、人生观、价值观的目标。

一、“形势与政策”课话语体系构建的重要性

“形势与政策”课话语体系构建的重要性首先来自高校“形势与政策”课的独特地位。2004年，教育部颁布了《中共中央　国务院关于进一步加强和改进大学生思想政治教育工作的意见》(中发[2004]16号)，《意见》指出：要“充分发挥‘形势与政策’教育在大学生思想政治教育中的重要作用，不断增强‘形势与政策’教育的针对性和实效性”。为贯彻落实《意见》精神，中宣部、教育部联合发出《关于进一步加强高等学校学生“形势与政策”教育的通知》(教社政[2004]13号)。《通知》再次强调“‘形势与政策’教育是高等学校学生思想政治教育的重要内容。‘形势与政策’课是高校思想政治理论课的重要组成部分，是对学生进行‘形势与政策’教育的主渠道、主阵地，是每个学生的必修课程，在大学生思想政治教育工作中担负着重要使命，具有不可替代的重要作用。”

其次，“形势与政策”教育面临着诸多挑战。主要表现：一是西方话语霸权

的影响。一些西方发达国家基于国力强盛，在世界事务的处理中拥有较大影响力和话语权，于是将其信奉的所谓“普世价值”在全球范围进行推广，通过“新自由主义”、“宪政民主”、“历史虚无主义”等各种社会思潮的渗透，使部分涉世未深的大学生产生思想困惑甚至认知偏差，直接干扰了他们对于社会主义制度和党的领导的认同。二是网络时代话语表达的新特点。大数据时代，出现了网络话语表达的跨文化性、认同的非标准性、形式的散结构性、价值取向的多元性、传播速度的即时性、传播方式的不确定性等特征[1]，使得“形势与政策”教育面临复杂多变的局面。三是“形势与政策”课传统话语体系存在的困境。突出表现为如何将政策语言转换成大学生喜闻乐见、愿意接受的课堂教学语言，从而激发学生的学习兴趣，感受“形势与政策”课的魅力，从而提高学生接受教育的主动性和积极性。

面对挑战，作为“形势与政策”教育主渠道、主阵地的“形势与政策”课的话语体系构建显得极为重要。面对西方话语霸权及各种社会思潮的冲击，我们要在“形势与政策”课上用准确有力的话语介绍中国的历史与现实，使大学生对国情、国力以及制度、道路、理论产生正确认知和高度自信。此外，对网络时代话语表达的新特点要保持敏感。根据中国互联网络信息中心（CNNIC）发布的第 37 次《中国互联网络发展状况统计报告》显示，截至 2015 年 12 月，中国网民的规模已达 6.88 亿，互联网普及率达到 50.3%，这意味着半数中国人已接入互联网。该报告同时显示，在 6.88 亿的中国网民中有高达 90.1%的比例即 6.20 亿是手机网民。这也就不难理解为什么在大学课堂里“低头族”日益增多，原因也许是多方面的，但移动互联网的吸引是突出的。更为重要的是，作为网民生力军的大学生们容易受网络话语的影响，在对待社会事件、社会问题时出现非理性。因此，构建“形势与政策”课话语体系，要找准与大学生擅长的网络话语表达之间的结合点，有效引导大学生树立主流意识形态的价值观念。

二、“形势与政策”课话语体系构建的内在要求

与其他高校思想政治理论课相比，“形势与政策”课既有共性，又有自身的特殊性。“形势与政策”课的教学内容十分丰富，要向学生宣传党的重大会议精神、

解读路线方针政策，要为学生介绍国内外发生的重大事件以及社会焦点问题并剖析原因，帮助大学生正确判断形势、理解政策，引导他们辩证、理性地看待问题。因此，"形势与政策"课话语体系的构建应该做到：

（一）坚持正确的政治导向

毋庸置疑，"形势与政策"课具有强烈的意识形态功能。《中宣部、教育部关于进一步加强高等学校学生"形势与政策"教育的通知》指出，"形势与政策"课要着重进行党的基本理论、基本路线、基本纲领和基本经验教育；进行我国改革开放和社会主义现代化建设的形势、任务和发展成就教育；进行党和国家重大方针政策和重大改革措施教育；进行当前国际形势与国际关系的状况、发展趋势和我国的对外政策，世界重大事件及我国政府的原则立场教育；进行马克思主义形势观、政策观教育，引导学生正确把握国内外形势的大局。这是"形势与政策"课意识形态性的明确体现。

意识形态工作历来受到我们党的高度重视，虽然不能替代经济建设这一党的中心任务，但正如习近平总书记在全国宣传思想工作会议上所指出的："能否做好意识形态工作，事关党的前途命运，事关国家长治久安，事关民族凝聚力和向心力。"为此要把意识形态工作领导权和话语权牢牢掌握在手中，不断巩固马克思主义在意识形态领域的领导权，巩固全党全国人民团结奋斗的共同思想基础。[2]这表明了"形势与政策"课话语体系构建必须以马克思主义为指导，必须与主流意识形态保持一致，这一政治导向不能动摇。

（二）突出鲜明的时代特征

对当今时代中国以及世界的发展问题作出解读，使学生在思想上、情感上认同和接受中国特色社会主义道路以及党的领导，在行动上积极贯彻执行党的路线方针政策，这是"形势与政策"课话语体系构建的基本要求。奏响时代的最强音，要求"形势与政策"课话语体系建设要在教学过程中加强时代性，敢于直面理论热点难点问题以及社会发展中存在的现实问题，培养学生的社会责任感。

"形势与政策"课的教学内容覆盖面极为广泛，涉及中国特色社会主义建设经济、政治、文化、社会、生态文明"五位一体"格局的方方面面。在教学过程中有效对接发展中的时代问题，积极回应时代挑战是"形势与政策"课应有的实践特色和课程魅力。"形势与政策"课话语体系构建要紧紧抓住时代脉搏，与时俱进、有的放矢地解析时代发展问题,才能防止出现话语失效的问题。

(三)打造充分的可接受性

"形势与政策"课话语体系的构建还要求从教育对象的角度出发,努力用被大学生充分接受的话语进行润物无声的教育。比如,当今大学生的话语表达带有明显网络话语的偏好,"形势与政策"课的话语如何将严肃规范与网络话语的活泼生动有效平衡非常值得思考,如果一味地刻板生硬就会削弱大学生对主流意识形态的认同。1942年毛泽东在《反对党八股》中就"空话连篇、言之无物","装腔作势、借以吓人","无的放矢、不看对象","言语无味、像个瘪三"等八大罪状进行了批评,今天看来,对构建"形势与政策"课话语体系仍然具有警示意义。只有具备可接受性的话语才能真正打动大学生,使"大道理"入耳入脑入心。

打造"形势与政策"课话语体系的可接受性,意味着以学生为本,注重学生需求的满足,尊重大学生的思维方式和话语表达习惯,用学生听得懂而又不失真的形象话语对其进行引导,才能真正被大学生理解、认同直至信仰。

三、构建"形势与政策"课话语体系必须提高教师的话语能力

"形势与政策"课话语体系的构建离不开任课教师的努力,作为课堂的主导者,教师成为"形势与政策"课话语体系构建的重要环节。只有任课教师话语能力的不断增强,才能使"形势与政策"课话语体系真正彰显有效性、影响力。为此,执教"形势与政策"课的教师应努力拥有以下特质:

(一)坚定的话语立场

讲好大道理、高扬主旋律是"形势与政策"课话语体系构建的基本要求,因此,教师必须拥有正确的话语立场,认清诸如"新自由主义"、"历史虚无主义"、"普世价值"等西方社会思潮背后隐藏的反马克思主义目的。当前,意识形态领域的斗争以及复杂的舆论环境都要求"形势与政策"课的任课教师自己首先要成为坚定的马克思主义者,在明辨是非的基础上向学生释疑解惑。

(二)丰沛的话语学养

由于"形势与政策"课所涉及的教学内容涵盖了经济建设、政治建设、文化建设、社会建设及生态文明建设等各个方面,对教师自身的学养有极高的要求。任

课教师首先要将党的路线方针政策学深悟透，防止“以其昏昏，使人昭昭”，同时要下功夫学习相关的学科知识，使“形势与政策”课的政策语言、学术语言和教学语言融会贯通，用自身丰富的话语学养征服听众。这其中，向中华民族的优秀传统文化汲取养分十分重要。教师要善于用典，用传统优秀文化的魅力对大学生进行潜移默化的柔性引导。

（三）平等的话语沟通

不少“形势与政策”课的任课教师在课堂教学中严肃规范，但却因灌输痕迹浓重而令学生反感。为此，要充分发扬教育民主，消除话语霸权，放弃“我讲你听、我打你通”的传统思维，以平等姿态与教育对象进行沟通，给予学生足够的话语权进行分享，通过平等沟通、互动学习、交流讨论，让大学生在思想碰撞、观点交锋中辨明事理、加深认识，最终实现提高思想觉悟和认知水平的目的。

（四）灵活的话语方式

话语方式的选择直接影响着话语效果。“形势与政策”课的任课教师要提高课堂的掌控能力，还要优化自身的话语方式。除了进一步完善课堂传授、作报告等传统行之有效的话语方式，更要提高对新媒体的运用水平，拓展话语灵活表达的渠道。例如，通过 QQ、微信等工具搭建课程交流平台，分享资料、讨论学习、释疑解惑等。

（上海大学　许静仪）

参考文献

［1］崔海英.大学生网络话语的特点及转化与引导策略[J].思想政治教育，2015(11).

［2］中共中央宣传部.习近平总书记系列重要讲话读本（2016 年版）[M].北京：学习出版社，人民出版社，2016.

“大国方略”课程话语体系研究

“大国方略”课程话语逻辑与话语体系研究

一、“大国方略”课程话语逻辑的现状

“大国方略”课程的开设是对中国当前的社会现状进行客观反映的重要途径。当代大学生所处的社会环境和网络环境已经全方面地了解世界和认识世界。但是，世界上不同的话语声音反映的不同国家的政治和经济诉求。只有通过客观讲述中国故事，让当代大学生首先了解中国的方针和政策才能充分调动起当代大学生的爱国热情。高等学校教育特别是高校思想政治教育的重要内容之一——学习、领会、传达、辐射国家的大政方针，传播国家发展的方向和意图，通过掌握话语主动权来赢得国际社会和国内民众对中国发展道路的认可。2013年8月19日，习近平总书记在全国宣传思想工作会议上的讲话强调，“独特的文化传统、独特的历史命运，独特的基本国情，注定了我们必然要走适合自己特点的发展道路”，因此，要“着力打造融通中外的新概念新范畴新表述，讲好中国故事，传播好中国声音”[1]。2013年11月12日，《中共中央关于全面深化改革若干重大问题的决定》中再次提出：“加强国际传播能力和对外话语体系建设，推动中华文化走向世界。”[2]文化的发展，根本的方向就是要对中国的发展道路有清晰的认识，并且能够清晰回应各种质疑和杂音。

改革开放以来，中国的发展取得了举世瞩目的成就。改革以来的中国社会物质财富和精神财富不断积累，特别是21世纪初10多年的突飞猛进的发展，中国已经成为世界第二大经济体，经济总量和国民财富迅速增加。与此同时，西方国家对中国发展和变化的不了解和不理解也越来越明显。“中国威胁论”、“中国

崩溃论"等观点甚嚣尘上，对于中国发展的国际环境也在各种纷繁复杂的不和谐的声音中出现了负面影响。如何将中国自身发展的客观实际情况告诉世界，是当前和今后一段时期中国必须做的工作；中国的"大国方略"与西方大国崛起之路的区别，必须对国际和国内都讲清楚。

当前，我国现实存在国内宣传和对国外宣传两个宣传系统，因此，也存在着两个话语体系。在国内讲马克思主义、中国特色社会主义；但是在国外却刻意回避马克思主义和社会主义，只讲中国传统文化和中国改革开放的现状。因此，要避免两套话语系统解读中国的实际情况，用客观的、准确的话语体系解读中国特色社会主义国家建设和发展情况。特别是在当前西方学术话语体系十分强势的背景下，我国所坚持的中国特色社会主义话语体系和话语权显得尤为重要。"西方学术话语体系成为中国哲学社会科学的主导理论，引进西方学术话语体系并用西方学术话语体系解释中国问题成为时髦。一时间，西方学术话语体系和研究方法成为学术正统。在这种情况下，不但马克思主义的思想、观点和方法受到一定程度的削弱，而且中国本土思想和学术话语也渐渐被人忽略。"[3]要有本国的话语体系来引导世界其他国家对中国发展的认同，逐渐消除敌对和渗透是摆在中国特色社会主义国家建设方面的前提。

打造中国自身的话语体系，必须坚持以马克思主义为指导，了解当今世界和当代中国话语体系的现状，分析其中存在的各种问题，找到解决问题的出路和方法才是根本举措。"加强话语体系建设，着力打造融通中外的新概念新范畴新表述。打造融通中外的新概念新范畴新表述，要有学理支撑、理论突破。……争取在一些重大问题的对外话语体系建设上有所突破，在更广泛领域构建起既有中国特色、中国气派，又能与国际社会开展有效对话的话语体系。"[4]

毛泽东指出："任何国家的共产党，任何国家的思想界，都要创造新的理论，写出新的著作，产生自己的理论家来为当前的政治服务，单靠老祖宗是不行的。"[5]西方话语长期主导着国际学术话语权。特别是改革开放以来中国的学术话语体系主要以引进西方话语体系为主，缺乏独立自主的创新精神，没有真正形成有中国特色的学术话语体系，因此，讲好中国故事，对内对外都十分重要。"在经济全球化的背景之下，西方国家的资本在流向全世界的同时，其理论研究的方法与范式也流向世界，西方的学术话语体系也往往引领全球话语的潮流，这种状况不利于广大发展中国家建立自己的学术话语体系。"[6]

思想政治话语权就是思想政治教育的主体在思想政治教育实践中表达出来的,并具有明确指向的思想政治教育交往行为,它集中反映了思想政治教育语言在具体运用过程中对受教育者的一种影响力和感召力。思想政治教育侧重点在于指导人们的现实生活和实际感受,而不是传导给受教育者仅仅是一些政治口号和远离实际生活的道德规范。"创新中国化马克思主义话语体系,必须牢牢根植于中华文化博大精深的沃土,赋予中国人民在历经沧桑岁月中积淀下来的精神智慧与价值理念以时代内涵,使中国化马克思主义话语体系彰显鲜明的民族风格,洋溢生动的历史气韵。"[7]

针对西方强势的话语权,我们学术界和理论界要敢于与之进行平等的对话,敢于直面现实存在的问题和矛盾。我们要用马克思主义中国化的话语理论和话语体系,去打破西方对学术话语权和政治话语权的垄断地位。我们要以打造马克思主义中国化话语体系为基础,打造中国特色、中国风格、中国气派的话语体系和国际话语权。通过宣传和阐释中国梦,创新中国化马克思主义话语权,引领国际舆论对中国客观和准确的认知和评价。讲清楚中国梦所内含的价值理念,才能把中国各方面取得的成就转化为中国长期的影响力和优势地位,才能真正掌握国际和国内的话语主动权。

"大国方略"课程就是在对中国的现状进行客观分析的基础上进行的探讨和说明。运用中国的语言和中国的风格来讲述中国的客观情况,既展现中国与世界其他国家友好,同时也展现涉及中国核心利益的关切。

二、"大国方略"课程话语逻辑与话语体系中话语权的转换

"大国方略"课程的开设是对中国话语逻辑与话语体系的重大展现,对转化中国话语权的理论和实践具有标志性的贡献。"大国方略"课程的内容涉及中国政治、经济、内政、外交等各个方面,具有鲜明的时代特征和时代诉求。对当前中国发展和前进道路上中国所应该具有的理念、理论、实践提出明确的方向。"大国方略"所提供的理论和实践素材是当代大学生最关心的时事问题,运用语言的转换来赢得中国道路的自信。

“大国方略”课程创始人之一顾晓英老师在开设该课程时就明确指出：“‘大国方略’通选课旨在以问题为导向，以中国道路为引领，梳理网络内外纷扰的各种社会思潮，教师从多学科的知识背景和专业视角分析世界发展态势和国际格局变化，帮助青年大学生理性认识和客观评价真实的中国，提升对媒介信息意识形态性的甄别力，掌握知识体系背后的方法与思想。”[8]

“大国方略”课程在引导学生了解中国发展道路上出现的各种问题和实际情况，对中国发展要有清晰的认识，努力用现实的、历史的和理性的方式审视中国特色社会主义国家建设所取得的重大成就。通过阐释中国梦、中国道路、中国模式让当代大学生对国家前途命运有清晰的认识，从而最终实现对中国特色社会主义“大国方略”的真知、真懂、真用。“问题意识，本质上是一种思维方式，也叫做问题逻辑思维方式，是指在认识目标已经确定的前提下，理性将问题逻辑作为核心思维方法，通过发现问题、设置问题、分析问题和解决问题的方式，达到既定的认识目标。”[9]在现实生活和理论学习中出现的困惑，通过梳理问题并通过课堂教学的方法予以解答是非常必要的环节。

“通过学术话语权消解思想话语权，是今天西方意识形态对我国渗透的重要特点。马克思主义话语权可能是中国哲学社会科学话语体系建设的核心问题。从话语权的角度看，我们今天面临的最大挑战在于，由于西方蓄意制造意识形态和学术的割裂并把马克思主义归入意识形态而导致马克思主义学术话语权的架空。”[10]

在高校思想政治理论课教学过程中充分运用问题意识或问题逻辑思维，对当代大学生真正理解和掌握中国所倡导的“大国方略”具有十分重要的方法论意义。“思维的问题性表现为人们在认识活动中，经常意识到一些难以解决的、疑惑的实际问题或理论问题，并产生一种怀疑、困惑、焦虑、探究的心理状态，这种心理驱使个体积极思维，不断提出问题和解决问题。对于思维的这种问题性心理品质，称之为问题意识。”[11]

“话语权问题之所以复杂、之所以容易成为颠覆意识形态领导权的突破口，就在于它所涉及并不都是聚光灯下的关注点，而是很多不易觉察、但却是可以毁千里之堤的‘蚁穴’。”[12]当前争夺国际话语权已经成为国家之间竞争与合作的重要筹码。在高等教育阶段使当代大学生充分掌握国家话语体系和话语权是非常重要的教学内容,"多年来,上海大学坚持问题导向,以'项链模式'为基本架构,走出了一条破解大学生思想政治理论课教学难题的创新之路。由一名教师把握课程主线,控制教学节奏,构成'项链'的基座,其他学科教师像'钻石'一样镶嵌在'项链'上,以访谈、论辩或解答问题等联袂授课形式,深入阐释课程内容"。[13]通过引入不同学科背景的专家学者走进大学课堂,与当代大学生面对面交流和阐明相关重大理论关切和问题。

"语言是思想和形象的载体,一套能够争取国内共识。赢得国际尊重的崭新话语体系,或许正是重塑中国国家形象的开端。"[14]"大国方略"话语权是当前我国所必须面对和解决的问题。特别是在当代大学生中,如何理解"大国方略"话语权,直接影响到中国社会发展的速度和社会公平正义的实现。话语权主要表现为一种力量,一种行动力和执行力,只有充分掌握了话语权才能在国际国内各种纷繁复杂的环境中取得主动权。"'国家话语体系'是一个带有中国特色的学术创新范畴,同时,也是一种政治理论新范畴,具有国家战略属性"。[15]

2015 年 7 月,由上海大学出版社出版的《大国方略——走向世界之路》一书,是对"大国方略"课程内容和思考的集中反映。该书是对上课期间所有主讲教师集体备课及课堂教学的浓缩和精华,非常有价值。该书分为:前言方略:大国存亡之道;第一章走向现代大国的中国;第二章从中国梦到世界梦;第三章中国道路的世界意义;第四章龙性中国:守护有底线的和平;第五章守成与新兴:大国关系的主轴与机枢;第六章通向区域经济一体化的丝路;第七章高铁出国:应对财富全球分布的挑战;第八章创新:大国崛起的必由之路;第九章超越趋同和冲突的中国智慧;附录"大国方略"中 90 后的机遇和担当。"'大国方略'课程真正将教师与学师生互动理念落到实处,以故事中蕴含的道理赢得学生对社会主义核心价值观的理论认同、政治认同和情感认同。"[16]"高校思政课采用问题教学就更能让学生处于一个自由、开放的教学环境中,问题教学注重在教学中渗透和融入学生所关注的重大理论与现实问题,启发引导学生深入探究相关教学问题,强调对教学内容具有探究、反思和批判性的主体性学习理解"。[17]

"大国方略"课程就是要运用新的思维方式,主动的迎接各种舆论的挑战,应对国内和国际的不同话语体系的影响,坚定地走和平发展道路,始终保持中国正确的道路和方向。在高校思想政治理论教育教学过程中,"教育者和受教育者都是高校思政课教学过程中具有主体性的人，他们社会教学主体，问题是思想的载体和生长点，从认识论上讲，问题都是指人由已知信息指向未知信息的一种心理疑问状态。”[18]

不拘泥于单一的教学模式和教学方面、更多地要解决学生的问题是当前我们必须要在高校思想政治教育工作中做出的重要转变和转换。要善于发现学生中存在的问题，要善于解决学生中出现的问题和困惑。受教育者由被动接受理论变为主动辨清国家发展道路和发展方向，“大国方略”课程提供了很好的课程教学实践模式。

三、“大国方略”课程话语的引领作用

“大国方略”课程的开设主要是针对当前西方话语权咄咄逼人的态势，充分运用中国当下的话语理论去说明和解读中国的对内和对外政策。充分表现出中国话语权的强大生命力和自信力。用中国的话语应对西方话语权的挑战和挑衅。为中国能够被世界各国充分和客观的认识提供强有力的话语权保障。“话语权与意识形态密不可分，一定阶级的意识形态总是会借助某种话语体系表现出来，因此，现实社会中的话语权之争主要体现为意识形态上的话语权之争。”[19]

“不同于大学里常见的形势与政策课，‘大国方略’不只是停留在对现象的描述，而是带有很强的分析性。10 个专题主讲人以严密的逻辑架构，从不同的侧面贯穿起整个课程。”[20]维特根斯坦提出：“我的语言的界限意味着我的世界的界限。我们不能思我们不能思的东西；因此我们也不能说我们不能思的东西。”[21]思想的力量正是通过话语的力量表现出来，只有通过对话和交流才能使得思想性和话语权力充分地体现出来。思想的内容通过语言的交流来实现，针对社会现实中存在的问题，我们要严格遵循社会发展的规律和中国具体的国情来分析和把握。“思想领导权的实现路径就是话语权。话语权包括提问权、论断权、解释权和批评权等。”[22]思想的领导权的出现正是由于存在话语权的存在为前提。

“以中国梦和中国道路为主线，以人类面临的共同问题为背景，研究在发展的国内外形势；直面大学生的困惑，既要用大学生易于接受的语境叙述，又要体现学术深度，以深厚的理论功底，学术涵养和事实而不是野史轶闻吸引学生、引

导学生"。[23]

"大国方略"课程的开设和成功启示我们,要着力转变思想政治教育实践中教育者与受教育者之间的"主体—客体"灌输方式和话语模式,建立起两者之间的"问—答"机制。通过思想政治教育话语逻辑和问题逻辑,反映出受教育者在对国家政策和方针认识方面达到理解和认可。"要紧密联系大学生的实际生活,增强话语的人文关怀,既要探求'彼岸世界',又要靠拢'生活世界',既要考虑'问题话语',又要转向'对话模式'"。[24]

中国思想解放和改革开放实践证明,中国的自由程度和自由范围在世界范围内占据非常重要的一席之地。中国国内与国际的话语体系也存在多样化现象。"大国方略"课程的设置就是要突出解决不同领域的话语冲突现象,让当代大学生能够切实感受到中国发展道路上所要奉行的中国特色社会主义发展道路的正确和伟大。

上海大学"大国方略"主讲教师李梁认为:"以问题为导向,引领学生熟悉本课程相关的基础理论知识、分析问题的基本方法,并能够运用这些知识和方法去分析现实生活中的一些问题,把理论渗透到实践中,指导学生的行为。"[25]"我们需要思考的是,如何建立专兼职教师共同参与思政课教学的长效机制,以解决思政课学科综合性强与教师专业背景单一的矛盾,提升为学生解疑释惑的能力,更有效地传播党的创新成果"。[26]"大国方略"课程的成功开设是上海大学多年形成一系列教学成果的一个缩影,通过关注当代大学生对国家前途命运的关切和解答学生思想中存在问题,最终实现对国家大政方针和政策的正确解读,从而使得当代大学生能够对实现中华民族伟大复兴的"中国梦"和"中国道路"具有坚定的信心。在思想政治教育教学过程中要不断转换思路,不断锻造适应新时代要求的话语权理论,要勇于挑战国内和国际的不良话语权,从而使得中国的"大国方略"话语权在世界范围内有应有的地位和作用。

(上海大学　王金伟)

参考文献

[1] 习近平. 习近平在全国宣传思想工作会议上强调：胸怀大局把握大势着眼大事努力把宣

传思想工作做得更好[N]. 人民日报,2013-8-21.
[2] 中共中央关于全面深化改革若干重大问题的决定[J]. 求是,2013(22).
[3] 秦宣. 中国特色学术话语体系构建思路[J]. 人民论坛·学术前沿,2012(9).
[4] 蔡名照. 讲好中国故事传播好中国声音——深入学习贯彻习近平同志在全国宣传思想工作会议上的重要讲话精神[EB/OL]. 人民网,2013-10-10.
[5] 毛泽东文集(第8卷)[M]. 北京:人民出版社,1999:109.
[6] 秦宣. 中国特色学术话语体系构建思路[J]. 人民论坛·学术前沿,2012(9).
[7] 李红梅,陈金明. 中国化马克思主义话语体系的逻辑演进[J]. 甘肃理论学刊,2015(2):111.
[8] 顾晓英. 当代大学生的社会主义核心价值观主渠道教育——基于"大国方略"课程的反应[J]. 毛泽东邓小平理论研究,2015(3):26.
[9] 魏则胜,刘程雯. 什么是问题意识——基于思想政治理论课程的研究[J]. 惠州学院学报(社会科学版),2014,34(5):53.
[10] 候惠勤. 意识形态话语权初探[J]. 马克思主义研究,2014(12):6.
[11] 姚本先. 论学生问题意识的培养[J]. 教育研究,1995:40.
[12] 候惠勤. 意识形态话语权初探[J]. 马克思主义研究,2014(12):10.
[13] 顾晓英. 当代大学生的社会主义核心价值观主渠道教育——基于"大国方略"课程的反应[J]. 毛泽东邓小平理论研究,2015(3):29.
[14] 赵鸣歧,张放. "中国模式"话语体系建构的方法论思考[J]. 思想理论教育,2015(3):24.
[15] 陈汝东. 论国家话语体系的建构[J]. 江淮论坛,2015(2):6.
[16] 顾晓英. 当代大学生的社会主义核心价值观主渠道教育——基于"大国方略"课程的反应[J]. 毛泽东邓小平理论研究,2015(3):28.
[17] 程艳. 问题意识与高校思政课教学主体的内在契合[J]. 教育教学论坛,2015(9):45.
[18] 王天恩. 问题逻辑与思想政治教育理论课教学[J]. 思想理论教育,2011(7).
[19] 柴尚金. 构建中国化马克思主义话语权的路径选择[J]. 毛泽东邓小平理论研究,2014(12):17.
[20] 姜鸿冰,马剑. 上海大学开设"大国方略"课,帮助青年学子解读国情——思政政治课"换装"了[N]. 人民日报,2014-12-31:12.
[21] [奥] 维特根斯坦. 逻辑哲学导论[M]. 贺绍甲,译. 北京:商务印书馆,1996:85.
[22] 候惠勤. 意识形态话语权初探[J]. 马克思主义研究,2014(12):5.
[23] 姜鸿冰,马剑. 上海大学开设"大国方略"课,帮助青年学子解读国情——思政政治课"换

装”了[N]. 人民日报，2014－12－31：12.

[24] 邓维，宋国栋. 思想政治理论课教学话语研究现状与新思路[J]. 理论观察，2014(9)：155.

[25] 卢丽君.“大国方略”：引导青年学生真切理解中国[J]. 中国高等教育，2015(1)：49.

[26] 卢丽君.“大国方略”：引导青年学生真切理解中国[J]. 中国高等教育，2015(1)：51.

“大国方略”的话语体系建设及语言转换研究

我国综合国力不断提高，但国际话语权和影响力还相对较弱，这种“西强我弱”的态势使得高校的思政教学和科研无形中受到影响。在这种形势下，努力打造中国的话语体系，不断提升我国在思政教学及科研方面的话语权和影响力，无疑是战略举措和长远大计。然而，政策纲领与教学话语是两种不同的话语，政策纲领使用书面语言，注重内容叙述的科学性、逻辑性、完整性，这就决定了它是一种不易为学生接受的话语。研究如何将治国理政的政策纲领性的话语转换成具有感染力、说服力、渗透力的教学话语以增强话语权，是提升思想政治理论课教学实效性的必由之路。

目前，思政教育话语的研究主要集中在思想政治教育话语本体研究、困境研究以及话语体系构建等方面，总体来说仍然处在初步探索阶段。显然思政课话语体系建设的滞后会影响教学效果，也影响国家主流意识形态的传播与认同。本文以上海大学“大国方略”话语体系建设为研究对象，分析“大国方略”的话语体系建设在理论魅力、平等沟通、生活关怀、情感共鸣和实效指向等方面的转向，多角度全方位探索思政教育从话语霸权向话语权的转型之路。

一、90后大学生信息接收方式研究

传统的灌输式教学方法采用的是话语霸权。所谓“话语霸权”，就是在表达某个观点时，用居高临下的态势、用说一不二的语气、用绝对权威的结论，先向受众灌输某种意念，强硬接受，先入为主。正如英国学者雷蒙德·威廉姆斯

(Raymond Williams,1977)所说,话语霸权是“一个被人们所经历的意义和价值的体系”,它全方位地影响着“我们的感觉、能量分配、自我认知以及对世界的认识”[1]。而思政教育的话语权主要是指思政教育者的话语权力,是教育工作者对受教育者的影响力,它强调师生思想共鸣和学生的主动接受和信服。教师和学生存在着知识背景和生活背景的现实差距,进行对话时,只有将双方置于共有的背景,才能在产生共鸣的基础上,达到更好的理解和沟通,提高思政教育的时效性。因此,话语权的掌握就要从了解 90 后大学生信息接收方式出发,找到师生对话的契合点及相通之处。

1. 网络时代的新语境

互联网所具有的开放性、虚拟性、交互性等特点使大学生在网络上把握了选择的主动性和自觉性,其独立意识、民主意识和自我意识进一步增强,主体地位大为提升[2]。在这种完全不同于传统思政的教学环境下,会出现两个待解决的问题:一是对教师角色的挑战。如果教师仍然维持原来的角色做一个控制者、支配者,将会造成话语权旁落,让位于网络话语,这表现在学生对课程不感兴趣,更多的是借助于网络获取娱乐或知识,而网络话语的复杂多变、鱼龙混杂会扰乱学生树立正确的人生观和价值观。二是对传统思政教育信息传递的挑战。传统思政教育在内容与形式上有着语境严肃、话语规范等特点,而网络文化所孕育出的网络话语则表现出多样化、娱乐性和不规范等特点,这样所形成的话语差异,造成教育话语理解差异,使教育信息难以进入青年学生所熟悉的文化语境中,从而引发对思想教育的排斥和反感。

2. 个性张扬或解放催生个性追求

个性是每个人区别于常人的特点,是一个人所受客观环境影响下在人性上产生的与大众的差异,具体表现为想法不入流或与主流思想略有偏差。谈到个性就会联想到个性张扬和个性解放,两者是完全不同的概念。个性张扬就是展现自我的风采、才华和见解等。个性张扬有利于个人的发展和社会的进步。比个性张扬更为深刻的概念就是个性解放,即要解放被俗世所压迫的人与人之间的不同,体现出对人性的尊重以及对个人主义的追求。陈独秀解释个性解放说“我有手足,自谋温饱;我有口舌,自陈好恶;我有心思,自崇所信;绝不认他人之越俎,亦不应主我而奴他人”[3]。换言之就是把与他人不一样的东西全都拿出来，然后再去互相宽容与接纳他人与你的不同，最终达到每个人都是"人"，都寻找到真实的自我，拥有独特的个性。因此，个性解放是一种思潮，其前提是要有思想，有被压迫亟待解放的个性。然而，时下却有一些青年人将追求所谓的"时尚"看作是个性张扬或个性解放：一个"酷"的表情，一个"炫"的姿态，一句时髦的用语，然而这并不是个性张扬更不是个性解放，而是一种肤浅的作秀，作秀、张扬、解放三种不同的层面与思政教育传统的整齐划一的模式、内容、语言形成强烈的矛盾。同时因缺乏思政理论作为人生观、价值观的基础，90 后的个性张扬和解放很容易走向作秀成为个性迷茫的一代。

3. 话语方式多元化下的自主化趋势加强

当代青年成长在一个物质丰富、文化多元、信息发达的环境中，他们的价值观多元而新潮，易于接受新鲜事物。他们对周围事物的理解和看法不再呈现出千篇一律的随声附和，具体到话语上便表现为青年话语的异质性和多元化，热衷追逐标新立异，渴望引领话语潮流。青年话语场域打破了政治、市场利益二元导向而呈现自由化、开放化态势，多元价值身处其中自由、平等交流，逐渐形成与公民社会相应的多重导向的话语体系[4]。同时，自我意识觉醒的青年一代更加注重和追求自我价值，强调对话的平等，他们有自己的独立判断和理解，敢于坚持自己的原则和理想，更愿意遵循着自身内在的价值需求，表现出强烈的自主化趋势。因此，话语方式的多元化使他们不再寄望于传统的单一式说教，而有了自己独特的价值需求和愿望，敢于追求自我的价值和理念，观点和表达方式日益多元。自主化使他们不再满足于传统的灌输式说教，而有了自己的独立判断和理解，他们排斥话语霸权，崇尚自由言说，渴望在社会话语场域中拥有个人话语权，实现平等对话的权利和愿望。

综上所述，90 后的青年人生活在信息爆炸的时代，受到多元化网络文化和价值观的冲击，这样的环境就决定了思政教育话语权体系建设的难度。同时，青年追求的时尚、个性张扬和解放与传统思政教育方式的严肃及追求思想统一的理念背道而驰。青年人话语的异质性和多元化以及在此基础上形成的自主性，要求思政教育摆脱传统的单一式、灌输式说教，在多元价值体系下平等地获得个人话语权。当思政教育面对这样特征的群体时，如果仍因循守旧保持传统的授课套路，话语权旁落是必然的，因此话语体系建设需要以研究青年人信息接收方式为前提，而"大国方略"的成功恰恰在于两者的吻合，可以为思政教育的话语体系建设提供有益的借鉴。

二、"大国方略"现有话语体系建设的方式、经验及特色

上海大学的"大国方略"课程受到学生的热情追捧，出现思政课上"地毯族"、"追星族"的奇景，一改思政课刻板、灌输等先入为主的传统印象，国内各大媒体也争相报道。百闻不如一见，通过旁听"大国方略"，我们可以挖掘名师讲课时教材语言或政治性语言等书面语的转换方式和途径，能够从角度选择、语言沟通、素材涉猎及 PPT 制作等方面，全面分析语言转换载体及效果，探索其在感染力、说服力、渗透力的独特之处与 90 后大学生信息接收方式的对接。

"大国方略"的起始基于以下事实：中国的大国形象在改变，从引进来到走出去，有着全新的布局。与此同时社会各种思潮兴盛，大学生应该理性认识和客观评价真实的中国，因此有必要多学科多角度理解我国改革发展稳定、内政外交国防、治党治国治军各个方面的许多富有创见的新思想、新观点和新要求，以此增强青年学生实现改革开放和社会主义现代化建设宏伟目标的信心和社会责任感。从课程总体设计方案看，"新"是"大国方略"的灵魂，"多角度"是"大国方略"的脉络，这两者不仅是对传统思政教育的改革，也是与学生信息接收方式的契合点。

1. 紧抓时事前沿，紧跟历史潮流。从课程内容设计来说，教学团队在素材积累和时事把握方面独具一格。首先，每堂课的专题吸引眼球。以 2015 年春季学期的课程为例（每学期会根据时事有变动），课堂题目设计成问题，而这也正是当今大学生孜孜以求、不断思考的问题。"中国是一个大国吗?"、"中国道路能引领世界吗?"、"龙是 Dragon 吗?"、"中国梦　谁的梦?"、"中美真的能坐在一张椅子上吗?"、"一带一路带来了什么?"、"中国高铁驶向何方?"、"中国第一口咬到'苹果'吗?"、"我们会被全球化淹没吗?"其次，问题的甄选符合国家的利益，引发学生的好奇。这些问题无不与中国在世界上的布局有关，是国内外媒体及官方坊间热议和有争议的话题，也是学生关心并感到困惑的话题。信息爆炸让学生无所适从，从而被各种观点所左右，话语权旁落导致对大国崛起的误解和非议，治

国方略与学生的理解有偏差，在这种情况下追求个性张扬和个人话语权并指导行动，不仅使形成的合力偏离国家发展轨道，还会导致在重大问题上西方掌握舆论霸权。因此，这些开放式问题的提出很好地把握时代脉搏的同时，也很好地契合学生的好奇心和求知欲望。

2. 热议的话题讲出新意，小处着手讲出大格局。其实热议的话题成为课程主题会提高授课的难度，学生对此问题相当熟悉的情况下再讲出新意考验教师的信息的挖掘、提炼及甄别能力，怎样把课上得客观、深刻、让人信服是话语体系建设的核心和难点。“大国方略”之所以能够驾驭，首先，它拥有一支跨学科的名师教学团队，同时也是领域专家，所以才有素材丰富、翔实可靠、涉猎广泛，并能高瞻远瞩的特色。研究热议的话题必然能够检索到各色材料，然而人云亦云、断章取义、夸大其词、混淆视听的材料亦汗牛充栋，需要教师以事实为依据进行客观地甄选和判断。“大国方略”使用权威的数据、丰富完整的史料、当事人的叙述以及图片视频等还原事实。其次，角度新颖，打破常规。“大国方略”以人类面临的共同问题为背景，引导学生跳出中国看中国，在中国与世界的关系构架中，挖掘中国故事的深层内涵。例如“龙是 Dragon 吗？”看似是翻译界的问题，实则彰显出中西方文化的差异，课程就这个点旁征博引，有放有收。素材的丰富能够引发学生就同一个问题从不同角度进行思考，讲课内容不是单行线，而是非常具有立体感。独特切入的新颖感让课程焕然一新，事实为依据的权威感让学生感到信服，多角度体现的立体感增强课程深度。这无疑对追求新鲜事物、追求个性张扬及个人话语权的学生来说形成共鸣和相当大的视觉和思想冲击。最后，信息量大，学术性强，让人应接不暇。一个问题的多角度思考，必然会涉及大量信息，但是信息量大并不代表走马观花没深度，“大国方略”的特色就是要把学术前沿及时融进课程，在增强思想性理论性的基础上引导学生更加深入地思考。这种开放式的教学方式恰好符合学生的认知方式和习惯，因此收效甚佳。

3. 口才好，语言丰富，贴近现实和学生生活。具备好的角度和内容，却没有良好的表达方式，课堂也会索然无味难以产生共鸣，因此转化为课堂语言是非常重要的环节。首先，从语言技巧方面看，尽管教学团队的教师授课风格各有千秋，但他们有个共同的特点就是口才好、口齿清晰、讲话干脆利落、逻辑性强。有时话不在多，讲得恰如其分是关键，有时不必点破，与学生会心一笑便传达了观点。授课过程中通过反问、设问等方式不仅可以引起学生思考,会比喋喋不休进行解释效果更好。用贴近学生的语言(例如内涵丰富的网络用语)与学生沟通,可以拉近师生的距离,减轻学生对课程的排斥感。其次,传统的思政教育给人的印象是刻板、严肃,然而“大国方略”气氛却是非常活跃和热烈,究其原因,除了课程内容、角度及信息量大的因素之外,教师团队善于活跃气氛。课程穿插与主题相关的逸闻趣事抖包袱,运用视觉冲击力的图片或视频、即兴发挥的笑话或与学生适度调侃,同样的意思采用不同的表达及肢体语言,时不时抛出的问题,都会为课程带来不一样的气氛和效果,学生之所以能够自始至终保持专注力就是在即将疲惫之时又被教师抛出的“包袱”所吸引,相反,如果学生专注力只能保持一小段时间而不能全程追随,课程设计再完美,也难以将其客观、深刻及可信服性传达给学生,又何谈话语体系建设?

4. 与学生沟通无障碍,畅所欲言个性彰显。借用“大国方略”发起人之一顾骏教授的话:“我们不想给大学生灌输理论知识,而是希望和学生们一起讨论。事实上,大学生们对于中国的新型外交、中国在全球的战略布局已经有了敏感的洞察。如何把他们的直觉转化为理性的思考,老师起的是点拨作用,在更大程度上,老师只是课堂的组织者。”因此与学生进行有效互动是“大国方略”的特色。所谓有效即调动学生情绪有感而发进行发自内心的提问、交流或反馈,而非为了获取分数被动地完成任务。课堂建立在平等对话基础上,2+1 学时为学生留出足够的时间与专家交流,学生成为课堂主角。教师提出诸多开放性有吸引力的问题,学生们各抒己见,教师则在学术高度为学生带来新的分析角度,形成教学相长的良好互动局面。学生在提问板块更是自由发挥,与专家无缝对接,不怕学生的问题大胆尖锐,就怕学生提不出问题或没有提问的积极性,在这样的氛围主导下,学生的主动性和主导型得以发挥,甚至出现下课后学生仍意犹未尽地沉浸于思考和讨论问题的气氛之中,体现出大学教书育人的新风尚。除此之外,小组展示也提供了展现自我、张扬个性的舞台,深受学生的欢迎。

5. PPT 制作。视频、文字、动画、图片,可以有很强的视觉冲击,PPT 制作技巧也很重要的。当然,这并不是最重要的因素,也有没用 PPT 的教师,讲得也非常精彩,综合性的驾驭课堂的能力更重要。因此,PPT 制作属锦上添花的因素。

三、建设"大国方略"话语体系的建议

增强理论的实效性,否则就没有话语权。话语体系转换是由问题域转换所决定的[5]。学生的正面反馈和热烈追捧是"大国方略"开创思政教育新模式的结果,然而根据学生的反馈发现,"大国方略"的话语体系建设还可以在下列方面有所建树。

1. 将学生反馈融合入授课内容。揣摩听众的需求和关注点并与之形成共鸣是"大国方略"和著名演讲的共同之处。"大国方略"重视学生的反馈,然而学生反馈中提出的诸多建议和问题得不到响应和解答,他们希望教师对感兴趣的知识点进行更深入的探究,这也反映出课堂内容尚没有完成对学生关注点的全覆盖。建议"大国方略"在注重通过书面或网络平台进行课堂反馈同时,及时将反馈结果做出总结并发给教学团队,了解学生所思所想及困惑,并在适当的时机将问题归类统一给予解答,并将这些融合到下一次授课过程当中。学生的反馈得到回复,使他们体会出尊重和价值,有助于学生在以后的反馈中提出真实的想法,从而推动课程建设的进步和话语权的提升。

2. 用更有节奏性的语言、更形象的比喻加深学生的印象。统观习近平和奥巴马的演讲风格,他们非常善于化繁为简,用简洁却不简单、新潮与传统相结合、短小精悍与大量排比等富有节奏感和时代气息的表达方式宣传政见和思想。大道至简,建议"大国方略"减少过于学术化的语言,增加民间谚语、歇后语和网络用语的使用率以增强亲切感。运用形象的比喻或者贴近学生生活的案例解释大道理,让学生会心一笑中体味其中的道理,这样的授课方式会让人记忆深刻。例如顾骏老师在讲"中国是一个大国吗",有同学问:"中国有些事情是不是操之过急?"顾老师的回答很巧妙:"老师布置作业,让你一周后交还是一个月后交有差别吗?"通过这种反问,顾老师很清楚地表达了自己的观点且耐人寻味。"大国方略"应该更多地用这样的方式与学生沟通,这样的方式反而是最有效的。

3. 多用亲身经历、真实案例及权威数据引领观点。统观成功的演讲,案例和数据更有冲击力和影响力,学生反馈中也有这样的要求。需要强调的是案例要真实、数据要权威,案例、数据来源不明或道听途说会使可信度大打折扣,影响

思政教育的话语权。将道理融入案例或数据中，学生的关注力大大加强，唤起学生形象化的记忆，不需要强记所讲的道理(这正是学生最反感的)，案例或数据会产生潜移默化的作用，而记忆也就成为自然而然的过程。

4. 让学生更多地参与课堂。从反馈来看，"大国方略"的学生参与程度仍然有待提高。"大国方略"有"小组展示"环节，在现有参与力度基础上，建议遴选最为精彩的"小组展示"并配以点评。"大国方略"建立起师生互动平台，但是生生互动尚未建立，建议引出若干辩论话题，选择相反观点的学生进行课堂辩论，教师点评与同学打分相结合，可以更多地调动学生积极性。理越辩越明，相信学生通过亲身体验的辩论赛对相应的话题会有深刻的理解和记忆，对他们产生潜移默化的影响。

(上海大学　艾　慧)

参考文献

[1] William. R. Marxism and Literature. Oxford University Press, 1977: 110.

[2] 沈建红. 网络话语体系构建与高校思想政治教育实效性[J]. 当代青年研究, 2009(6).

[3] 陈独秀. 独秀文存[M]. 合肥: 安徽人民出版社, 1987.

[4] 王明春. 青年话语变迁与思想政治教育话语冲突及调适[J]. 中国青年研究, 2011(4).

[5] 唐爱军. 从"革命"到"建设"——马克思主义中国化的话语体系转换[J]. 上海师范大学学报(哲学社会科学版), 2015(3).

“大国方略”的话语体系及其启示

上海大学在2014年冬季学期开设了“大国方略”通选课，课程由各个学院的十余位知名专家学者组成教学团队，采用上海大学思想政治理论课优秀教学模式——“项链模式”进行授课。课程以问题为导向，根据新时期当代大学生思想实际、思维特点和学习要求，从多学科角度为学生解读党的十八大以来习近平总书记的系列重要讲话精神，讲授世界变化进程中的中国故事。

一、“大国方略”的话语体系结构

话语体系是围绕实现教学目标，由教师主导的，以追求实现获得话语权的复杂体系，其包含话语内容、话语方式和话语质量等中介性要素。[1]

（一）“大国方略”课程的话语内容

话语内容在话语体系中具有基础性作用，它是由教材决定的。“大国方略”是从不同角度分析国内外大势，解读中国道路和中国梦，契合国家发展战略需要进行设计的。其目的是解读和宣传十八大以来，以习近平同志为总书记的党中央对中国发展理念、发展道路、内外政策等方面的新论述、新观点、新思想，集中展示中央领导集体的治国理念和执政方略。“大国方略”以这个课程的教学目的为中心确立自己的话语体系框架，并设置了学生感兴趣的话题。

实际上，话题就是问题，用什么样的问题作为话题决定了一门课的课程质量。“大国方略”课程通过直面中国发展的若干重大战略和大学生关注的热点、难点、焦点问题，从政治、经济、文化、历史、国际关系等多学科研究角度，在多维视野中，展现中国融入世界、影响世界的过程。具体来说，“大国方略”课程涉及了中国的大国地位、中国梦、中国道路、中国的和平崛起、中美关系、“一带一路”、中国高铁、中国的技术创新、中国文化和西方文化的冲突等问题，这些问题都是见之于各种报刊媒体乃至互联网上的热点、难点问题甚至敏感问题。“大国方略”课程通过分析解读师生共同关切的问题，引导学生跳出中国看中国，在中国与世界的关系构架中，挖掘中国故事的深层内涵。

（二）“大国方略”课程的话语方式

话语方式是话语体系的基本要素，主要包括话语范式、话语特征和话语形式等。话语范式主要有文本话语范式和人本话语范式。所谓的文本话语范式是从定义到定义，从理论到理论，其教学方法偏重于单一文本理论灌输，缺乏学生的参与和共鸣。而人本话语范式则强调对话的双向互动性。在这种范式中，对话双方地位是平等的，不是强制性的，是民主与开放的。“大国方略”课程充分尊重学生，以师生平等和教学民主为基本前提，体现着平等对话和协商精神；引领学生熟悉“大国方略”课程相关的基础理论知识和分析问题的基本方法，并运用这些知识和方法来分析及解决现实生活中的一些问题，把理论渗透到实践中，指导学生行为。

从教育学的角度来看，话语方式中有三种话语形式：一是课堂上教师与学生之间的话语交往；二是课堂上学生之间的话语交往；三是课外实践教学中的话语交往。[2]“大国方略”根据上海大学小学期制的特点，每周一次课，每次 3 课时，两课时采用“项链模式”进行讲授，1 课时进行现场答疑、师生互动。此外，还借助于上海大学的乐乎论坛进行线上交流和讨论。[3]从“大国方略”的教学形式来看，其对上面三种话语形式进行了混合式使用。首先，“大国方略”教学团队的专家从自己的专业角度来解读社会热点和大学生感兴趣的兴奋点，并与学生进行互动，指导学生认识问题、分析问题和判断问题；其次，“大国方略”在某些课堂中，学生根据本节课内容主题，按照自己的兴趣点和自学的知识进行展示，并且当堂与其他同学进行讨论，最后由教师和团队专家进行点评和补充；第三，利用互联网络进行话语交往，就热点问题和疑惑进行交流与讨论。

（三）“大国方略”课程的话语质量

话语质量是话语体系中最具有价值的要素。前面所提到的话题设置和话语方式所要获得的话语质量最终目标是话语权。“大国方略”课程沿用了上海大学长期探索的“项链模式”进行教学。这种授课方式的优势在于，一位教师把握课程的主线并控制课堂教学节奏，形成“项链”的底座，另外一位或多位教师像“钻石”一样镶嵌在“项链”上，以访谈、辩论、答疑等多种形式联袂授课，深入阐释课程内容，并根据学生课堂反应，回应学生的问题。“大国方略”教学团队是由来自社会学、历史学、哲学、国际关系、经济学、知识产权等学科的资深教师所组成的优质教学团队。他们以“钻石”的身份在课堂为学生阐释预设话题，用贴近 90 后大学生的语言引导他们分析问题、思考问题，改造了传统课堂一直沿用的话语系统。此外，每一位团队教师充分展现了自己的精华和风采，同时激发了学生正向的心理等待，使学生始终情绪饱满，整个课堂充满激情，教学效果不言自明。

“大国方略”课程所使用的主要参考书是中共中央宣传部编写的《习近平总书记系列重要讲话读本》。教学团队坚持集体备课，通过思维的碰撞和不同领域知识的互补完善教学内容，并实现了由读本的文件话语体系向教学话语体系的转化。“大国方略”教学团队设置了具有吸引力的话题，直面中国若干重大战略和青年学生关注的热点焦点问题，用具有客观性和科学性的话语叙事，把握时、度、效，落细落小落实社会主义核心价值观。[4]“大国方略”课所产生的良好的教学效果和广泛的社会影响，体现了话题与话题表达方式之间的结合和建制关系中产生的逻辑力量和说服力，是中国特色社会主义话语体系的具体体现，也彰显了中国特色话语权。

二、“大国方略”话语体系的特征

“大国方略”话语体系突破了以往传统的话语体系，使其与其他课程乃至思想政治理论课不同，表现出以下三个方面的特征：

（一）以问题逻辑为导向进行话题设置

问题是个体对现有条件与目标实现之间的一种心理体验，是研究讨论并需要加以解决的矛盾和疑难。问题导向教学从教学模式视角出发，把问题的设立看成是首要的课堂教学设计任务。依据课程内容和教学任务要求创设问题，与学生所处的情景相近或相似，教师的作用在于归纳提炼知识点，构建一种问题氛围，对学生形成一种暗示环境。一旦确立问题，学生会依照其兴趣，通过其思维过程去解答问题，并探究问题背后的“为什么”，形成安全、和谐、活跃的课堂气氛，使得课堂教学成为教师和学生之间相互作用和相互影响的互动过程。

“大国方略”课程中，中国的大国地位这个话题是课程的中心，教学团队从中国自古就是大国的思路出发，重点在于中国由传统大国经历衰败以后，重新迈向现代大国历程中，所隐藏着的没有遭遇到过的挑战乃至风险。教学团队围绕着这个重点和主线，并结合教学团队专家各自的学科背景，进行了问题的设置，从而出现了“中国是一个大国吗?”、“中国梦 谁的梦?”、“中国道路能引领世界吗?”、“龙是 Dragon 吗?”、“中美真的能坐在一张椅子上吗?”、“‘一带一路’带来什么?”等问题。这些问题是中国当前实现中国梦过程中，青年学生所关心的，也是他们困惑的，需要加以解决的疑难问题。

（二）话语方式更贴近学生

与传统思想政治理论课教学过度使用政治话语、宣传话语、政策话语的习惯性话语不同，“大国方略”课程采用了更加贴近学生的人本话语方式或对话式话语方式。在“大国方略”的课堂中，课堂气氛是宽松的、亲切的和自然的。授课团队的教师充分尊重学生，使用生动活泼而又朴实亲切、柔性优美而又通俗易懂、情理交融而又深入浅出的话语来分析和阐释每一个热点问题和难点问题。

“大国方略”教学团队根据当前 90 后的实际情况，努力契合互联网环境下大学生的思想实际、思维方式和学习要求，把理论融入故事，用故事讲清道理，以道理赢得认同。[5]故事的来源是多方面的，可以来自中国老百姓日常生活中的酸甜苦辣，也可以来自不同时代、不同民族的文明史故事和中华民族内在秉持的心灵结构及价值取向，还可以挖掘改革开放 30 多年来中国人在现实生活中所体现的勤劳、善良、勇敢等美德。这些故事贴近当代大学生的生活业态，可以激发他们胸怀天下、心系百姓和忧国忧党的朴实情感，帮助他们打开认识中国、了解世界的窗口。教师用启蒙亲切、平易近人话语来讲故事，不是把问题的答案或结论强加给学生，而是把自己思考的收获在课堂上用讲故事的方式同学生进行交流，同时也把在探讨中的困惑和担忧也传递给学生。

（三）引导学生提升思维能力

当代大学生有着独特的行为方式和鲜明的群体特征。他们喜欢表达自己的思想和意愿，不再认同教师将他们当作知识容器的教学理念，对部分思想政治理论课教师照本宣科的讲授方式产生反感。而在当前的信息时代,90后的大学生很容易迷失在错误的信息中而不能形成正确的世界观。"大国方略"课程尽最大可能教会学生客观理性的分析方法。"大国方略"教学团队努力以扎实的知识功底、过硬的教学能力、勤勉的教学态度和科学的教学方法引导学生辨别海量信息,帮助他们理性认识和客观评价真实的中国,提升对网络媒体信息意识形态的甄别力,掌握知识体系背后的方法与思想。

"大国方略"通过不同的话语内容和话语方式,其目的就是要获得思想政治理论教育的话语质量,最终获得马克思主义中国化的话语权。通过"大国方略"的话语体系,引导学生分析当前中国崛起过程中各种现象背后的深层次原因及其解决途径,努力用马克思主义基本原理和马克思主义中国化的理论成果,用现实、历史、理论的逻辑理性来审视中国的大国历程和中国梦,从而让当代大学生做到真认知、真认同和真践行。

三、"大国方略"话语体系的创新

"大国方略"属于上海大学通识课程"政治文明与社会建设"模块中的一门核心通识课,但是它实质上是具有思想政治理论课性质的一门通识课。"大国方略"从问题设计上贴近了当下中国发展的实际,符合在全球格局中思考中国的定位及其发展前景的时代问题,也与当代大学生的思想关切相吻合。此外,"大国方略"在教学上利用跨学科师资、多环节互动、复合诠释,避免了单向、片面和静态教学的缺陷。"大国方略"教学方式的探索,是一次话语体系的一次创新。

(一)用中国话解读中国国情

"大国方略"聚焦的话题都是与中国的国情与发展密切相连的,做到了贴近国情,回应中国问题,从话术上增强思想政治理论课叙事话语的分量。当今的中国既面临发展的重要战略机遇期,又处于社会矛盾的凸显期。面对网络信息时代复杂多变的国际、国内形势,以及由此产生的纷乱思潮,大学生需要得到正确的引导。用中国话把说理话语与叙事话语统一起来,通过加强叙事的真实性,内隐教师的观点、立场和价值观,实现隐性渗透式教育和灌输教育相结合。理论联系实际,关注时代变迁和中国社会发展,让理论理性在生活实践中获得新的张力和活力。

"大国方略"努力站在中国历史发展维度和时代高度,体现中国特色社会主义理论和实践的高度,同时体现教师的学科特色和学术深度,做到用中国的道理,支撑中国的国际空间和世界话语权。在回答"中国会被全球化淹没吗?"这个问题中,教师从屠呦呦获诺贝尔奖所引发的中医和西医之争入手,对中华文化的心灵结构进行了阐释,就全球化进程中如何超越文化趋同,走出文明冲突进行互动。教师还通过讲述中文化石语言、西文中译的挑战等故事,对中国汉字的曲折命运,以及中国如何保存文化多样性,保护文化发展基因作了诠释。教师激活了"八卦"、"阴阳五行"、"中医"等中国传统元素,强调大力弘扬中国优秀传统文化,得出"面向未来,可以从传统提取解决当代人类问题的智慧"、"中国文化作为国家软实力的基础,蕴含着解决人类重大问题的密钥"[6],进一步坚定中国文化自信和文化自强。

(二) 用现代话语解读大国崛起

不同的语境,会产生不同的语言含义,也会产生不同的影响和效果,因此话语要随着社会的发展与时俱进。思想政治理论课的话语体系要跟随时代的变迁,赋予新的境遇和场域。任何时代都有其自身的时代特征和语境,实践的不断发展,要求理论进行创新,而每一次理论创新都必然伴随着话语体系的创新。"大国方略"用国际视野并结合中国特色,遵循基本理论,紧跟学术前沿,不断地进行话语体系创新,凝练出具有感召力的时代话语,增强话语魅力。

"大国方略"利用马克思主义基本理论,吸纳当前最新的研究成果,分析中国当前在全球维度中的坐标,引导学生完整、全面地认识中国,理解中国当前的发展战略,做到言之有物,确保课程对大学生有强烈的"存在感",真正做到"入耳入脑入心"。在"'一带一路'能带来什么?"的专题中,教师通过比较"丝绸之路经济带"和"马歇尔计划"导入和展开,阐明作为国家战略的"一带一路"更加宏伟,未来效果更加深远。教师还从中亚地区的经济、文化和历史来诠释"丝绸之路经济带",并解读其在中国崛起过程中宏大全球布局中的地位和作用。在"中国高铁驶向何方?"专题中,从中国高铁走向世界入手,来解读在中国崛起中如何应对财富全球布局的挑战,如何获得与中国大国地位相应的技术话语权和货币话语权。

（三）用大众化话语解读中国梦和中国道路

大众话语是指以大众为使用主体，面向大众的一种用语，更加贴近大众生活。“大国方略”团队从大学生的思想实际与话语接受意趣入手，将大理论融入易于学生可接受的小问题和小故事，运用生动的故事来阐释理论。立足于中国经验和民族命运，在解读中国梦和中国道路时，坚持既有的学科基本原理，又纵横社会方圆，找准学生兴趣和习近平总书记讲话亲切平实话语之间的结合点，给学生讲故事。在“中国是一个大国吗?”专题中，教师从“中国是大国吗?”到“大国的标准”，用小故事并结合理论，循循善诱地引导学生进行批判性思考，同时，了解国家领导人近来行程，发展理念，政治形势。

“大国方略”教师从家常话说起，用自己的话语“翻译”新一代中央领导集体的新战略和新政策。在“中国梦 谁的梦?”专题中，教师梳理了中国从19世纪末20世纪初到当今的四次留学潮，从历史的视角诠释了中国人走向世界寻求民族复兴的梦想。教师结合中国古代与近现代历史上中国人的强国梦，尤其结合十八大以来党中央战略决策与实践，根据习近平同志的系列讲话精神，用当代大学生易于接受的话语，阐述中国梦和中国道路。教师用具有大众化话语，并利用彰显大国气度的语言和叙事模式，以中国经验、实践智慧和民族命运为基础，形成了中国特色社会主义话语体系。

四、“大国方略”话语体系对思想政治理论课话语体系创新的启示

“大国方略”课程从多学科研究角度，为学生讲授世界变化进程中的中国故事。课程从上海大学2014年冬季学期开讲以来，一直受到学生热捧。“大国方略”课程作为上海大学思想政治理论课教学的一次成功探索，为思想政治理论课话语体系创新提供了重要启示。

（一）坚持问题逻辑的话语体系导向

以问题逻辑为主线的思想政治理论课话语体系的鲜明特征在于思想政治理论课话语的建构从问题的“为什么”出发，并将大问题中的“为什么”层层细化、层层深化为更为细小问题的“为什么”，进而构成思想政治理论课话语的问题体系。“大国方略”课程问题设置从表面上看是讲问题“是什么”，但是教师在与学生对

话过程中，完全透过问题“是什么”，利用中国话、现代话和大众化语言来阐释问题背后国家政策和外交的“为什么”，引导学生分析现象背后的深层次问题。

思想政治理论课话语体系的构建必须以问题逻辑为主线，通过深入探讨思想政治理论课使用的问题逻辑，才能抓住思想政治理论课话语的关键，建立具有实效性的思想政治理论课的话语体系。问题逻辑是思想政治理论课话语抓住学生的根本方式，从而使得思想政治理论课话语的使用更加具有时代性、针对性和实效性，避免过度使用政治话语、宣传话语、政策话语。

（二）实现从教材话语体系向教学话语体系的转变

教材决定了思想政治理论课话语体系的话语内容。教材的话语系统以其政治性或国家意识形态性为主要特征。思想政治理论课教材的内容具有规定性，每门课程都有其基本概念、原理和体系框架。在思想政治理论课话语内容中，话题是最主要的构成要素。话题是话语议题，是对思想政治理论课教材内容的凝练和创造性建构，首先解决思想政治理论课“说什么”的问题，话题及其政治内容承载了思想政治理论课的实质，是思想政治理论课话语体系的灵魂。传统的思想政治理论课教学中，教师大多数以教材理论体系为本进行话题设置，缺少创造，也缺少价值吸引，表现出教师对设置话题的能力较弱，难以获得真正的话语权。

“大国方略”多位主讲教师参与执笔撰写了《大国方略——走向世界之路》一书，但它不是教材，因为与其内容相关的新材料不断涌现，课程的教学要紧跟时代发展的需要。“大国方略”课程以问题为导向，直击当代大学生关注的热点问题，设置了九个问题作为每一讲的主题，其话题针对性强，有着强烈的问题意识，对思想政治理论课教学话语体系的创新具有重要的借鉴意义。创新思想政治理论课话语体系首先要解决话语主题和话语内容问题。思想政治理论课设置的话题要有现实针对性和强烈的问题意识，设置话题应该包括理论热点、难点问题，甚至敏感问题。只有在思想政治理论课全国“统一大纲、统编教材”的规制下，实现教材话语体系向“教材重点、理论难点、社会热点、学生疑点”有机结合的教学话语体系转化，讲好中国自己的故事，才能提升思想政治理论课的教学效果和教学质量。

（三）实现文本话语向人本话语转化

文本话语是一种自说自话为主要特征的话语方式。在文本话语方式中，教师的话语居高临下、自我赋权，它强化了教师话语的支配性和独断性地位。文本话语方式容易助长教师的傲慢自大、目中无人，并且教师的声音很强，却没有交流和对话，也没有真正的听众。此外，由于文本话语取消了反对声音以及理性辩论，导致了单向度的理论灌输和真理没有共鸣，还会引发学生普遍的质疑和不信任。这种文本话语在传统思想政治理论课话语体系中占主导地位，从而使得思想政治理论课话语体系的吸引力、影响力和感染力大为减弱，影响了思想政治理论课的形象。思想政治理论课怎么讲才能达到预期目标，是困扰思想政治理论课教师的一个难题。

“大国方略”课程坚持人本话语形式，充分理解和尊重学生，用贴近学生的话语与学生进行对话和交流，取得了突出的教学效果，最大限度地实现既定的教学目标。人本话语主张教师与学生的平等地位，通过理性沟通和平等对话探讨共同面对的理论和现实问题。相比于教师在文本话语中的“真理代言人”角色，人本方式的教育理念从根本上否定了教师话语不证自明的权威性。人本话语所带来的教师和学生之间的平等对话，对问题进行共同探讨，相互竞争、相互影响，教学活动不再是一家之言，也没有绝对的真理，而是各种不同声音、不同观点相互激荡、相互启发。人本方式秉持自由平等的对话理性，要求师生彼此相互尊重、理性讨论。师生之间对话的场域不再是教师对学生的单向灌输过程，而是教师与学生、学生与学生互说互听、双向互动、互相交流的动态过程。

（上海大学　焦成焕）

参考文献

[1] 郭凤志. 高校思想政治理论课话语体系创新研究[J]. 思想理论教育导刊，2014(4).
[2] 杨礼银. 高校思想政治理论课教学中的话语交往[J]. 思想教育研究，2013(8).
[3] 卢丽君. “大国方略”：引导青年学生真切理解中国[J]. 中国高等教育，2015(1).
[4] 顾晓英. 当代大学生的社会主义核心价值观主渠道教育——基于“大国方略”课程的反应[J]. 毛泽东邓小平理论研究，2015(3).
[5] 顾俊. 大国方略——走向世界之路[M]. 上海：上海大学出版社，2015.
[6] 顾晓英. 当代大学生的社会主义核心价值观主渠道教育——基于“大国方略”课程的反应[J]. 毛泽东邓小平理论研究，2015(3).

“大国方略”课程话语体系的新政治经济学分析

一、大国崛起与思政课堂教育的话语认同

（一）“修昔底德陷阱”与“大国方略”课程开设

“修昔底德陷阱”这一命题是由古希腊史学家修昔底德（Thucydides）在阐述公元前5世纪，在雅典和斯巴达两国之间发生的战争时提出来的，即一大国崛起的过程中引致另一现存大国的恐惧，而最终引发两国战争。习近平总书记在2015年9月的访美第一站西雅图的欢迎晚宴演讲中明确指出，世界上本无“修昔底德陷阱”，但大国之间一旦发生战略误判，就可能给自己造成“修昔底德陷阱”。针对世界上两个重要的大国——中国和美国，习近平总书记提出，中国同美方一道构建新型大国关系，实现双方不冲突不对抗、相互尊重、合作共赢，是中国外交政策的优先方向，中美要正确判断彼此战略意图，中方愿意同美方加深彼此战略走向、发展道路的了解。只有这样才能避免误判而背离新型大国关系出现的危险。① 习近平总书记的上述讲话给出了中美两国可以避免“修昔底德陷阱”、构建新型大国关系的指导性思路；并预示，减少中国发展进程中遇到的国际因素干扰，需通过掌握话语主动权，构建新型的话语体系来解决。这预示着中国国民应具备大国国民意识以及与此相一致的大国国家观和政治观。中美关系是国际关系中最重要的双边关系，两国关系的未来取向将影响着中国能否顺利崛

① 国家主席习近平9月22日晚在西雅图出席当地政府和美国友好团体联合举办的欢迎晚宴并就中美关系发表重要演讲，作出上述阐述。详见人民日报微博. http://sg.weibo.com/user/rmrb/3890224247252965.

起为现代大国。中美关系究竟如何发展，以及“中美能够同坐一张椅子上吗?”这些重要的时事命题已经成为当代大学生热衷思考的话题之一，也成为上海大学正在开设的“大国方略”课程重要的课堂组成部分和该门课程重要的话语体系支撑点。

作为迅速发展的中国，我国国民如何从崛起的路径中获取大国国家观和政治观的一致认同，以及如何在我国国民中培育成大国国民素质的认知土壤，成为当代中国教育尤其是高等教育首要解决的重大命题。上海大学“大国方略”课程的开设，顺应了这一命题要求，从纵向历史脉络和横向国际视角两个维度，全面而深度地帮助当代大学生厘清了“如何提升国家认同感、如何形成正确的大国政治观”这一时代性教育命题。由此而来，经过几学期课程的实践，“大国方略”课程形成了自己独特的话语体系，成为一盏指引当代中国大学生树立正确国家观和政治观的明灯。

（二）“大国方略”课程话语体系日趋完善

上海大学“大国方略”课程开设以来，在校内外的影响力不断扩大，学生竞相选课，媒体叠加报道，课程开设以来，得到了社会各界的一致认可。一个重要的成功因素在于“大国方略”在课程立意和话语体系的设计上切合了当代大学生对国家认知需进一步明晰和政治立场需进一步清晰的强烈要求。如在本门课程教案和教学过程中，“大国方略”通过宏观视角和微观操作两个层面，选用与国家发展紧密相关的时事案例为材料依据，从政治、经济、生态、文化和外交等各个视角诠释了中国作为发展中的大国，在崛起的过程中所应肩负怎样的担当，以及承担大国责任中应遵循什么的路径。根据上述分析，笔者将“大国方略”话语体系的核心概括为“和平崛起、国家发展和成果共享”。话语形式是以叙事为主，通过“讲好中国故事”来阐释中国的政治、经济、生态、文化和外交，并嵌入有深度的互动式对话，让学生在“润物细无声”中树立起正确的国家观和政治观，最终达到了本课程的教学目的。如何叙事，即正如“大国方略”一书的内容简介中所提及，“把理论融入故事，用故事讲清道理，以道理赢得认同”。[1]其实，“大国方略”已具备完善的话语体系，笔者认为，在这一体系中，基于正确的国家观和政治观之上的国家发展是核心，所有的其他元素都围绕着国家发展而立。“大国方略”在中国高校课堂的设立，是思想政治教育领域的创新，并取得了成功，其话语体系的理论支撑可进一步挖掘和拓展。

这门课程的话语体系包含了政治、经济、文化、社会、生态和外交，受众群体的主体是当代大学生，最终体现课堂冲击和互动效应的是政治和外交，以及由这两个因素延伸出来的经济、文化和生态。而从这诸多课堂的内容结构看，核心其实是政治，即国家发展问题，具体说，就是保证国家发展顺利进行的国家安全问题，最终落脚点在经济因素上。而由马克思主义在古典基础上构建的政治经济学，一直以来关注国家层面政治与经济关系的研究，直至现代文明多元冲击的今天，融入了更多新元素的政治经济学演化为新政治经济学，其所解决的问题仍然是基于国家层面的政治与经济关系问题，其范式仍然沿用通用的经济学分析工具和框架。因此，本文认为运用新政治经济学分析框架来解构"大国方略"话语体系，融入新政治经济学内容要素，对于升级现代背景下包括通识教育在内的思想政治教育课程体系有着切实的现实价值和理论价值。

二、"大国方略"课程话语体系解构

（一）中国特色课程话语体系的构建需求

习近平总书记曾指出，要加强话语体系建设，着力打造融通中外的新概念、新范畴、新表述，加强国际传播能力。韩庆祥认为，从学理角度讲，中国特色社会主义话语体系是由一系列具有内在逻辑关系要素构成的系统，包括话语基础、话语核心、话语体系、话语方式、话语自信、话语传播、话语权和话语创新八个层面。[2]维特根斯坦曾经说：我们语言的界限就是我们世界的界限。要创新话语体系，就必须转变或改造我们的思维方式，话语方式的突破需要思维方式的突破。[3]一直以来，中西方学术界关于话语体系的界定存在着差异，我们的话语体系要充分体现中国文化，体现中国特色社会主义的理念，具有真实的国家认同特色，而西方所谓的"普世话语"所宣扬的普世价值观，其实掩盖了西方国家的话语霸权本质，也掩盖了西方话语体系的真实"地方特色"。这说明，中西方话语体系虽存差异，但仍有共性，所以既要唤起话语对象的认知统一，又要增加更多群体在认知上形成共同的逻辑。卢国琪认为话语体系就是系统化、理论化的话语权[4]；郭凤志认为在高校思想政治教育课程中要注重理论规范性和话语通俗性，以及课程话语导向性和对对象的尊重性[5]。在高效课堂教学模式中，如何在规范性、通俗性和导向性路径上通过新表述讲清楚新概念、新范畴，是当下思想政治类教育课程亟需践行的重要任务。“大国方略”课程的开设，给这一目标话语体系的创新和构建提供了一个平台。

“大国方略”课程内容涵盖广泛，从政治、经济、外交、文化到生态，几乎大国之事都囊括其中，时间跨度大，空间涉面广，在课堂上的话语结构中，授课教师通过旁征博引将古今中外之海量知识浓缩在三尺讲台。另一方面，该门课程都是以上海大学特色的十周一学期为一个周期，每周一次课，每次课一个单元，一个专题，每次上半部分由教师授课，下半部分由学生提问、教师答疑。时间紧促、内容却广博，课程结束后，学生普遍广泛认同，成效非常显著。

（二）“大国方略”故事语境下的大国担当

“大国方略”作为一门思想政治教育范畴的通识课，既注重政治观的培养，又不局限于政治范畴，它是将学生碎片化的认知，多元化的价值观，多领域的知识构架统一在问题意识的教学中。运用了现代教育理念和现代话语交流方式，将故事作为教学内容的载体。具体来看，其话语体系包括三个重要方面：第一，以学生需求分析为前提。“大国方略”课程教学始终以学生需求为先导，这一定位解决该门课程“如何上”，“怎么上”，“能否有听众”的问题。从效果看，该门课程的听课人数不断爆棚，从大一到研究生，再到教师层面，都纷纷而来，这就是最好的明证。现代教育理念就是以学生需求分析为课程设计前提，没有学生需求分析的课程设计，可能会使得课堂教学成效大打折扣。“大国方略”授课团队在设定学生需求分析之后，备课环节上就有了具体的目标，有了针对性。在内容设计上就会避免了“对牛弹琴”的局面出现。第二，用故事来诠释大国理念。“大国方略”是一门通识课，一门思想政治教育类的课程，必须有政治目标，其目标就是让学生理解中国的发展，以及作为一代青年大学生所要肩负的与大国国民相一致的责任担当，因此课程内容必须着眼大国，课程材料要求是高瞻远瞩的知识视野和古今中外的知识脉络，以及横跨各个学科的知识整合。授课团队在备课过程中，对每一个专题的选定都从叙事着手，如以“中国龙和 Dragon 的区别”为题，来阐释文化认同和文化差异下的大国崛起时，大国国民如何去行进、如何去架起中外文化交流的桥梁。从内容冲击效应看，每一个故事的叙述都激起了学生内心深处的爱国意识,且将一种模糊大国认知转化为清晰的责任担当,最后演化为一致认同。第三,以责任担当为互动指引。"大国方略"课堂教学不是全盘依赖教师讲解,留着一半时间让学生提问,问题领域不限,不回避尖锐问题。这也是这门课最出彩的地方,使得它吸引着各个专业的学生不断加入这门课的听课大军中来。提问互动环节中,学生所提问题,有的非常尖锐,有的也非常专业,很多学生甚至将成长过程储备了多年的疑问搬到了互动环节。授课团队都是针对不同的专业问题给予了专业的回答,但其中紧紧把握了一个重要的原则,就是告诫学生,要始终具备责任担当原则。这种责任担当融合在所有的互动答疑环节中,从微观上的个人言行,到宏观上的爱国意识等,都使得学生每节课结束后,自己的责任感得到一次尊重,经历一次由内而外的灵魂洗礼。

据上述分析可以看出,"大国方略"课程成功的话语体系,可作为很多人文社科,甚至理工类相关课程的学习典范。其对培养当代大学生正确的大国国民观和正确的人生观、价值观有着重要的指导意义。"大国方略"话语体系已初具框架,且具备了课程教学的既定范式和可学习的路径依赖。笔者认为,"大国方略"课程话语体系可进一步明确国家安全的核心地位,从国家安全观的角度切入,将国家立场、社会立场和本我立场区分开来,明确国家主义与民族主义的界限,会使这门课程的话语体系更加完备。据此,笔者从新政治经济学视角来分析"大国方略"课程话语体系的可能演化方向,以期给出话语体系的重要理论支撑。

三、新政治经济学的功能演化与"大国方略"的语境对接

(一) 新政治经济学发展及其功能演化

新政治经济学发端于20世纪60—70年代,概念界定众说纷纭,有从研究方法如数学模型的引入加以界定(李增刚,2009)[6];有从研究对象如个人和国家,以及学科发展如凯恩斯和新古典经济学加以界定(蔡继明,王成伟,2012)[7];也有根据马克思主义政治经济学在中国的发展,从生产力理论中国话语视角进行界定(顾海良,2015)[8]。尽管有各种界定,但都将政治与经济的关系作为新政治经济学的核心内涵,只是政治与经济之间的关系在不同的范畴内进行了拓展而

已。概括起来看，新政治经济学的功能主要体现在：国家的政治行为如何促进经济增长，何种经济增长路径能确保国家安全。具体说包括以下三个方面：一是国家安全是至高无上的，但它离不开经济发展；二是经济持续发展，是国家安全的根本保证，但是没有国家安全，经济发展无从谈起；三是国家安全与经济发展相互作用，国际贸易、国际金融，以及跨国公司的行为都是发展经济的手段和路径。新政治经济学涉及内容广泛，远超越了传统意义上政治经济学的范畴，但其基本原理还是属于政治经济学的范畴。

马克思主义政治经济学是在汲取古典经济学的营养元素基础上发展起来的，古典经济学的研究框架始终以国家管理为理论支撑，发展到马歇尔时代出现了分化，马歇尔将古典时期的微观视角和工具方法也融入经济学的研究范式中，完善了经济学的研究谱系，经济学演化为宏观和微观，宏观延续了古典经济学的视角，继续集中研究国家发展和整体宏观经济增长，只是在方法和工具层面融入了数理分析方法，使得宏观政策贴近民生，但这与马克思主义政治经济学的发展并不矛盾，政治经济学依旧关注国家意识形态由内生动力和外生冲击所激发的生产关系的变革。由于生产力水平的迅速发展，以及资产阶级学术改良理论在融入多学科元素之后，使得现代经济学的发展，某种程度上帮助资本主义制度自身结构作出了最大限度的改进，当然，无论宏观政策如何运用，资本主义制度本身还是无法克服周期性的经济危机。而探索克服周期性危机的政治经济学家也在不断更新政治经济学研究的边界和范式，马歇尔之后的古典政治经济学研究探索一直没有停止，并在国家政策和政府职能的视角下演绎出了新的政治经济学研究范式，如将公共选择理论、新制度经济学理论、集体行动逻辑理论等研究范式都吸收进来，是政治经济学发展成为新政治经济学流派，由于其仍然延续古典政治经济学的基本框架，所以被称为新政治经济学。

（二）新政治经济学中的国家安全观

从目前新政治经济学的功能演化路径看，以罗伯特·吉尔平为代表的国际政治经济学研究取向，以新时代全球政治和经济形势为背景研究国家发展，更契合当下的新政治经济学特点。特别是罗伯特·吉尔平从国际政治经济学视角提出的国家安全观，使得近年发展的新政治经济学研究边界更加拓宽到国际政治理论领域，当然其研究范式还属于经济学范畴。吉尔平认为“以国家为中心的现实主义"对于建构一国国际交往的理论范式意义重大。特别在当前世界经济体之间的交融不断加强的形势下,一个国家的发展不可能独善其身,而中国作为正在迅速发展的发展中大国,更是如此。无论是国家宏观政策管理,还是社会文化和生态环境的发展,都离不开与他国的政治交往,而任何形式的政治交往都受制于本国经济发展的约束和要求,而本国经济发展环境的改善又会反作用于政治交往格局的改变。这是因为,大国的影响力能否助推本国顺利崛起,并使发展的国际阻力减少,主要在于三方面的因素:首先是经济规模和经济持续增长的动力,以及依附于经济实力上的政治态势;其次是政治策略的运用和国际政治交往过程中国民的心态;第三是各种国际交流舞台中所体现的本国国民被接纳的程度,以及本国国民素质对国家的国际形象的贡献度。从世界历史的发展来看,强烈的民族主义从来不受欢迎,甚至会引发外部势力的各种压制,乃至触发战争。可见,罗伯特·吉尔平提出"以国家为中心的现实主义"观点,作为新政治经济学的核心理论,对于指导"大国方略"课程话语体系的完善有着极其重要的现实价值。

罗伯特·吉尔平认为,国家最关心的国家利益就是军事安全和政治独立,不过以国家为中心的现实主义并不排斥精神道义和价值观念在决定行为中的重要性。[9]但他特别强调了对国家安全的诉求,容易产生民族主义与国家现实主义两者的混淆,基于国家安全和政治独立的现实主义虽然不能普遍被接受,但是鉴于其经济因素影响,它至少可以被理解,而民族主义向来带有强烈的文化冲突基因,甚至完全抛弃经济发展要素,割裂开了国家安全与经济发展之间的关系,而不可能被理解和接受。所以,罗伯特·吉尔平说,"民族主义可能是现实主义者,但现实主义者不是民族主义者"。[10]这就是吉尔平坚持"国家安全永远是国家主要关心的问题"是其新政治经济学方法论的理由所在,比如,一个国家的地理位置和一国经济的物质要求等客观因素在决定国家利益时也举足轻重[11],这些因素是影响国家安全的重要变量之一,其中经济物质是重要变量中的重要变量。

(三)"大国方略"课程话语中的责任意识

"大国方略"话语体系包含的对象主要是当代青年大学生,他们由于一直以来接受的多元化社会感知教育,加之现实案例和理想情操之间的感知冲突,使得相当一部分学生产生了对中国现实国情的片面化认知。他们很关注国家安全,但是往往又表现出强烈的民族主义情绪。从学生对课程内容的接受反应和课题提问环节可看出，他们认为国家外交层面过多使用了“抗议”“反对”等辞令，而缺少实质性的行动，比如直接的行动反击。如他们在理解中美关系的政策时，认为中央政府过于软弱；在理解“一带一路”战略时，认为国家支出是成本高于收益，且这种风险最终由老百姓买单等。“大国方略”课程在话语体系中，针对这些观点，都给予了既贴近实际又非常专业的解答。并明确了国家外交策略都是着眼于长远的利益，着眼于国家的长期安全，而不是短暂的逞强。笔者认为，“大国方略”每次课堂的话语体系几乎都涉及了“国际政治交往服务于经济建设”这一隐含的核心论点，并反复强调经济发展了，国家安全才有可能牢固。这便是新政治经济学中的国家安全功能与“大国方略”课程语境的有机对接。比如将国际性组织纳入话语体系，如跨国公司发展战略，以及中国的企业如果与世界级跨国公司同台竞争，且取得优势，都体现出经济物质要求的战略需要。特别是在课堂上，不同专业的授课教师，在回答学生提问，或者讲解每一模块内容时，都非常巧妙地把握“大国崛起需要大国国民素质”这一高屋建瓴的政治立场，具体地说，便是国家安全需要经济发展作为后盾，国民素质提高有利于经济发展，发展民族经济依赖于技术创新和生产力变革，以及基于国民素质提高的人力资本外部收益性的提高，并在话语语境中明确否定了民族主义思潮，强调中国的国家安全与和平崛起相互作用，相互促进；明确中国的国际政治交往和国际经济政策战略都是与世界上其他国家共享发展成果，是帕累托改进而不是帕累托最优。

罗伯特·吉尔平的国家安全观，虽然是现实主义的，但是却又是政治经济学范式的。其强调必须对国家政策、社会准则和制度、历史遗留问题以及对这些外部因素影响经济结果的方法进行彻底的分析[12]；其强调金融危机在资本主义制度下不可避免，但是大国崛起可以借鉴不同发达资本主义国家的经验，如德国社会市场中的国家激励功能、美国市场体系中的政府引导功能、日本公司治理和私人企业实践中的国家干预功能等，这意味着经济层面的发展要求必须加强国际政治交往。在其新政治经济学的体系中，系统分析了新贸易理论、国际货币体系、新经济地理、经济转型的发展理论和区域经济一体化都是最终有利于国家安全，并提出了有限的经济全球化理论。而这些经济发展的国际交往模式不仅利于国家发展和国家安全，同时也要求国家安全确保经济顺利发展。

四、规避“修昔底德陷阱”：“大国方略”话语体系建设新方向

“大国方略”课程语境，承认个人有利益诉求和成长需要，个人发展离不开国家发展，国家发展依赖于每个国民的素质提高。在中国作为大国崛起过程中，会受到代表不同集团利益的政治势力的阻挠，如果从国家安全的角度看，这种政治势力的阻挠是基于其经济利益遭受某种短暂的冲击，或者说某些群体遭受中国经济发展的间接冲击而通过政治代理人运用国家意志加以对抗。这种对抗，在罗伯特·吉尔平看来是民族主义情绪的泛滥，而不是真正的现实主义的国家安全观的体现。因此，作为发展中的中国国民，需要规避民族主义思潮，防止出现国际交往中民族主义思潮的对抗，防止这种对抗演化为战争。根据历史上的大国崛起路径看，并不是所有的大国崛起都会落入“修昔底德陷阱”，关键在于崛起的大国国民是否具有真正意义上的现实主义的国家安全观，而不是民族主义的国家安全观。这就要在国际交往话语语境中加强文化交流，加强民间的政治、经济、生态对话，以经济发展共赢取代政治交往中的对抗。

所以，这客观上要求本国国民具备正确的国家安全观，将个人发展的利益诉求与国家发展的国民素质需求统一起来。而高等教育中的思想政治教育课堂，在这些国民素质养成教育中的作用至关重要。作为高等教育中的思想政治教育类的通识课程“大国方略”，其取得的成果和课堂意义不言而喻。“大国方略”课程话语体系，囊括了上述的政治、经济、文化、生态和外交等重要元素，但是，必须强调的是，国际政治交往依赖于经济发展需求，又反作用于经济发展，这将是这一“大国方略”课程话语体系建构中永恒的主题。

（上海大学　丁晓峰）

参考文献

[1] 顾骏. 大国方略：走向世界之路[M]. 上海：上海大学出版社，2015.

[2] 韩庆祥. 中国话语体系的八个层次[J]. 社会科学战线，2015(3).

[3] 韩震. 创造性地提升对外文化传播能力——充分发挥智库力量 构建中国话语体系[N].

光明日报,2015-7-21.
[4] 卢国琪.马克思主义中国化的十大话语体系[J].马克思主义研究,2013(4).
[5] 郭凤志.高校思想政治理论话语体系创新研究[J].思想政治教育导刊,2014(4).
[6] 李增刚.新政治经济学的学科含义与方法论特征[J].教学与研究,2009(1).
[7] 蔡继明,王成伟.从古典到现代:政治经济学概念的演变——兼评新政治经济学的发展[J].经济学家,2012(9).
[8] 顾海良.新政治经济学的理论创新和学科建设——基于马克思主义生产力理论中国话语的思考[J].中国高校社会科学,2015(3):4—14.
[9] [美] 罗伯特·吉尔平.全球政治经济学——解读国际经济秩序[M].杨宇光,杨炯,译.上海:上海世纪出版集团,2006.
[10] [美] 罗伯特·吉尔平.全球政治经济学——解读国际经济秩序[M].杨宇光,杨炯,译.上海:上海世纪出版集团,2006.
[11] [美] 罗伯特·吉尔平.全球政治经济学——解读国际经济秩序[M].杨宇光,杨炯,译.上海:上海世纪出版集团,2006.
[12] [美] 罗伯特·吉尔平.全球政治经济学——解读国际经济秩序[M].杨宇光,杨炯,译.上海:上海世纪出版集团,2006.

儒家治道思想中“礼”与“仁”之现代语境

——“大国方略”课程中的传统文化话语体系研究

“大国方略”课程论及中国与世界的关系，大国与个人的关系，以及“方略”对大国的重要性。如何让90后青年群体在世界风云变幻中形成牢固的国家认同，接受中国共产党的执政思想，是该课程建设的重点。因此，话语体系的研究十分重要。话语体系的有效建立是一个长期的过程。传统文化是经过长期积淀而形成的，并已进入无意识层面，潜移默化地深刻影响着学生的价值取向。因此，依托于本民族传统文化是进行话语体系建设的有效途径。

儒家思想作为中国文化的主干，不仅在中国有着悠久的历史，而且对东方文化的形成产生了深远的影响。作为中国传统文化的主要代表，儒学伴随着中国现代化进程的发展与演变。儒学以“传道、授业、解惑”为其社会责任，以启迪良智、塑造理想人格为其历史使命。当今时代，全球化浪潮中西方话语霸权仍然存在。如何分辨各种价值，克服社会转型期出现的价值认同危机、价值理想失落等弊端，是当前社会亟待解决的理论和现实难题。

学界有关儒家思想的当代价值以及对当代社会生活的作用的研究著述较多，其共同点是，以“忧患意识”为其理论的出发点，以“返本开新”为其理论的建构方式，以发扬儒学为其理论的追求目标，均力图阐扬现代新儒学的当代现实意义，取得了较为丰硕的成果，同时也存在一定的问题，主要表现在宏大叙事与具体应用的脱节。即，虽然目前学界在对儒学史的历史梳理与现代时代背景分析方面，以及对儒学思想中某些具体的合理因素在当代社会的现实作用方面，均有较为详尽的论述，但如何将上述两方面置于同一论域、同一语境之中，使其在同一论域、同一语境中达到内在的统一，用力不足，阐发不深。本文力图寻求传统儒学与现代社会之重合论域，通过分析儒家治道思想中的"礼"与"仁"之现代语境，为现代中国的治理思想提供思想资源，以期推动"大国方略"课程中传统文化话语体系的研究，从而增强大学生思维过程中的积极因素，使学生在主动进行的发现问题—思考问题—反思问题的过程中，了解国情、感受时代、认同国家。

一、儒家入世的公共论域及人性论线索

儒家思想以经世致用著称。春秋战国时期，周天子王权旁落，战火频仍，民不聊生。面对"礼崩乐坏"的局面，先秦诸子围绕如何恢复社会政治秩序，重建伦理纲常展开思潮言说和交流，呈现出学术多元、百家争鸣的盛况。诸子百家都力图为社会变革提供有效的价值支持和制度设计，纷纷提出各自的思想路径及解决方案。在对传统礼乐秩序进行反省的基础之上，儒家重新理解传统礼乐秩序的精神实质，建立起儒家哲学体系。儒家以"三代"之治为治国理想；以仁义道德为安邦原则；以建立在宗法血缘基础之上的道德自觉为精神方向；以伦理秩序的理性建构为实践方案，其统摄人心、观照现实的内在力量使其成为变革时代的主流学派。儒家哲学的内在逻辑及历史地位表明："经典的神圣权威性不是先验决定的，而是在共同体的文化生活实践中历史地实现的，是在人与人、人与历史的关系中建立起来的。在中国，更是在文化交往、语言交往和礼仪实践中建立起来的。一个经典之成为经典，在于群体之人皆视其为神圣的、有权威的、有意义的，在这个意义上，经典的性质并非取决于文本本身，而取决于它在一共同体中实际被使用、被对待的角色和作用。"[1]

关注社会现实、重视对人性的讨论是儒家哲学的主要特点。儒家哲学思想围绕理想社会与人生意义的实现而展开。前者从人性出发，就家、国、天下的稳定与和谐进行制度设计与建构。即由己出发，经修身、齐家、治国、平天下的路径达到治国安邦的政治目的。在实现"礼"的秩序的同时，又以"仁"的和谐化解"礼"的紧张。"礼"与"仁"共同构筑社会稳定和谐的基础；后者就个体有限生命何以可能无限这一问题，设计实现人生意义、获得不朽价值的途径和方法，以化解人的存在的焦虑，提供人们安身立命的精神支柱。由此可见，以人为本的治学

风格和治国安邦的入世态度决定了儒家哲学核心内容必然围绕公共性而展开。伦理与政治的紧密相连又使得儒家公共性思想独具特色。

中国哲学关于人性的讨论语焉而详，而尤以儒家为最。儒家哲学对人性的表达兼具现实性与超越性两个向度。儒家既要为现实的政治生活和社会生活提供制度安排和秩序安排，同时又要为现实的政治生活和社会生活提供终极的意义。前者是儒家对人性的现实向度的表达，后者则是儒家对人性的超越向度的思考。现实生活是儒家哲学的立足点。建立社会基本制度体系、制定人们交往行为的普遍规范，是儒家入世的途径和手段。然而，儒家并不停留于现实生活。儒家认为，安顿人们的现实生活固然重要，但更根本的则在于通过儒家的圣王、圣君、圣贤理想人格的示范与引导，营造超越现实、追求理想的道德生活。在儒家话语系统中，“人”不是一个生物意义上的存在，而是一种崇高的存在。对人性的超越是儒家努力的方向与最终目标。

因此，以现代公共生活为论域，在这一论域中阐发儒家哲学对社会交往、公共活动、公共利益、公私矛盾与统一等公共性问题的独特理解，是寻求传统儒学与现代社会的共同论域，解决以往研究中存在的宏大叙事与具体应用脱节问题的努力方向。在现代公共生活论域中，以人性论为线索，考察人们现实生活和理想生活的内在根据，并在此基础上，将传统社会与现代中国进行比较与分析，彰显“新儒学”之“新”，反思“现代社会”之“现代”。如此则可使儒家传统“礼”与“仁”的治道思想为现代中国的治理提供必要的思想资源。

二、“礼”与“仁”之道：“天下为公”

儒家的理想社会是“大同”之世。是否有“道”是衡量这一理想社会的标准。有“道”是理想状态，然而现实却经常处于无“道”之中，或者说“道”未能显现。正是基于对“道”的追求，儒家提出“礼”与“仁”的思想来建立社会基本制度，并对人们的社会交往行为提出普遍的形式化的规范，以安顿人们的现实生活。“礼”的制定保证社会的稳定有序，“仁”的倡导促进社会的安定和谐。“礼”与“仁”将政治强制与道德自觉相统一，构成儒家独特的伦理政治结构，实现了儒家治国安邦的政治目标。如果说“道”是儒家对人性超越向度的思考，那么，“礼”与“仁”则是儒家对人性现实向度的表达。

"道"是中国哲学中最为崇高的概念。先秦诸子百家无不论"道",并均以"道"为宇宙万物的本源。在儒家那里,"道"作为一种政治理想和精神追求,代表了儒家的政治理念和礼制秩序的精神价值,是现实政治的终极价值根据和意义根源。"道"既是儒家的理想追求,也是现实社会的衡量标准。它既高于现实的政制模式,又不离现实的社会生活。

《易》曰:"形而上者谓之道,形而下者谓之器。"(《周易·系辞上》)"道"作为宇宙万物的形上本体遍及整个世界。它不仅贯注于人与自然的秩序建构之中,而且贯注于人与社会的秩序建构之中,还贯注于人自身的心灵的秩序建构之中。儒家是以天、地、人共同构成一幅和谐有序的世界图景。在天、地、人三者之中,人最为天下贵。人之所以"最为天下贵",就在于人能"赞天地之化育",而"与天地参"(《礼记·中庸》)。因此,对"道"的体认和把握成为儒家哲学的中心内容。儒家希望通过对"道"的探求,解决人类生存的现实问题,并从根本上找到人类生存的终极意义。由此,儒者以"道"为其毕生追求,所谓"士志于道,而耻恶衣恶食者,未足与议也"(《论语·里仁》)、"谋道不谋食"、"忧道不忧贫"(《论语·卫灵公》)、"道不同,不相为谋"(《论语·卫灵公》)、"朝闻道,夕死可矣"(《论语·里仁》)等所表达的正是儒者誓将"人道"与"天道"贯通为一的道德信念与人格力量。儒家以"道"的理想作为自己的政治信念。这一信念不仅源于人性的深刻需求,而且已作为一种思想传统,化作一种精神力量,代代相传。对"道"的深切关注和深邃洞察使得儒家在对现实的关怀中始终保持着对现实的自觉与超越。

"道"是儒家关于政治秩序建构的基本精神,也是衡量现实政治昌明的标准。所谓"有道",即合乎儒家的政治理念和精神追求;反之,即"无道"。有"道"的社会是儒家的理想社会。儒家认为,历史上的确存在这样一个时期,那就是圣王统治的"大同"之世。在圣王统治的时代,社会风俗美善,百姓安居乐业。《礼记》谓:

大道之行也,天下为公。选贤与能,讲信修睦。故人不独亲其亲,不独子其子。使老有所终,壮有所用,幼有所长,矜寡孤独废疾者,皆有所养。男有分,女有归。货,恶其弃于地也,不必藏于己;力,恶其不出于身也,不必为己。是故谋闭而不兴,盗窃乱贼而不作,故外户而不闭。是谓大同。(《礼记·礼运》)

这是一个互助互爱、秩序井然的太平盛世。“天下为公”既是理想社会的最高原则，又暗含现实社会之“所以然”。实现“天下为公”的手段是“选贤与能，讲信修睦”，所要达到的效果是：人们选举贤良治理社会，讲诚信、爱和平。老人都能得到赡养，儿童都能得到抚育；男子都有职业，女子都有归宿，矜寡孤独也都能够得到照顾；没有权利之争、没有利益之夺、没有阴谋诡计、没有战争纷扰；路不拾遗，夜不闭户。“大同”社会所表达的是儒家对于社会理想的一种终极信念，它源于真实而深刻的人性。人的生活活动与动物的生命活动的本质区别就在于，人对其生命价值和意义的普遍关注和高度自觉。人的精神生命的真实历程因对人生意义的思考而开启。这一思考体现了人性的尊严和高贵。对“道”的追问是儒家高度自觉的思想主题和致思目标。在“道”的指引下，人的生命有了意义，社会发展有了方向。

“大同”之世是尧、舜圣王统治的时代。当“天下为公”的最高原则转变为“天下为家”时，私利、争夺、冲突和战争便随之而来。于是，禹、汤、文、武、成王、周公便不得不建立礼制以维护社会秩序。《礼记》谓：

今大道既隐，天下为家。各亲其亲，各子其子，货力为己。大人世及以为礼，城郭沟池以为固，礼义以为纪，以正君臣，以笃父子，以睦兄弟，以和夫妇，以设制度，以立田里，以贤勇知，以功为己。故谋用是作，而兵由此起。禹、汤、文、武、成王、周公由此其选也。此六君子者，未有不谨于礼者也，以著其义，以考其信，著有过，刑仁讲让，示民有常。如有不由此者，在执者去，众以为殃。是谓小康。(《礼记·大同》)

大道衰微之时，人们各自只敬爱自己的双亲，只慈爱自己的子女。财物和人力都据为己有，谋算欺诈甚至战争由此而兴起。禹、汤、文、武、成王、周公正是此时出现的治国英才，他们以“礼”来彰明大义，明察过失，提倡仁爱，讲求辞让，向人们昭示为人与治国之常“道”。如有违礼者，即使是君主也要被罢黜，人们都把他看作是“道”的祸害。“小康”之世是一个以“礼”来规范和调节的现实社会。“礼”所要维护的正是“道”。“礼”的目的是为了使衰微之“道”得以显明。

“道”是人间秩序建构的价值标准，是现实政治的合法性基础。儒家倾心于王道之治，其复礼复古的主张实际上是对现实社会的深切关怀，是重建秩序的理想，是将价值理想与现实秩序相结合的永恒追求。因此，儒家从未停留于对“道”

的悬想，而是立足于现实的社会生活和政治生活，通过它所设计的秩序来实现“道”的理想。在儒家看来，王道政治并非纯粹的空想，在古代圣王之时王道政治就真实地出现过；王道政治亦并非只是理论的设定，而是基于人性的要求，源于人的生命深处，是人的价值理想和人的尊严的展示，因此，王道政治不仅在过去存在，现在、将来也应该存在，并且一定会存在。“道”不仅是应然的，而且也是实然的。所谓“道也者，不可须臾离也，可离非道也”(《礼记·中庸》)。现实秩序必然随历史的变迁而有所损益变革，但代表现实秩序的精神方向和意义根据的“道”却始终如一。

三、“礼”与“仁”之由:“推己及人”

“大同”之世是儒家的政治理想。这一政治理想与其说是儒家对未来社会的展望，不如说是对现实社会的规范。周礼正是将这一政治理想体现于现实社会的典范。春秋时期，“周之子孙日失其序”(《左传·隐公十一年》)，宗法人伦秩序遭到破坏，在宗法制基础上建立起来的周礼日趋衰微。正因为如此，先秦儒家对昔日的礼乐系统进行理性审查和深度阐释，力图恢复礼乐系统的权威性及有效性，以规整社会秩序，从而实现“道”的理想。此后，儒家始终以阐释和弘扬传统精神价值作为自己的崇高思想使命，以重建社会政治秩序作为自己的理想和信念。

儒家倡导礼制。礼的设计是基于人性的基本要求，即人之“七情”、“十义”。《礼记》云：

故圣人耐以天下为一家，以中国为一人者，非意之也。必知其情，辟于其义，明于其利，达于其患，然后能为之。何为人情？喜、怒、哀、惧、爱、恶、欲，七者弗学而能。何为人义？父慈、子孝、兄良、弟悌、夫义、妇听、长惠、幼顺、君仁、臣忠，十者，谓之人义……故圣人之所以治人七情，修十义，讲信修睦，尚辞让，去争夺，舍礼何以治之？(《礼记·礼运》)

“礼”围绕着人的生命过程而展开。“礼”既是外在的仪式、仪礼，同时也是内在的道德规范，并且代表着合理秩序的社会制度。周礼通过确定各种政治等级及其隶属关系，强调人的等级地位，使天子、诸侯、卿、大夫、士，以至于庶人都各安其位，各司其职。每个人都按照各自的社会角色履行各自的社会职责，不得僭越，从而实现社会政治的有序化。孔子认为，春秋时期的“礼崩乐坏”正是由于僭越扰乱了社会的等级秩序，破坏了社会的稳定和谐。因此，孔子主张恢复西周之礼。在孔子看来，只要复礼，就能结束混乱的政治局面，就能实现社会的有序与和谐。

总之，“礼”使人们明辨君臣、上下、尊卑、贵贱、长幼之别，并为人们的行为确定规矩和尺度，从而使人的生活活动与动物的生命活动具有本质的区别，显示出人性的高贵与尊严。人们在遵从“礼”的威严的同时，自身的人格也得到了尊重。在传统社会，依靠道德的感召力整合社会与国家、家庭与家族、人与人是政治有序、社会安定的重要手段。儒家倡导礼制，即将伦理道德转化为一定的规范体系，通过礼的外在规定与强制约束，使社会秩序化。由此可见，“礼”就是浸透了伦理道德精神的仪规典章。

在中国传统社会，儒家把伦理道德观念在一定的场所，通过一定的仪规典章传授给民众，即以伦理道德的文化价值来作为社会秩序及社会成员具体行为的准则，起到了显著效果。人们在不知不觉中体认了“礼”之精神，并将其化为日常生活的行为准则。正如费孝通先生所言：“礼并不是靠一个外在的权力来推行的，而是从教化中养成了个人的敬畏之感，使人服膺；人服礼是主动的。礼是可以为人所好的，所谓‘富于好礼’。”儒家重教化。所谓“教化”即“教”而“化”之，“教”是外在的影响，“化”则是内在的反省。教化即通过外在影响促使内在反省。通过“礼”的教化，一方面，儒家的伦理道德观念在公共生活中得到体现，“礼”的公共性得以实现；另一方面，人们在现实生活中对“礼”的尊奉和恪守又使“礼”自身获得了公共性。

孔子重“礼”、循“礼”。《论语·乡党》记载了孔子在朝政、居家、交友、饮食起居、言行举止等各方面处处遵循礼仪的事迹。所谓“非礼勿视，非礼勿听，非礼勿言，非礼勿动”。(《论语·颜渊》)也反映了孔子对“礼”的重视。孔子重“礼”，更重视的是“礼”之精神。《论语》载：“礼云礼云，玉帛云乎哉？”(《论语·阳货》)、“林放问礼之本。子曰：‘大哉问！礼，与其奢也，宁俭；丧，与其易也，宁戚。’”(《论语·八佾》)都表明孔子更为重视的是“礼”之精神。在孔子看来，要从根本上解决国家与社会的治乱问题，必须为“礼”建立牢固的价值根基，这一价值根基就是“仁”。

“仁”的本义就是“人”。“仁”在内涵上与“人”有相互贯通、圆融之处。因此，“仁道”也就是“人道”。孔子提出“仁者，人也”、“仁者，爱人”(《论语·颜渊》)的思想，将“爱人”、“亲亲”确定为“仁”的基本规定。仁爱即血缘亲情的显发和推广，这种基于血缘亲情的爱是符合人性的。在孔子看来，“仁”即人的本质，是人之所以为人的根本。儒家向来自觉于“人禽之辨”，“成人”是儒家的核心话题。所谓“成人”即使人成其为人，即启发人性的自觉，从而肯定人在世界中的地位、作用和价值。儒家认为，道德修养不仅在于个人的人格完善，还在于个人对社会的贡献，其最终终目标是上达“天道”，即实现“与天地合其德”(《周易·文言》)、“与天地参”(《礼记·中庸》)的崇高境界。当人的道德修养达到这一崇高境界，便会对社会命运、人生命运具有深刻的洞察力，并能参天地、赞化育、德博而化。“仁”即此最高境界。在“仁”的境界中，人充分地体现真实的人性，并积极地参与宇宙的大化流行。儒家认为，“仁”虽为道德修养的最高境界，却发自人的本心，源于人最真实的情感。由此可见，一方面，“仁”作为内在的精神秩序为“礼”的外在规范的合理性提供了人性依据；另一方面，“礼”的外在规定性在“仁”那里最终落实为内在的伦理精神，儒家政治秩序的合理性与权威性具有了牢固的心性基础。

在现实生活中，人们通过“礼”与家族、社会、国家的整体秩序保持统一；同时又在“仁”的追求中自觉人的本质，“上下与天地同流”(《孟子·尽心上》)，实现人的生命意义。“礼”与“仁”既为社会生活、政治秩序及个体安身立命确定了价值标准，又在社会整合与社会均衡中发挥着重大作用。自此，作为儒家核心思想的“礼”与“仁”一以贯之。对社会制度的焦虑和对生命终极意义的关切成为儒家哲学的致思取向。

中国传统社会是一个以血缘关系为纽带的宗法制社会。宗法制度在西周时期发展成熟，形成血缘身份与政治身份联为一体的家国同构的政治制度模式。“尊尊”和“亲亲”是宗法制的主要特点。“尊尊”强调等级关系，要求人们安分克己；“亲亲”强调血缘关系，以期万邦一统。虽然以宗法制作为社会政治制度在春秋之后已不复存在，但以宗法原则形成的伦理道德规范并未从此消失。家国同构的宗法观念根深蒂固，已渗透到社会的各个方面，深入人们的心理。在家国同构的模式中，社会每个成员均处于宗法与政治等级关系网络之中。侯外庐等人对此有论：“如果我们用‘家族、私有、国家’三项来做文明路径的指标，那么，‘古典的古代’是从家族到私有再到国家，国家代替了家族；‘亚细亚的古代’是由家族到国家，国家混合在家族里面，叫做‘社稷’。……前者是市民的世界，后者是君子的世界。”[2]

儒家“君子的世界”重道德修养，并且将理想人格的塑造视为实践的过程而非心理的体验。在儒家看来，这一实践有一定的次序，即由“己”出发，“推己及人”。一个人首先应当修身，然后才能以德性的力量去影响家庭、朋友、社会，乃至国家、天下。《大学》谓：

古之欲明明德于天下者，先治其国；欲治其国者，先齐其家；欲齐其家者，先修其身；欲修其身者，先正其心；欲正其心者，先诚其意；欲诚其意者，先致其知；致知在格物。物格而后知至，知至而后意诚，意诚而后心正，心正而后身修，身修而后家齐，家齐而后国治，国治而后天下平。自天子以至于庶人，壹是皆以修身为本，其本乱而末治者，否矣。其所厚者薄而其所薄者厚，未之有也。此谓知本，此谓知之至也。（《礼记・大学》）

《大学》的三纲领、八条目与孔子“修己以安百姓”的思想是一致的。《论语》载：“子路问君子。子曰：‘修己以敬。’曰：‘如斯而已乎？’子曰：‘修己以安人。’曰：‘如斯而已乎？’子曰：‘修己以安百姓。修己以安百姓，尧舜其犹病诸？’”（《论语・宪问》）孔子将个人的道德修养与他人、国家相联系。修己并非为一己之私，而是通过自我修养，使他人安乐、国家安定。修己、安民、利国是一条由内而外、由己及人、由家到国乃至天下的实践之路。此即儒家“内圣外王”之道。《大学》把经世治国的外王事业牢固地建立在明德修身的内圣基础之上。齐家、治国、平天下以修身为前提和条件，修身是本，齐家、治国、平天下是末。身修，便可家齐、国治、天下平。所谓修身亦即自正性命。只有各正性命，才能齐家、治国、平天下；齐家、治国、平天下的最终目的就是每个人都能各正性命。这样，修身既是出发点，又是归宿地。“修身”、“齐家”、“治国”、“平天下”的过程即“推己及人”的过程，即建立理想人格的过程，亦即人的生活活动的展开过程。

“推己及人”是人的公共性的展开与实现。在“推己及人”中，公私观念的形成是由“己”出发不断向外“推”而形成的。身→家→国→天下是一个以“己”为圆心，半径不断扩大的同心圆。在这个同心圆中，个人只有在不断扩大的群体中，才能获得自我身份的确认与认同。个人在与不断延伸的他人的交往中实现自我。理想人格的塑造是一个实践的过程。儒家把理想人格的培养和完善放到社会、国家乃至宇宙的大背景中去认识、探索。一个人若能完成主体的修身，达到与家族、社会、国家的交融，进而达到主客交融无差别的境界，就能实现人与宇宙的合一，也就完成了理想人格的塑造。可见，在儒家那里，自我价值的实现与公共性紧密相连。在儒家看来，“人”是由“己”组成的，如果抽象地谈“人”而不落实为“己”，那么，道德修养便丧失其实践性，难以成为人们行为规范的价值准则。在修身→齐家→治国→平天下的路径中，公私关系统一而非矛盾。成己与成人、为己与为人，是一个有机的统一体。

在“大国方略”课程传统文化话语体系研究中，我们分析儒家治道思想中的“礼”与“仁”之现代语境，其目的在于为现代中国的治理思想提供思想资源，增强文化自信；帮助大学生在当今全球化时代形成正确的思维能力、社会适应能力和价值判断能力；帮助大学生在中国历史转折的关键时刻，了解中国国情，看懂大局，把握大势，并在此基础上形成牢固的国家认同。

（上海大学　吴立群）

参考文献

[1] 武汉大学哲学宗教学. 哲学评论(第1辑)[M]. 武汉：湖北人民出版社，2002：161.
[2] 侯外庐，赵纪彬，杜国庠. 中国思想通史(第1卷)[M]. 北京：人民出版社，1957：11.

关注价值观念确证的特殊性

——“大国方略”课程对思想政治理论教育的启示

价值观念的有效传递，对于文明的传承以及社会凝聚力的增强，具有重要的意义。然而，在多元价值观念并存的时代，在一个注重理性权威与意志自由的时代，价值观念的有效传递，通常要面对一个问题，那就是价值观念的确证(justification，也称辩护)问题。对现代人而言，接受还是不接受一种价值观念，与该价值观念能否得到某种程度的确证有很大关系。

价值观念是人们关于基本价值的信念、信仰、理想系统，是人们内心深处的评价标准系统。[1]价值观念虽包含信念、信仰、理想等不同层面，但信仰、理想是在一些基本信念的基础上形成的，所以从本质上说，价值观念是一种价值信念。信念(belief)包括知识信念和价值信念，两者有一定的区别。粗略地说，知识信念是关乎真的信念，价值信念则是关乎善或者好的信念。而无论是关乎真的信念还是关乎善或好的信念，都有一个确证的问题。现代社会中，离开确证的过程，“相信”很难发生。

那么，如何确证信念呢？对知识信念而言，确证通常依赖两条基本的路径。其一是基础主义的，其二是融贯主义的。基础主义的确证，通常会寻求一些基本的经验事实，在基本经验事实的基础上，合乎逻辑地对某些信念予以支撑。而融贯主义的确证，则是通过观念的融贯，实现对信念的确证。

知识信念的确证方式，在思想政治理论教育中，常常被“借用”。通过“摆事实”、“讲道理”去确证某些价值观念，实际上就是对基础主义和融贯主义两种确证方式的不自觉的运用。这种借用，有一定的效果，因为价值观念的确证，不能完全脱离现实(事实)，也不能脱离人类的理论积累。但是，在使用上述两种确证方法时，我们也注意到，价值观念的传递，并不会因为我们摆出了更多的事实、讲出了更多的道理而变得更加有效。这种结果的产生，一方面与价值观念传递过程的复杂性相关，另一方面，也许是因为我们忽视了价值观念确证的特殊性，简单借用或照搬知识信念的确证方式造成的。

对价值观念的确证来说，两点理由决定了我们不能完全照搬知识信念的确证方式。其一，事实与价值之间存在着一定的张力，从“是什么”到“应该如何”之间的推导，需要诸多的附加条件，许多学者甚至根本否认从“是什么”能够推出“应该如何”，这表明，“摆事实”在价值观念确证方面有其限度。其二，价值观念的融贯不同于知识信念的融贯，知识信念面对的是具有客观性的知识，客观性知识的“真”不会因主体不同而不同。而价值信念面对的是价值，价值会受不同主体的不同需要的制约，这表明，“讲道理”在价值观念确证方面也有其局限性，因为不同的人有不同的“道理”。

价值观念确证与知识信念的确证虽有上述不同，但作为信念，它仍然要求被确证。那么，价值观念的确证有何特殊性，如何才算是对价值观念进行了一定程度的确证呢？对这一问题的回答，离不开对价值观念本身的考察。价值观念是人们进行价值评价与价值选择时所依据的标准，这就意味着，价值观念的确证，离不开人们具体的价值选择与价值评价，离不开这一标准的具体运用——人们对这一标准的每一次的采用，都构成对这一价值观念的一次确证或辩护；而对这一标准的每一次舍弃，都构成了对这一价值观念的一种否证。如果一种价值观念，从未被人们当作价值标准使用过，那么再多的事实、再多的道理也很难支撑它。

对于思想政治教育来说，意识到价值观念确证的特殊性，只是解决问题的第一步，而如何在教学实践中，进行有效的价值观念确证，也许更为重要。2014年，上海大学开设了一门名为“大国方略”的新课程，这门课程自开设以来，受到了学生的普遍欢迎，引发了社会的广泛反响。“大国方略”的成功，具有双重意味：其一，它意味着国情教育新拓展的成功；其二，它意味着对一些价值观念的比较有效的确证。“大国方略”既曰“方略”，就不能仅仅关乎事实，它必然要涉及主体的意向与选择，涉及价值观念的运用。“大国方略”得到了人们的认同和肯定，某种意义上也就意味着其隐含的价值观念，如富强、合作共赢、和平发展、公平公正、美美与共等等，得到了某种程度的确证。思想政治理论课教学的一个重要目标是价值观念的传递，就此而言，“大国方略”的成功，为我们寻求价值观念确证的新路径，提供了有益的启示。这些启示包括：一，在解决“问题”的过程中确证价值观念；二，以全球化时代的国家为立足点确证价值观念；三，在“主体间”的讨论中确证价值观念。

一、在解决“问题”的过程中确证价值观念

价值观念的确证离不开价值观念的运用，这就意味着，对学生而言，确证某种价值观念就要确实地运用某种价值观念，完成某种价值选择。但是，价值观念的运用，需要两个基本条件，其一，要有一种推动力，推动主体进行选择。如果没有选择的压力，人们就不一定非要采纳某种具体的价值选择标准，相应地，人们对一些价值观念就可能会采取一种无可无不可的态度，在这种情形下，价值观念的确证就谈不上。其二，要有具体的语境。没有具体的语境，没有诸多条件的限制，人们就无法选择，当然也不会现实地采用某种价值标准或价值观念。在这种情况下，诸多价值观念只是脱离具体条件的抽象概念，其确证也谈不上。那么，如何使学生在课堂上，既有选择的压力，又有选择的具体语境呢？“问题”的提出与解答，也许是最好的路径。

问题之所以能成为价值选择的推动力，是因为它能够提供一种选择的压力。问题是一种疑问，这种疑问有希图得到答案的性质。[2]“问题就是公开的、无畏的、左右一切个人的时代声音。问题就是时代的口号，是它表现自己精神状态的最实际的呼声。”[3]这表明，真正的问题，天然地带有一种威压，这种威压使我们不能逃避，使我们必须克服思想和行动的惰性，去思考、去选择、去行动。

问题之所以能为价值选择提供具体的语境，是因为问题一定是特定语境下的问题。以“大国方略”提出的诸多问题为例，它们是全球化时代的问题，而不是别的时代的问题；是中国的问题，而不是其他国家的问题；是中国在现有条件下走向理想未来的问题，而不是抽象的社会发展问题。在这样的问题面前，我们的价值选择，实际上被框定了范围、设定了条件，这也就意味着，我们面对的选项是有限的，我们只需在有限的选项间进行思考、选择即可，这一方面使人们的思考

更容易深入，另一方面也更容易导向选择的行动。而人们一旦做出了选择，实际上也就对相关价值观念进行了取舍。

“大国方略”在提供“问题”方面，有着比较自觉的意识。“大国方略”这门课程实际上是围绕一个核心问题展开的，这个问题就是中国在当今时代，在当今世界何以自处？而这一问题的回答又牵涉到一系列问题——中国是一个现代大国吗？中国梦能与世界梦协奏交响吗？中国道路的道理何在？西方称中国为“dragon”有何弦外之音？中美可以坐在同一张椅子上吗？丝绸之路经济带能惠及沿线国家吗？大国之路的峡谷隘口在哪里？文明必定彼此冲突吗？而对这些问题的回答，又联系着诸多较小问题的解答……正是在逐层深入的“问题”追问中，富强、民主、文明、和谐，以及合作共赢、和平发展、公平公正、美美与共等价值观念，才不再是抽象的观念，而是解决具体问题过程中，“自然而然”的或“不得不”的倾向与选择。

注重“问题”，在思想政治理论课教学中，并不是什么新鲜的主张。但目前思想政治理论课教学对问题的注重，还存在着一定的欠缺，其表现就是对“问题”之于“价值”的意义，缺少明晰的意识。思想政治理论课对问题的注重，明显地受到了逻辑学(问题逻辑)和教育学的影响，但两者更多关注的是“问题”在知识获得或知识增长方面的意义，而不是其在价值方面的意义。近年来，思想政治理论课强调一种由“是什么”到“为什么”的转换，这是一个进步，它在调动学生的兴趣方面取得了不错的成效。但如果我们进一步深究，就会发现，“为什么”事实上可以有两个向度。其一是为什么“是”或“不是”这样？其二是为什么“应该”或“不应该”这样？前者在“知识”的范围内，而后者则关乎“价值”。就学生的实际情况来看，他们的困惑主要是来自后者，如果我们缺少对“为什么”的两个向度的明晰意识，或者在提出、解决问题的时候，有意无意地回避后一向度，那么价值观念的传递及确证就很难实现。

把注意力放在为什么“应该”或“不应该”的问题上，无疑有利于价值观念的确证，但这里仍有一个值得注意的问题，那就是“应该”或“不应该”，通常基于两方面的考虑，其一是主体的需要或尺度，其二是客观条件的限定。如果在教学过程中过于强调客观条件的限制，较少反思主体的价值取舍标准，那么为什么“应该”或“不应该”的回答，就有可能局限于具体情境，产生一种实用主义的倾向。

要避免这种情况，教育者就要自觉地对主体的价值观念进行澄清与反思，只有这样，思想理论教育才有可能改造人们的主观世界，才有可能实现“育人”的目的。

总体而言，“大国方略”对现有的由“是什么”到“为什么”的“问题逻辑”教学法，至少提供了两个可能的推进方向。其一，由“为什么是这样”推进到“为什么应该这样”。其二，由“应该这样的客体理由”推进到“应该这样的主体理由”。这两种推进，对价值观念的确证来说，十分重要。

二、以全球化时代的国家为立足点确证价值观念

对某一价值观念的“普遍同意”要以主体的某种“共性”为前提，这是由价值的主体性所决定的。价值关系的形成以主体需要为中介，所以客体对于主体的意义会因主体需要及尺度的不同而有所不同。价值的主体性一方面会影响不同人们的价值观念的选取，另一方面也使得价值观念的确证更为不易。在现代社会当中，由于社会经历、社会分工、社会地位等等的不同，不同个体的价值倾向有很大的差别，在这种情况下，寻求某一价值观念的确证，必须有一个合适的立足点，在这一立足点上，主体的共性的利益或需要，应该更容易被凸显出来。

“大国方略”在价值观念确证方面，所选取的立足点是全球化时代的国家。它以“国之大局”、“国之存续”为指向，讨论的是中国所面临的问题及其可能的出路。

以“国”为立足点，不同于传统伦理的“家”本位。传统文化的修身、齐家、治国、平天下，以修身为本。但是，如果从共同体的角度看，修身首先以“家”为起点。家庭伦理是传统伦理体系的支点，也是各种价值规范的基点，所谓“百善孝为先”。然而，在现代社会，家庭的地位功能却发生了很大变化。一方面，生产方式的改变，生产的社会化程度的提高以及个体自由程度的提高，使得家庭的许多社会功能被消解。另一方面，社会分工、社会分化等，使得不同家庭的差异非常之大，在这种情况下，立足于家庭或对家庭的理解，去寻求主体的“共性”，进而实现价值观念的确证，就不太现实。

以“国”为立足点，也不同于以阶级或阶层为立足点。在很长一段时期内，我们强调了价值观念的阶级属性。就价值观念的确证来看，立足于一定的阶级或

阶层立场，原则上可能会使某些价值观念的确证更容易实现，因为同一阶级或阶层的人，从主体的角度看，容易对某些价值观念形成一致意见。然而，在现代社会或者说在当代中国，社会凝聚目标的提出，重点不是某一阶级或阶层内部共识的形成，而是不同阶级或阶层间的价值共识的形成，这一目标决定了我们不能局限于阶级或阶层的层面，考察价值观念的确证问题。

以“国”为立足点，也不同于以“全球”或“世界”为立足点。如前所述，价值观念的确证，要以主体的一定“共性”存在为前提。而目前主权国家之间的诸多差异，使得它们还不能被归结为一个同质共同体。在这样一种现实面前，以“全球”或“世界”为立足点，去确证某些价值观念，不仅会遇到极大的困难，而且其合理性也会受到质疑。李德顺认为，世界上客观存在的统一与和谐状态，大致有三种：一是“一体化”的统一与和谐状态（各主体结合成一个有机整体），二是“百花园”式的统一与和谐状态（各主体独立发展），三是“生态圈”式的统一与和谐状态（多元主体间广义的“统一”）。就现状而言，无论哪一种统一或和谐的状态，都不是一种“同质化”。所以，以“全球”或“世界”为立足点，去确证某些价值，在目前的形势下，并不是一条可取的路径。

以“国”为立足点，比起以“家”为立足点、以“阶级阶层”为立足点、以“世界”为立足点，更容易使同处一国的人们之间形成一定的共识。一个人，可能与别人有着不同的家庭背景，有着不同的教育经历，有着不同的专业兴趣，有着不同的职业选择，有着不同的社会地位……但大家同处一国，彼此休戚以共，同在一种文明的熏陶之下，使用相近或相通的语言……这些主体方面的“共性”，使得人们对“国”之问题的解决，可能会有相近的方案。即使方案不同，但面对共同的国情与社会实际，人们也容易在某些方面形成一致。即使没能达成某种一致，由于共同的问题的威压，也能够或者愿意就共同的问题展开讨论，而只要有讨论，有主体间的交往，那么在主体利益相关及共同面对的客观形势下，就有可能在价值方面上形成某种共识，形成对某些价值的确证。

“大国方略”课程，从某一角度上看，实际上为我们提供了一个以“国”为立足点进行价值观念确证的摹本。它的成功，为这种确证方式的合理性与可行性提供了一种论证。

三、在“主体间”的讨论中确证价值观念

价值观念提供的是一种规范性要求，而规范性要求通常涉及不同主体，这就决定了价值观念的确证，常常要依赖主体间性关系的建构。哈贝马斯认为，“有效的只是所有可能的相关者作为合理商谈的参与者有可能同意的那些行动规范。”[4]

也许正是因为意识到了这一点，近年来，人们普遍关注了教育(包括思想政治教育)中的主体间性关系的建构，但这种关注，主要集中于学生与教师的主体间性关系。“大国方略”也特别强调了师生两类主体间的互动。顾骏教授认为，“大国方略”是呼应学生需求而开发的，所以自然对学生反馈很在意。学生在互动环节提出的问题，无论是正面的还是反面的，都体现出大学生对中国走向世界的个人思考，都具有一定的价值。不过“大国方略”也不会完全按照学生的反馈走，这是由于课程设置本身所具有的科学性所决定的，要维护这种科学性，就必须充分肯定教师的主体地位。[5]

但是，“大国方略”的独特之处不在于其对师生主体间性关系的建构，而在于它在课堂教学中对另外三种主体间性关系的建构。

其一，教师的主体间性关系建构。“大国方略”采用团队教学模式，课程的主讲教师多达十几位，分别来自历史学、经济学、哲学、国际关系等多个学科领域，他们就课程的内容安排、讲授方式等进行了较为充分的课前交流。“大国方略”每一次授课，都需要一个 2—4 人的教师团队，其中至少有两位要走上讲台“唱双簧”，这就要求教师们有课上的交流。从效果上看，教师之间交流的现场呈现，使得教学内容给人以“多方同意”而非“独断”的感觉，这样一来，一些价值观念就更容易得到支撑。

其二，学生的主体间性关系建构。“大国方略”的总课时是 30 学时，分十次讲授，每次 3 学时。3 学时当中，教师讲授 2 学时，学生课堂讨论 1 学时。也就是说，同学讨论的时间占据了全部学时的三分之一。而课堂讨论时间，不仅是教师与学生交流的时间，更是同学们互相交流甚至争论的时间。例如在“大国方略”授课过程中，同学们曾就“中美能否同坐一张椅子”产生过争论。“有人说，新

崛起的国家对既成大国发起挑战，从历史上来看，战争无法避免。有同学表示反对：全球化时代完全可以实现'你中有我'、互利共荣。还有同学认为中美两国目前都在为构建世界新经济秩序而进行战略布局，利益摩擦似乎不可避免。"[6]不同的人，由于先天和后天条件的限制，在知识背景和价值观念方面难免有所"蔽"，而公共讨论某种意义上是一个解蔽的过程。从价值观念确证的角度看，一个经受了批评——反驳的反复锤炼的价值观念，更有理由为人接受。不仅如此，课堂上同学之间的讨论，还有一个优势，那就是讨论者在主体方面有更多的"共性"，这对于价值共识的形成极为有利。

其三，不同国家、文明的主体间性关系建构。"大国方略"要探讨中国何以自处的问题，就不能回避国家与国家、文明与文明之间的关系问题。在这方面，"大国方略"重申了费孝通先生"各美其美，美人之美，美美与共，天下大同"的文化理想，强调要"站在世界看中国"，"站在对方立场上，讲清楚中国道理"[7]，主张在不同主体间建立起一种可能的平等对话交流的关系。不同国家、民族、文明的主体间性关系建构，对价值观念的确证有重要的意义，在信息传递十分发达的当今世界，价值观念的确证必须要有开放的视野。无视其他文化和文明，无视价值多元现状，价值观念的确证就如同沙上建塔，缺少稳固的根基，经不起冲击。

价值观念的确证对主体间性关系的依赖，有心理学的根据。心理学家认为，交流不是单一的以传递者为主导的行为。人们会根据听众的反应调整自己的沟通方式甚至信息内容。沟通的过程实际上是信息传递者和听众一起对信息进行加工、建立共同的意义的过程。[8]从这个意义上说，价值观念的确证作为对所传递的价值观念的一种认同，不能完全脱离主体间的交往活动，而大国方略在上述三个方面对主体间性关系的拓展，对价值观念的确证无疑具有重要意义。

总之，从价值观念确证的角度看，"大国方略"的一些做法，为思想政治理论课教学转而关注价值观念确证的特殊性提供了有益的启示——从"问题"出发，以全球化时代的"国家"为立足点，重视多重主体间性关系的建构等，无疑是价值观念确证的更为切实的路向。

（上海大学　刘静芳　倪丽娜）

参考文献

[1] 李德顺. 价值论[M]. 北京：中国人民大学出版社，2007：119.

[2] 王天恩. 问题逻辑与思想政治理论课教学[J]. 思想理论教育，2011(7).

[3] 马克思恩格斯全集(第40卷)[M]. 北京：人民出版社，1982：289—290.

[4] 童世骏. 没有"主体间性"就没有"规则"——论哈贝马斯的规则观[J]. 复旦学报，2002(5)：485—486.

[5] 韩晓蓉，顾骏.《大国方略》会注意引导，没有大国沙文主义倾向[N]. 东方早报，2014-11-28：7.

[6] 樊丽萍. "大国方略"课为何走红大学校园[N]. 文汇报，2014-12-25：1.

[7] 顾骏. 大国方略[M]. 上海：上海大学出版社，2015：244—256.

[8] 吴莹，杨宜音. 社会心态形成过程中社会与个人的"互构性"——社会心理学中"共识"理论对社会心态研究的启示[J]. 社会科学战线，2013(2).

后　记

高校思想政治教育肩负着“培养社会主义合格建设者和可靠接班人”的重要使命，培养人需要通过话语的交流来实现，话语在高校思想政治教育过程中的地位和作用越来越重要。放眼全球，话语的影响力越来越大，在网络时代的今天，当代大学生思想引导往往会受到各种声音的影响，因此，话语体系构建在高校思想政治教育中的作用也日益凸显。

全国高校“形势与政策”教育话语体系构建学术研讨会于2015年11月在上海大学成功举办。研讨会主要探讨了高校“形势与政策”教育教学话语体系构建研究、“大国方略”课程话语体系研究等方面的内容。

近年来，话语体系构建在社会的各个领域都有突出的表现和影响，在高校思想政治教育领域也越来越被重视。高校“形势与政策”教育是高校思想政治教育的重要环节，该环节的话语体系不仅影响课堂教学环节，而且深刻影响到当代大学生的日常生活。本书的许多观点和论述正是基于对“形势与政策”话语体系构建研究的基础上进行的思考。本书一些观点和见解也集中反映了作者在该领域的新思想。在论文采集过程中，我们尽量保留了作者的观点和思想，突出文章的特色，论文观点由作者自负。

本书得以顺利出版，感谢上海大学马克思主义学院的支持，感谢上海大学出版社的支持。上海大学马克思主义学院研究生薛小妹、陆素红、张艳春、马婧也做了本书相关的文字整理工作，在此一并表示感谢。

李　梁　王金伟